COLLECCAO
DE
TRATADOS E CONCERTOS DE PAZES

COLLECCAO
de
TRATADOS E CONCERTOS DE PAZES
que o

Estado da India Portugueza
fez
com os Reis e Senhores com quem teve relacoes
nas partes

da Asia e Africa Oriental
desde
O principio da conquista ate ao fim do seculo XVIII
por

Julio Firmino Judice Biker
Primeiro Official e Chefe de Reparticao aposentado
da Secretaria d'Estado dos Negocios Estrangeiros, Socio
correspondente do Instituto de Coimbra,
e da Real Academia de Historia de Madrid,
e Official da Academia em Franca

Tomo XI

GYAN

Published by

GYAN

Gyan Publishing House
5, Ansari Road
Daryaganj, New Delhi-110002
Phone: 011-47034999, 9811692060
E-mail: books@gyanbooks.com

Distribution Network
gyanbooks.com
India, USA, Canada, UK, Australia, France

ISBN : 978-81-212-3260-9 (Set)
ISBN : 978-81-212-4783-2 (HB)
First Published, 1886

2nd Impression 2020

Printed at: Gyan Press, Delhi.

Colleccao de Tratados e Concertos de Pazes Tomo XI
Author: Julio Firmino Judice Biker

Collecção

de

Tratados e concertos de pazes

que o

Estado da India Portugueza

fez

com os Reis e Senhores com quem teve relações

nas partes

da Asia e Africa Oriental

desde

o principio da conquista até ao fim do seculo XVIII

por

Julio Firmino Judice Biker

Primeiro Official e Chefe de Repartição aposentado
da Secretaria d'Estado dos Negocios Estrangeiros, Socio correspondente
do Instituto de Coimbra,
e da Real Academia de Historia de Madrid,
e Official da Academia em França

Tomo XI

Collecção

de

Tratados e concertos de pazes

Collecção

de

Tratados e concertos de pazes

que o

Estado da India Portugueza

fez

com os Reis e Senhores com quem teve relações

nas partes

da Asia e Africa Oriental

desde

o principio da conquista até ao fim do seculo XVIII

por

Julio Firmino Judice Biker

Primeiro Official e Chefe de Repartição aposentado
da Secretaria d'Estado dos Negocios Estrangeiros, Socio correspondente
do Instituto de Coimbra,
e da Real Academia de Historia de Madrid,
e Official da Academia em França

Tomo XI

Lisboa – Imprensa Nacional – 1886

Publicâmos com muito reconhecimento, e os devidos agradecimentos, as cartas que se seguem, e que recebemos ultimamente.

Kaiserlich Deutsche Gesandtschaft in Portugal.—Lisbonne, ce 13 octobre 1885.

Monsieur.—Mon Gouvernement ayant reçu le 7e volume de votre ouvrage *Collecção dos Tratados da India Portugueza*, que vous avez bien voulu lui faire parvenir, je suis chargé de vous exprimer tous ses remerciments pour votre attention renouvelée.

Veuillez agréer, Monsieur, l'expression reiterée de ma considération très distinguée.

Le Ministre d'Allemagne,

Baron de Schmidthals.

Monsieur, Monsieur Biker, ci-devant Chef de Département au Ministère des Affaires Étrangères à Lisbonne.

Kaiserlich Deutsche Gesandtschaft in Portugal.—Lisbonne, ce 6 janvier 1866.

Monsieur.—Mon Gouvernement m'a chargé de vous exprimer ses sincères remerciments pour la nouvelle attention que vous avez eue en lui transmettant le 9e volume de votre précieux ouvrage *Collecção dos Tratados da India Portugueza*. C'est avec un vrai plaisir que je viens m'acquitter de cet agréable ordre.

Je profite en même temps de cette occasion pour vous prier, Monsieur, d'avoir l'extrême obligeance de me faire savoir si le 8e volume de l'ouvrage mentionné a deja paru.

Agréez, Monsieur, l'expression reiterée de ma considération très distinguée.

Le Ministre d'Allemagne,

Baron de Schmidthals.

Monsieur, Monsieur Julio Firmino Judice Biker, ci-devant Chef de Département au Ministère des Affaires Étrangères à Lisbonne.

Kaiserlich Deutsche Gesandtschaft in Portugal.—Lisbonne, ce 25 janvier 1886.

Monsieur.—Je n'ai pas manqué de remettre à mon Gouvernement le 8e volume de votre précieux ouvrage *Collecção dos Tratados da India Portugueza*, que vous avez eu l'extrême obligeance d'envoyer à cette Légation. Je suis chargé de vous en accuser réception et de vous remercier de votre attention renouvelée.

En m'acquittant de cet agréable devoir par la présente, je saisis cette occasion pour vous reitérer, Monsieur, l'expression de ma considération très distinguée.

Le Ministre d'Allemagne,

Baron de Schmidthals.

Monsieur, Monsieur J. F. J. Biker.

Ill.mo e E. Sr.—Agradeço com profundo reconhecimento o tom. VIII da *Collecção de tratados e concertos de pazes, etc.*, que hontem recebi pelo correio.

Encetei logo a leitura, e vi com particular interesse os diplomas respectivos á extincção da Inquisição de Goa no reinado de ElRey D. José, á restauração no de sua filha, e á nova e completa extincção no de seu neto, o Principe Regente.

Folguei tambem de ler as *Noticias das Missões da Cochinchina e Tunkin* do Padre João de Loureiro. Fez V. um optimo serviço, publicando estas preciosas *Noticias* do famoso Jesuita, das quaes, me parece, não teve conhecimento o seu illustre biographo, e meu saudoso amigo Dr. Bernardino Antonio Gomes.

Li, finalmente, os diplomas respectivos aos Missionarios mandados para a China pela Congregação da Propaganda Fide, e pareceram-me muito justas as reflexões do A. da *Analyse destes documentos*.

Omitto outras especies curiosissimas, que muito me deleitaram, por não fatigar a attenção de V. E. Conceda-lhe Deus prolongada vida, e firme saude, para nos ir illustrando com lucubrações tão interessantes. São os sinceros votos de quem é com a mais affectuosa e agradecida estima.

De V.

Muito dedicado e obrigado amigo e servo

Francisco Antonio Rodrigues de Gusmão.

Coimbra, 17 de Novembro de 1885.

Ill.mo e E. Sr.—Não ha mais primorosa correspondencia de Boas Festas, do que a que V. E. teve commigo, remettendo-me o tom. x da *Collecção de Tratados e concertos de pazes, etc.*, recebido no 1.º de Janeiro do corrente anno.

Harmonisou a solemnidade do dia com a importancia da obra, que eu agradeço penhoradissimo.

E este volume he de transcendente valor na presente quadra. Vem a pello a preciosa *Noticia das explorações dos Portuguezes no interior de Africa,* e muito a proposito o *Diario da viagem do Dr. Lacerda,* a primeira peça scientifica sobre o assumpto, que eu conheço, etc., etc.

Renovo os meus agradecimentos, fazendo sinceros votos pela firmeza, e conservação da sua saude, para levar ao cabo esta grandiosa empreza.

Sou com a mais affectuosa estima.

De V. E.
verdadeiro e muito obrigado amigo e servo

Francisco Antonio Rodrigues de Gusmão.

Coimbra, 4 de Janeiro de 1886.

Ill.mo e E. Sr., e meu prezado collega.—Teve V. E. a bondade de tambem me offerecer os tom. VII a X da *Collecção dos Tratados e concertos de pazes, relativos ao Estado da India Portugueza.* Cumpre-me agradecer a V. E. mais este favor, que tanto aprecio.

Continúa a ser humilde opinião minha, que V. E. está prestando ao nosso paiz um relevante serviço, reconhecido até pelos sabios de outras nações, como se vê das communicações impressas nos volumes publicados, e entre estas parece-me uma das de maior valia a do sr. J. Girard du Rialle, Chefe da Repartição dos Archivos do Ministerio dos Negocios Estrangeiros de França, em que se diz: «que em virtude das preciosas publicações de V. E. possue a França *verdadeiros thesouros* sobre a historia de Portugal».

Já que tão pouca justiça nos fazem geralmente no estrangeiro, applaudamos ao menos quando nol-a fazem.

Queira V. E. acceitar os protestos da muita consideração com que me prézo de ser

De V.
collega muito attento e amigo obrigadissimo

D. Antonio da Costa.

Lisboa, 12 de Janeiro de 1886.

Occupação de Goa pelos Inglezes, e Convenção de 25 de Maio de 1808 para a conservação das suas tropas n'aquella cidade

No dia 7 de Setembro de 1799 desembarcou em Goa a tropa ingleza, mandada pelo Governador de Bombajm, como consta do officio do Governador e Capitão General da India, o Tenente General Francisco Antonio da Veiga Cabral, o qual, segundo participou Lord Granville a D. João de Almeida de Mello e Castro, Ministro de Portugal em Londres, e este o communicou em officio de 11 de Fevereiro de 1800, informado dos designios dos francezes, havia requerido ao Governo Inglez hum soccorro de tropa para Goa, que lhe foi concedido, enviando-se hum corpo de 1:200 homens, composto de quatro companhias de Europeus, e hum batalhão de sipaes.

Nesta occasião propoz o mesmo Lord dar a Portugal huma compensação territorial, ou pecuniaria em troca, pela cessão de Dio. Como esta proposta não foi acceita, pedio que se permittisse o uso do porto de Dio aos navios inglezes, e que a sua guarnição fosse reforçada por tropas inglezas, no que o Governo conveio. Tudo isto consta dos officios de Luiz Pinto de Sousa para o Ministro em Londres, de 8 e 26 de Março de 1800.

O Capitão General Veiga Cabral prestou-se a tudo quanto os inglezes quizeram fazer na India Portugueza. Em 27 de Maio de 1807 chegou a Goa o Vice Rey Conde de Sarzedas, e ainda os Inglezes occupavam o Cabo e a Praça da Aguada; e apesar de obrigado a transigir com as circumstancias, mostrou sempre força de caracter, e dignidade.

No 1.º de Novembro de 1810 começaram os Inglezes a evacuar o territorio Portuguez, mas só a 2 de Abril de 1813 sahio o ultimo Regimento da Praça da Aguada.

Não desistio porém o Governo Inglez de possuir a India Portugueza, e mais tarde, em 1839, auctorisou o seu representante na Côrte de Lisboa a propor ao Governo de Sua Magestade Fidelissima a cessão á Corôa Britannica dos territorios de Goa, Dio e Damão, e para este fim dirigio duas notas, huma em 12 de Março, e outra em 21 de Maio, offerecendo hum equivalente pecuniario de 500:000 libras; e tendo sido rejeitadas estas propostas, disse que havia recebido instrucções do seu Governo para declarar ao Governo Portuguez, que se continuasse o estado anarchico da provincia de Goa, e fosse necessario para a segurança da India ingleza, as tropas britannicas entrariam no territorio Portuguez.

A respeito da admissão da tropa britannica em Goa ha na bibliotheca publica Eborense huma relação historica, manuscripta, que começa assim: «He certo e bem sabido igualmente na India, que na Europa, que o Gabinete de Londres para estabelecer huma feitoria em Goa, tem intentado servir-se dos mesmos meios, que participou para a fundar em Ormuz». (Catalogo, tom. I, pag. 301.) Esta relação he dirigida contra o Governador do Estado Francisco Antonio da Veiga Cabral.

Ha mais hum memorial de Frei Joaquim Ramalho (Frade Dominico de Goa) contra as acções do mesmo Governador.

Officio do Governador e Capitão General dos Estados da India ao Ministro do Ultramar, participando-lhe a chegada a Goa de uma divisão Ingleza com o fim de proteger aquella possessão contra alguma tentativa dos Francezes.

(Arch. do conselho ultramarino.)

1799 Setembro 12

Illmo e Exmo Sr. — A gloriosa tomada de Siringa Pattana, com a morte do tyranno mais poderoso na Asia pela sua intelligencia, e experiencia militar, destruindo a execução do plano ajustado entre elle e os Francezes, succedida quasi ao mesmo tempo que Bonaparte experimentou no Egypto consideraveis, e repetidas perdas, me tinha persuadido a não acceitar os generosos offerecimentos de soccorro que muitas vezes me tinha offerecido Lord Mornington, Governador General, e Presidente do Supremo Conselho de Bengala, especialmente depois que no archivo de Tipú se achou o dito plano para a tomada de Goa, primeiro que todas as expedições, deputando o mesmo Lord para Enviado á minha presença Josué Uhtohff, homem entre os Inglezes de grande consideração, graduado em Conselheiro do Conselho de Bombaim, e que actualmente presidia na administração dos estabelecimentos britannicos nesta costa do Malabar, o qual fica residindo nesta cidade de Goa com o caracter de Enviado, pela primeira vez que a nação ingleza praticou semelhante obsequio com o Governo de Goa.

Nesta situação chegando a Bombaim pela malla de Bassorá a noticia de haver sahido de Brest em 26 de Março proximo passado huma esquadra de 26 naus e 14 fragatas, na prudente consideração de que alguma divisão consideravel destas forças fosse destinada para Goa, sem nenhuma perda de tempo expedio o Governador daquelle estabelecimento Jonathas Duncan 1:000 homens Europeus, commandados pelo

1799 Setembro 12 Coronel Barão de Clark, em sete embarcações, que chegando a esta barra de Goa no dia 6 do corrente Setembro, desembarcaram no dia immediato, e lhe dispuz o melhor quartel em que eu podia aquartelar esta tropa, com a separação competente para evitar os effeitos de qualquer má intelligencia entre as tropas Portuguezas e nativas.

Eu ajustei com o sobredito Enviado, que seria paga e assistida de tudo o necessario aquella tropa pelos cofres de Sua Magestade Britannica, ultimamente soccorridos com cinco milhões de patacas, que transportaram os navios inglezes que ha menos de hum mez chegaram a Bombaim, ficando a meu cargo todas as providencias que dependem da minha jurisdicção, e servir-me da mesma tropa como julgasse mais util á defensa do Estado.

O dito Barão Commandante tinha chegado ha pouco tempo da Europa; servio em todas as campanhas commandadas pelo Duque de York, e me tem persuadido da maior subordinação, e civilidade propria da sua educação. A sua tropa he escolhida, e acompanhada por hum pequeno parque de tres obuzes de cinco pollegadas e meia, duas peças de calibre seis, doze carros manchegos, trinta mil cartuchos, o abarracamento competente, e duas mil armas com as respectivas munições, para eu me servir dellas armando a tropa que julgasse conveniente.

Eu aproveito a occasião de dirigir a V. Ex.ª esta carta por hum dos navios de transporte da sobredita tropa, que segue immediatamente para a Europa, encarregada ao Enviado Uhtohff, que se me offereceu para a fazer chegar á mão de V. Ex.ª com certeza.

A Ill.ma e Ex.ma Pessoa de V. Ex.ª guarde Deos muitos annos. Goa, a 12 de Setembro de 1799. — Ill.mo e Ex.mo Sr. D. Rodrigo de Sousa Coutinho. — Francisco Antonio da Veiga Cabral.

Extracto do officio de 8 de março de 1800 do Ministro dos Negocios Estrangeiros Luiz Pinto de Sousa, para o Ministro em Londres D. João de Almeida de Mello e Castro, sobre a conferencia que este tivera com o Ministro de Estado Britannico, a respeito dos interesses da India Portugueza, e proposição de Lord Granville para a cessão de Diu.

(Arch. do Ministerio dos Negocios Estrangeiros.— Registo.)

A parte mais interessante do officio de V. S.ª, n.º 1095, em data de 11 de Fevereiro, versava sobre a conferencia que V. S.ª tivera no dia 6 com esse Ministro de Estado ácerca dos nossos interesses na India; e o Principe Regente nosso Senhor, vendo as solidas razões que V. S.ª deduzio na referida conferencia, para apoiar a sua causa, nada mais tem que desejar ao dito respeito, recommendando unicamente a V. S.ª que as faça valer com toda a energia em qualquer occasião que opportunamente se offerecer, e muito principalmente a obrigação resultante do Tratado de 1661, pelo qual se cedeu aos Inglezes a ilha de Bombaim, á condição de que a Grãn-Bretanha nos auxiliasse, e nos defendesse contra os que intentassem opprimir-nos, na fórma que V. S.ª tão judiciosamente observou ao referido Ministro de Estado. 1800 Março 8

Portanto, deve V. S.ª insistir fortemente na fronteira militar que lhe tem requerido para segurança do Governo de Goa, e a propor igualmente que se nos ceda para o dito fim o Reino de Sunda, e aquella parte do Canará até entestar com os dominios inglezes, na fórma que V. S.ª o tinha imaginado; e deve V. S.ª insinuar o quanto seria conveniente formalisar logo hum Tratado de garantia, e de alliança mutua entre os dois Estados, sem que V. S.ª se demore mais nessa materia.

Emquanto, porém, á proposição que a V. S.ª fez Lord Grenville sobre a cessão de Dio, offerecendo huma compensação de territorio, ou dinheiro, approvou Sua Alteza Real

1800 Março 8 plenamente tudo quanto V. S.ª expoz ao dito Ministro; e nas mesmas razões deverá insistir para o futuro, muito principalmente em tudo quanto possa dizer respeito a qualquer compensação pecuniaria.

Porém como esta materia he digna de ser tratada em hum Conselho de Estado, V. S.ª fará bem de dizer a Lord Grenville, que não tendo recebido ainda ao dito respeito resposta da sua Côrte, seria bom que S. Ex.ª se explicasse sobre o equivalente do territorio, a fim de poder propor a mesma materia mais terminante ao Governo Portuguez. Porém desde já devo dizer decisivamente a V. S.ª, que não convem de sorte alguma que os Inglezes tenham huma feitoria em Dio, porque esta nação poderosa sabe converter desde logo toda a tolerancia em dominio.

Extracto do officio de 26 de Março sobre a pretenção ingleza da cessão de Diu

(Arch. do Ministerio dos Negocios Estrangeiros.— Registo.)

1800 Março 26 No que respeita porém ao nosso estabelecimento de Dio, novamente torno a ratificar a V. S.ª aquillo mesmo que já lhe expuz nos meus precedentes officios, emquanto á cessão que se pretendia, etc.

Officio do Ministro dos Negocios Estrangeiros ao Ministro em París sobre o auxilio de tropas Inglezas enviado a Goa

(Arch. do Ministerio dos Negocios Estrangeiros.— Registo.)

1804 Setembro 1 Participo a V. S.ª que por noticias officiaes consta que o Marquez de Wellesley requerêra ao Governador e Capitão General dos Estados da India a introducção de tropas Britannicas em Goa, a fim de auxiliar aquella ilha; e que parecendo estranha ao dito Governador semelhante requisição em tempo em que, achando-se a Corôa de Portugal em paz com todas as Potencias centinentaes, nada havia que receiar, recusára ao principio aquelle auxilio, mas que depois se prestára ás repetidas solicitações do dito Marquez de Wellesley. Igualmente consta que as referidas tropas não se senhorearam de parte alguma daquelle territorio, nem têem dado o menor indicio de que tenham fim algum hostil, antes pelo contrario recebem o santo do Governador Portuguez, e fazem o serviço debaixo das suas ordens. Isto não obstante, foi tão estranho como desagradavel a Sua Alteza Real este inesperado procedimento dos Inglezes, e o mesmo Augusto Senhor me ordenou que da sua parte se requeira ao Ministerio Britannico huma prompta explicação a este respeito, o que farei sem perda de tempo. 1804 Setembro 1

Previno a V. S.ª de tudo isto, a fim de que, se o Governo francez lhe fizer alguma representação sobre este successo, V. S.ª lhe expresse a estranheza que a Sua Alteza Real causára este procedimento dos Inglezes, e a desapprovação que lhe tem justamente merecido.

. . . .

Palacio de Queluz em o 1.º de Setembro de 1804.—Antonio de Araujo de Azevedo.—Sr. D. José Maria de Sousa.

Extracto do officio de 9 de Novembro de 1804, do Ministro dos Negocios Estrangeiros, Antonio de Araujo de Azevedo, ao Embaixador em París, D. Lourenço de Lima, communicando-lhe que se reclamára sobre o auxilio inglez mandado a Goa.

(Arch. do Ministerio dos Negocios Estrangeiros.— Original.)

Quanto ás tropas Inglezas que entraram no territorio de Goa, devo participar a V. Ex.ª que Sua Alteza Real determinou que eu escrevesse ao seu Ministro em Londres para 1804 Novembro 9

1804 Novembro 9 fazer huma representação energica áquella Côrte, e que esta negára o ter passado ordem para semelhante fim, attribuindo o facto a huma disposição privativa do Capitão General de Bengala. Portanto espera esta Côrte que o Governo Britannico dê ordens para a prompta evacuação daquelle territorio, o que não tenho cessado, nem cessarei de requerer, tanto mais que o Governo Inglez deu a entender que se não difficultaria a executar este dever.

Officio do Vice Rey da India ao Contra Almirante Sir Edward Pelew, sobre a violencia praticada pelo Capitão Ferrier contra o Navi o Portuguezo «Robusto» surto no Porto de Goa.

(Arch. do conselho ultramarino.)

1808 Abril 24 A S. Ex.ª o Honoravel Sir Edward Pelew, Baronete, Contra-Almirante da esquadra de Sua Magestade Britannica, e Commandante em chefe de todas as forças navaes inglezas nos mares da India.

Ex.mo Sr. — No ancoradouro deste porto de Goa se achava surto o navio mercante Portuguez por nome *Robusto*, e pretendendo o Capitão do navio no dia 21 deste mez allivial-o da carga para poder entrar o banco, e passar aqui o inverno em consequencia das instrucções que teve do seu sobrecarga, tendo já guardas desta Alfandega a bordo, foi no mesmo dia embaraçado pelo Capitão João Ferrier da nau de Sua Magestade Britannica a *Albion*, que se achava tambem surta neste porto, mettendo-lhe tropa e muitos marinheiros da nau a bordo, fechando as escotilhas; e tratando muito mal a gente do navio, não deixando hir ninguem a bordo, nem sahir quem lá se achava, deitou injuriosamente fóra os guardas da Alfandega, suspendeu a ancora do navio e o fez pôr em outro lugar.

Sou obrigado a fazer a V. Ex.ª as seguintes reflexões, 1808 Abril 24
ainda que sei não podem escapar aos sublimes talentos e luzes de V. Ex.ª Hum navio nacional no seu mesmo porto, debaixo da sua bandeira, detido por hum semelhante modo, parece a hostilidade mais declarada que se póde considerar; vejo que felizmente a minha nação não está em guerra com a Gran-Bretanha, nossa constante, e sempre fiel alliada; as minhas ordens são para tratar com a nação britannica debaixo destes mesmos principios santos; o que eu tenho executado, he isto mesmo, como póde affirmar o honrado Enviado britannico, e o digníssimo Coronel Adams, e todos os mais Inglezes que se acham comnosco na melhor harmonia, boa fé, e confiança, acrescendo da minha parte ter eu sido toda a minha vida o maior apaixonado, e partidista da nação britannica, o mais declarado, como he publico na Europa; porém seguro a V. Ex.ª que este facto tem sido sentido geralmente aqui, ainda mesmo pelos gentios, e me tem custado muito a dar-lhe para o publico alguma côr melhor.

Não podendo duvidar da palavra, e honra de hum official como o Capitão Ferrier, que pela copia inclusa declara ser o seu procedimento por ordem de V. Ex.ª, parece-me comtudo que excedeu os termos, e a ordem de V. Ex.ª, como se vê do contexto da mesma copia; para deter o navio não era necessario tamanha bulha. Se o navio segundo a ordem de V. Ex.ª não devia mover-se do seu ancoradouro, como o moveu elle mesmo? parece faltar á ordem de V. Ex.ª

Se infelizmente a guerra estivesse declarada entre as nossas nações, o que Deos aparte de nós, a ordem de V. Ex.ª seria para ser tomado o navio, e em tal caso tudo seria permittido, e conforme ao direito natural, publico, e das gentes; mas não sendo felizmente assim, se havia alguma razão particular com este navio, que ignoro, para se demorar alli por qualquer representação do nosso Enviado britannico, eu o teria feito demorar; porém remover o navio do seu lugar contra a ordem de V. Ex.ª, enchel-o de tropa e marinheiros da sua nau debaixo da bandeira nacional, embaraçar que ninguem chegue, nem sáia de bordo, tratar mal a gente,

1808 Abril 24 deitar fóra com desprezo os guardas e officiaes da Alfandega, he grande excesso.

O coração do meu Soberano, e da minha nação, he pela nação ingleza; testemunha os sacrificios que tem feito só a fim de conservar huma tão antiga, e constante alliança, testemunha o mesmo Lord S. Vicente; que argumentos não tirariam os francezes contra nós de hum facto como este? Elle fará muito mal ás nossas negociações diplomaticas, V. Ex.ª bem o sabe.

Acresce mais ser succedido em hum porto dos nossos onde se acham tropas britannicas auxiliares, e nesta boa fé se lhe acham confiadas as fortalezas da barra; pondere V. Ex.ª estas justas circumstancias.

A generosa nação britannica, que reprova com tanta razão factos de outras, ha de imital-as? Ninguem poderia tal pensar! Ainda agora acabo de receber huma carta de Lord Minto com as protestações da mais cordeal amizade entre as nossas nações, de que S. Ex.ª remetteu copia ao nosso Enviado Britannico Capitão Schuyller, que não póde intervir nada em ordens de V. Ex.ª, como me affirmou por carta sua acompanhada da copia da carta que lhe dirigiu o Capitão Ferrier.

Eu peço a V. Ex.ª de todo o meu coração nenhum proce-

Officio de Lord Minto ao Vice Rey da India, sobre as ra dos estabelecimentos

(Arch. do conselho

1808 Abril 25 To His Excellency Senhor Conde de Sarzedas Viceroy of the Portuguese Possessions in India.

Sir. —Your Excellency is no doubt apprized of the intelligence lately received from Europe, that the systematic violence and injustice of the Government of France had at length compelled the Government of Portugal to abandon

dimento contra o Capitão Ferrier, que eu estimo pessoalmente pelo ter conhecido em outra parte do mundo. 1808 Abril 24

Unicamente peço a V. Ex.ª huma desapprovação, que tire o espanto da gente deste paiz, para que eu a conserve nos mesmos sentimentos e boa fé em que até agora a tenho conservado com grande gosto meu, e de tal sorte que permittindo o grande Deus que a nossa amizade e alliança se conserve eterna, eu possa representar hum dia este facto ao meu Soberano e ao mundo com côres muito differentes daquellas que presentemente apparecem.

Sei de certo que hum insignificante navio mercante he muito pequeno objecto para a grande nação que V. Ex.ª representa, e para V. Ex.ª mesmo. Immensos auxilios de maior valor daria o meu Soberano á Gram Bretanha, se ella os pretendesse delle: V. Ex.ª com os seus talentos reconhecidos, grandeza de alma, e em huma palavra como Inglez, resolverá tudo com a justiça, razão e politicos conhecimentos, que lhe são proprios e dignos de V. Ex.ª

Tenho a honra de ser com a mais perfeita consideração—Ex.mo Sr. — De V. Ex.ª muito obediente e fiel servo — Conde de Sarzedas.

Goa, a 24 de Abril de 1808.

---

zões que obrigam Sua Magestade Britannica a tomar conta Portuguezes na India

ultramarino.)

A S. Ex.ª o Sr. Conde de Sarzedas, Vice-Rei das possessões Portuguezas na India. 1808 Abril 25

1. Está V. Ex.ª certamente informado da noticia recebida ultimamente da Europa, de que a injustiça e violencia systematicas do Governo de França obrigaram finalmente o Governo de Portugal a depôr o systema de neutralidade, que

1808 Abril 23 the system of neutrality, which with such exemplary public faith it has hitherto maintained, and to adopt measures of a character decidely hostile to Great Britain.

This most unjustifiable procedure on the part of the ruler of France, who, to accomplish his hostile purpose, has not scrupled, in violation of every principle of equity and honour, to march his armies to the very capital of the dominions of your Sovereign, has compelled His Britannic Majesty, reluctantly, amongst other measures for the defence of his dominions and subjects against this system of injustice and violence, to authorize the Supreme Government to take immediate possession of the Portuguese settlements in India in His Majesty's name.

In announcing to Your Excellency however the orders which I have thus received, it is a source of infinite satisfaction to me to be enabled to found on Your Excellency's approved fidelity and attachment to the interest of your Sovereign and your country, a confident belief that Your Excellency's solicitude to preserve to Her Most Faithful Majesty the advantage of her Indian possessions, will readily induce you to concour in an arrangement calculated to secure the sole object of the instructions which I have received, without superseding the established order of administration, or impeding the progress of the ordinary concerns of the public and of individuals, within the limits of Your Excellency's authority.

I have considered it as consistent with the spirit of the orders which I have received, and entirely consonant to the gracious and friendly dispositions of His Majesty's mind in all transactions with neutral nations, and more especially in every thing that affects the honour of the crown of Portugal and the interest of the Portuguese nation, to modify the execution of these instructions in a manner conformable to events which have occurred since the date of the orders, or the knowledge of which had not reached England when they were issued.

I allude to the event of the Royal Family of Portugal having

com huma fé publica tão exemplar manteve até agora, e a adoptar medidas de hum caracter decididamente hostil contra a Gram Bretanha. 1808 Abril 25

2. Este muito injustificavel procedimento da parte do Regulador da França, o qual, para completar seus fins hostis, não escrupulisou, violando todos os principios de equidade e de honra, fazer marchar seus exercitos sobre a mesma capital dos dominios de vosso Soberano, obrigou a Sua Magestade Britannica, com repugnancia sua, a adoptar, entre outras medidas para a defeza de seus dominios e vassallos contra este systema de injustiça e violencia, a de auctorisar o Governo Supremo a tomar immediata posse dos estabelecimentos Portuguezes na India em nome de Sua Magestade.

3. Comtudo, annunciando a V. Ex.ª as ordens que então recebi, tenho infinita satisfação em poder fundar na reconhecida fidelidade de V. Ex.ª, e no seu amor aos interesses do seu Soberano e da sua patria a firme certeza, de que a solicitude de V. Ex.ª em conservar a Sua Magestade Fidelissima a vantagem de suas possessões da India, moverá logo a V. Ex.ª a concorrer em hum arranjo calculado para o fim de assegurar o unico objecto das instrucções, que recebi, sem alteração da ordem estabelecida de administração, nem estorvo do progresso dos negocios ordinarios do publico e dos particulares, dentro nos limites da auctoridade de V. Ex.ª

4. Isto entendo eu ser conforme ao espirito das ordens que recebi, e inteiramente de accordo com as graciosas e amigaveis disposições de animo de Sua Magestade em todas as suas transacções com as nações neutraes, e mui especialmente em tudo o que toca á honra da Corôa de Portugal e aos interesses da nação portugueza; e portanto o he tambem modificar a execução daquellas instrucções por hum modo conforme aos successos que têem occorrido depois da data das ordens, ou áquelles cujo conhecimento não havia chegado a Inglaterra, quando as mesmas ordens partiram.

5. Alludo ao successo da feliz partida da Familia Real de

1808 Abril 25 happily withdrawn from Lisbon, and with a fleet of Portuguese ships of war, escorted by a squadron of the British navy, having proceeded on their voyage to the Brazils, and of the Royal Family having touched at the Island of Madeira, where orders were left by His Royal Highness the Prince Regent for placing that Island under the protection of His Britannic Majesty.

Captain Schuyler will have the honour of communicating to Your Excellency the details of his intelligence, as received by His Majesty's sloop of war the *Procris*, dispatched for the purpose of conveying to this Government the instructions above described.

Your Excellency will infer from these events the unquestionable solicitude of your Sovereign, that the colonies and settlements of the Portuguese nation in India, as well as in Europe, should be protected by the British arms against the effects of that violence which has induced the Royal Family to retire from that part of their dominions, which are subjected by the peculiar circumstances of the present moment to temporary insult and coercion from the ruler of France, to territories where, with the aid of the British power, and I trust, connected by the ancient ties of cordial friendship, which have so long and so firmly united the two crowns and nations, the Sovereign of Portugal may bid defiance to that power which at present weighs so heavily on the independence of Europe.

Your Excellency therefore must have a common interest with the British Government in securing the possession under your authority from the attempts which the ruler of France has long meditated, and which, under the circumstance of his recent usurpation of the Government of Portugal, may now be expected at an early period of time.

The importance of this object to the interest and security of the British dominions in India is too obvious to require illustration, and Your Excellency's candor and discernment will induce you to admit, that under the present circumstances, it is the indispensable duty of the British Government.

Portugal do porto de Lisboa em huma armada de navios de guerra portuguezes, escoltada por huma esquadra ingleza, a qual navegou para o Brazil; e a haver a Familia Real tocado na Ilha da Madeira, onde Sua Alteza Real o Principe Regente deixou ordem para se pôr aquella ilha debaixo da protecção de Sua Magestade Britannica. 1808 Abril 25

6. O capitão Schuyler terá a honra de communicar a V. Ex.ª as particularidades desta noticia recebidas pela chalupa de guerra de Sua Magestade, a *Procris*, expedida com o fim de trazer a este Governo as instrucções sobreditas.

7. Destes acontecimentos inferirá V. Ex.ª a inquestionavel solicitude do seu Soberano, para que as colonias e estabelecimentos da nação Portugueza na India e na Europa sejam protegidas pelas armas britannicas contra os effeitos daquella violencia, que moveu a Familia Real a retirar-se daquella parte de seus dominios, que estão sujeitos pelas circumstancias particulares da epocha actual ao insulto e oppressão do Regulador da França, para outros, nos quaes, com o auxilio da potencia britannica, e, confio, em virtude dos antigos vinculos de cordeal amizade, que por tanto tempo e tão firmemente uniram as duas Corôas e nações, o Soberano de Portugal póde não temer a Potencia que presentemente tanto pesa sobre a independencia da Europa.

8. Em consequencia deve V. Ex.ª ter hum interesse commum com o Governo Britannico em assegurar as possessões debaixo da auctoridade de V. Ex.ª contra as emprezas que o Regulador da França ha muito medita, e que, pelas circumstancias da sua recente usurpação do Governo de Portugal póde agora esperar-se ver tentar em breve tempo.

9. A importancia deste objecto para os interesses e segurança dos dominios britannicos na India he tão obvia, que não carece de illustração; e a candura e discernimento de V. Ex.ª hão de movel-o a convir em que, nas circumstancias presentes, he indispensavel obrigação do Governo Britanni-

1808 Abril 25 founded on the principle of self defence, to employ the resources of its own energy and power for the effectual protection of the Portuguese settlements in India, against the arms or the artifices of France.

The obligation of this duty has occasioned the transmission of the orders, which I have now announced to Your Excellency, and Your Excellency will perceive from the preceding observations the solicitude of my mind to render the execution of those orders compatible with the preservation and security of the interest committed to your charge. It will be obvious to Your Excellency at the same time, that it would be contrary to my duty to acquiesce in any arrangement of a nature to limit or impede whatever measures may appear to this Government to be necessary, for the effectual protection of Goa and the other Portuguese settlements in India against the designs of the French.

For that purpose however I do not consider it necessary to propose the immediate transfer of Goa, and the other Portuguese settlements in India, to the authority of the British Government, provided Your Excellency shall be pleased to concour in the alternative which it is my intention to suggest to Your Excellency, in the present dispatch.

Although the Government and territory of Portugal have been usurped by the violence, injustice and inordinate ambition of the ruler of France, I consider the ancient amicable relations between the Sovereigns of Portugal and Great Britain as still subsisting, and am anxious therefore that Her Most Faithful Majesty should retain without charge or diminution the advantage of her eastern colonies, and her Majesty's officers and subjects the full enjoyment of all their rights and privileges; requiring only in return that Your Excellency should transfer absolutely and entirely the duty of protecting those colonies against the designs of the French to the British power, and should in consequence admit of whatever disposition, or augmentation of the British troops, may by the British officers be judged necessary for that purpose, and that Your Excellency should further consent to

co, fundada no principio da defeza propria, empregar os meios da sua propria energia, e poder na effectiva protecção dos estabelecimentos Portuguezes na India contra as armas ou artificios da França. 1808 Abril 25

10. Esta obrigação deu motivo á transmissão das ordens que annuncio a V. Ex.ª, que das observações precedentes ha de colligir qual seja a solicitude do meu espirito, para compadecer a execução destas ordens com a conservação e segurança dos interesses commettidos ao seu cargo. Ao mesmo tempo conhecerá V. Ex.ª facilmente, que seria contrario aos meus deveres o assentir em qualquer arranjo cuja natureza seja limitar ou estorvar quaesquer medidas, que a este Governo possam parecer necessarias para a effectiva protecção de Goa e dos outros estabelecimentos Portuguezes na India contra os designios dos Francezes.

11. Todavia, não considero necessario, que para este fim deva propor a immediata translação de Goa e mais estabelecimentos Portuguezes na India para a auctoridade do Governo Britannico, comtanto que V. Ex.ª queira concorrer e convir na alternativa que tenho tenção de suggerir a V. Ex.ª neste despacho.

12. Ainda que o Governo e territorio de Portugal for usurpado pela violencia, injustiça e desordenada ambição do Regulador da França, reputo ainda existentes as antigas relações amigaveis entre os Soberanos de Portugal e da Gram Bretanha; e portanto desejo anciosamente, que S. M. Fidelissima conserve sem mudança ou diminuição a vantagem de suas colonias orientaes, e de ficarem os officiaes de S. M. e seus vassallos na plena fruição de todos seus direitos e privilegios; requerendo sómente em retorno, que V. Ex.ª transfira absoluta e inteiramente a obrigação de proteger estas colonias contra os designios dos Francezes á Potencia britannica, e que em consequencia assinta em qualquer disposição ou augmento de tropas britannicas e que os officiaes britannicos possam julgar necessario para este fim; e que V. Ex.ª consinta naquelles arranjos, que em todo o tempo possam

1808 Abril 25 such arrangements as may enable the British Government at any time, when the exigency of affairs may render such a measure indispensable, to assume without obstruction the Government of those colonies, and to take possession in the name of His Britannic Majesty of the public property deposited in them.

Although in the event which I confidently antecipate of Your Excellency's concurrence in these propositions, I consider the occurrence of any state of circumstances, which can require the occupation of Goa and the other Portuguese settlements in India by the British Government, to be highly improbable, yet it must be evident to Your Excellency, that under the orders which I have received, and under all the circumstances which gave occasion to them, these requisitions can alone justify the compromise which I have suggested.

The detail of these arrangements will be communicated to Your Excellency by Captain Schuyler. With a view however to prevent any misconception of the true meaning extent of my present proposition, I deem it proper to repeat distinctly to Your Excellency, that under the conditions above described it is the wish and intention of the British Government that the Portuguese settlements in India should continue precisely in their present state, subject to the same authorities, and enjoying the same rights, privileges and immunities, as at the present moment, free from any control on the part of the British officers.

I confidently trust, that Your Excellency duly appreciating the justice and liberality of this proceeding, and estimating the benefits resulting from it, signify to Captain Schuyler your concurrence in the proposition which I have now the honour to submit to you, and give immediate effect to the several arrangements which Captain Schuyler is directed to explain, thereby precluding the necessity of executing the orders which I have received, relative to the entire occupation of Goa and its dependencies.

I have further to request that in the event of Your Excel-

pôr o Governo britannico em estado de assumir, quando a exigencia dos negocios fizer indispensavel huma tal medida, sem embaraço a governança destas colonias, e de tomar posse em nome de S. M. Britannica, da propriedade publica nellas depositada. 1808 Abril 25

13. Ainda que no acontecimento que anticipo confidencialmente, de concorrer V. Ex.ª nestas proposições, eu considero ser mui improvavel a occorrencia de algum estado de circumstancias, que possam requerer a occupação de Goa e mais estabelecimentos Portuguezes na India pelo Governo britannico, comtudo será evidente a V. Ex.ª, que á vista das ordens que recebi, e de todas as circumstancias que as dictaram, estas requisições podem sós justificar o compromisso que eu suggeri.

14. A miudeza destes arranjos será communicada a V. Ex.ª pelo Capitão Schuyler. A fim comtudo de evitar algum engano no verdadeiro sentido da minha presente proposição, julgo acertado repetir distinctamente a V. Ex.ª, que debaixo das condições sobreditas he o desejo e tenção do Governo Britannico que os estabelecimentos Portuguezes na India continuem precisamente no seu estado presente, sujeitos ás mesmas auctoridades, e gosando dos mesmos direitos, privilegios e immunidades, como até agora, isentos de qualquer inspecção da parte dos officiaes inglezes.

15. Confio muito em que V. Ex.ª, avaliando devidamente a justiça e liberalidade deste procedimento, e os beneficios que delle resultam, expressará ao Capitão Schuyler a sua concorrencia á proposição que tenho agora a honra de submetter a V. Ex.ª, e dará immediata execução aos varios arranjos, que o Capitão Schuyler vai encarregado de expor, invalidando assim a necessidade de cumprir as ordens que recebi, relativas á inteira occupação de Goa e suas dependencias.

16. Tenho mais a pedir a V. Ex.ª, que, convindo V. Ex.ª

1805 Abril 25 lency's concurrence in the arrangement which I have proposed, Your Excellency will be pleased to issue orders to the Governors of Damaun and Diu, directing them to admit British troops into those settlements respectively, and authorizing them to accede to the same terms of compromise as those which are now submitted to Your Excellency's acceptance.

I have the honour to be with the highest consideration, Sir — Your Excellency's most obedient humble servant. — *(Signed)* Minto.

Fort William the 25th April 1808.

Resposta do Contra Almirante

(Arch. do conselho

1808 Maio 10 To His Excellency the Conde de Sarzedas, etc., etc., etc., Viceroy of Goa.

Sir. — I am duly honoured with Your Excellency's letter of 24 ult.° relative to the proceeding of Captain Ferrier of His Britannic Majesty's ship *Albion* in the Roads of Goa.

Your Excellency may rest most perfectly assured that in maintaining the harmony and good understanding, which has so long subsisted between the two nations, I shall be uniformly actuated by the most anxious wish to exhibit to you the same cordiality, which has been mutually manifested between the British and Portuguese Government at home.

If the unfortunate turn of affairs in Europe has compelled the British Government to take measures of precaution to restrain the progress of those evils to the colonial possessions of the Crown of Portugal, which have recently befallen the mother Country, I have the most perfect confidence that Your Excellency's well known loyalty to your Sovereign will excite you to unite with the British Government in India, in the most ready and cordial manner, for the purpose of main-

nos arranjos que propuz, queira V. Ex.ª passar suas ordens aos Governadores de Damão e Dio para que admittam tropas britannicas naquelles estabelecimentos respectivamente, e auctorisal-os para accederem aos mesmos termos de compromisso, que são agora submettidos á acceitação de V. Ex.ª 1808 Abril 25

Tenho a honra de ser com a mais alta consideração, Sr.— De V. Ex.ª obedientissimo servo. —*(Assignado)* Minto.

Forte William, 25 de Abril de 1808.

Pelew ao Vice Rey da India

ultramarino.)

A S. Ex.ª o Conde de Sarzedas, etc., Vice-Rei de Goa. 1808 Maio 10

Senhor. —Acho-me honrado com a carta de V. Ex.ª de 24 do passado, que versa sobre os procedimentos do Capitão Ferrier da nau *Albion* de Sua Magestade Britannica no porto de Goa.

Póde V. Ex.ª ficar perfeitissimamente certo de que, em manter a harmonia e boa intelligencia, que por tanto tempo tem subsistido entre as duas nações, hei de ser uniformemente movido pelo mais ferveroso desejo de mostrar a V. Ex.ª a mesma cordialidade, que mutuamente têem manifestado entre si os Governos Inglez e Portuguez.

Se a face desgraçada dos negocios na Europa obrigou o Governo Britannico a tomar medidas de precaução, para refrear os progressos daquelles perigos que ameaçam as possessões coloniaes da Corôa de Portugal, e que são os mesmos que ha pouco experimentou a Metropole tenho a maior confiança em que V. Ex.ª com a lealdade bem conhecida que guarda ao seu Soberano, se ha de mover a unir-se com o Governo Britannico na India, pelo modo mais efficaz e cordial,

1808 Maio 10 taining your political independence and to guard against any attempts of the common enemy of Europe; to disturb that national tranquillity, which has so long distinguished the Councils of the two nations at amity.

I request it may be distinctly understood by Your Excellency, as well as by all the Portuguese Colonists under your Government, that the Instructions under which Captain Ferrier has acted were grounded solely upon the considerations just stated, in consequence of receiving from Europe copies of the Proclamations relative to the influence of the French Government at the Court of Lisbon, which have induced His Britannic Majesty's ministers to adopt decisive measures to counteract the fatal tendency of those designs, which at that time, and I fear still, engage the restless mind of the present ruler of France.

I am further anxious to impress Your Excellency with an assurance that in the proceedings of Captain Ferrier no injury has been intended to the public, or private interests of the subjects of Portugal, nor was it designed to subject their property to seizure or confiscation.

The friendly admission of the cooperative powers of Great Britain, for the safety and protection of the Portuguese settlements and possessions from the interference of the avowed enemy of our nation, was the sole and immediate object of my views, and I doubt not the communications of the Right Honorable the Governor General of India have, on this period, conveyed to Your Excellency's mind the most perfect satisfaction on that subject.

Captain Ferrier will have quitted Goa Roads before this period, leaving the public and private property perfectly secured under Your Excellency's protection.

I request on this occasion to assure Your Excellency of the highest consideration, with which I have the honour to be Sir — Your Excellency's most obedient servant — Edward Pellew.

His Britannic Majesty's ship *Culloden.* — Bombay Harbour 10th May 1808.

para o fim de manter a sua independencia politica, e para se prevenir contra quaesquer emprezas do commum inimigo da Europa para perturbar esta tranquillidade nacional, que ha tanto tempo distingue os conselhos das duas nações. 1808 Maio 10

Peço que V. Ex.ª e todos os colonos Portuguezes entendam distinctamente que as instrucções pelas quaes se guiou o Capitão Ferrier, eram fundadas sómente sobre aquellas considerações, em consequencia de se haver recebido da Europa copias da proclamação relativa á influencia do Governo Francez na Côrte de Lisboa, a qual induziu os Ministros de Sua Magestade Britannica a adoptarem medidas decisivas, a fim de contrastar a fatal tendencia daquelles designios, que naquelle tempo, e receio que ainda agora, occuparam o iniquo espirito do presente regulador da França.

Muito mais desejo imprimir em V. Ex.ª a certeza de que nos procedimentos do Capitão Ferrier não houve offensa feita ao publico ou aos interesses particulares de vassallos Portuguezes, nem tão pouco eram tendentes a sujeitar a sua propriedade á captura ou confiscação.

A admissão amigavel das forças cooperadoras da Gram Bretanha para segurança e protecção dos estabelecimentos Portuguezes e suas possessões a respeito da intervenção do inimigo declarado da nossa nação foi o unico e immediato objecto de minhas vistas; e não duvido que as communicações do Ex.mo Governador General da India tenham nesta conjunctura gravado no animo de V. Ex.ª a mais completa satisfação a este respeito.

O Capitão Ferrier deve ter saido de Goa já, deixando a propriedade publica e particular perfeitamente segura debaixo da protecção de V. Ex.ª

Nesta occasião peço a V. Ex.ª que tenha a certeza da altissima consideração, com a qual tenho a honra de ser — De V. Ex.ª obedientissimo servo — Edward Pelew.

Nau *Culloden* de Sua Magestade Britannica no porto de Bombaim a 10 de Maio de 1808.

Artigos da Convenção entre o Vice Rey da India e segnndo as instrucções dadas pelo governador General da India Ingleza na Asia contra

(Arch. do conselho

1.[rst]

1808 Maio 25 The Bristish Government and its Troops shall be considered as entirely charged with the defence of Goa, and its dependencies, against the power of France and of her dependants.

2.nd

The British Troops shall therefore be immediately put in possession of the Peninsula of Murmagom and Fort of Reis Magos, and shall further be put in immediate possession of any other Fort or Post which the Officer commanding the British Troops, for the time being, shall in future deem necessary for the effectual attainment of the above purpose of the exclusion of the enemy.

3.rd

The Portuguese ordinance and military stores of every description shall be placed at the disposal of the Officer commanding the British Troops for the said purpose: Captain Schuyler pledging himself that the said military stores, etc., shall be exclusively applied to the defence of the Portuguese territories and possessions.

4.th

The Portuguese Troops, with the exception of those at El-Reis and Murmagom, shall remain stationary in théir present Quarters: An exact return shall be given to the British Resident of the number of men, rank of officers, and names of Commanders, at each Quarter. No movement of any kind, or preparation for movement, is to take place in, or from any of those Quarters, until the consent of the British Resident shall have been obtained for the same. The British Resident

o Capitão Schuyler, Residente Britannico em Goa,
para maior segurança dos Dominios de Sua Magestade Fidelissima
os Francezes

ultramarino.)

1.º

O Governo Britannico e as suas tropas deverão ser considerados como inteiramente encarregados da defeza de Goa e suas dependencias, contra o poder da França e seus dependentes. 1808 Maio 25

2.º

Em consequencia deixarão as tropas britannicas ser immediatamente postas de posse da peninsula de Murmugão e forte dos Reis Magos, como tambem de qualquer outro forte ou posto, que o official que commandar as tropas britannicas julgar para o futuro necessario para a effectiva consecução do sobredito fim da exclusão do inimigo.

3.º

A ordenança Portugueza e os armazens militares de toda a qualidade serão postos á disposição do official commandante das tropas britannicas para o mesmo fim. O capitão Schuyler obriga-se a que os ditos armazens militares, etc., sejam exclusivamente applicados á defeza do territorio e possessões portuguezas.

4.º

As tropas Portuguezas, exceptuando as dos Reis e Murmugão, deverão ficar estacionarias nos seus actuaes quarteis. Dar-se-ha ao Residente Inglez huma exacta relação do numero de homens, patente dos officiaes e nomes dos commandantes em cada quartel. Nos quarteis não se fará movimento algum, ou preparo para movimento, até que para isso se não consiga o consenso do Residente Inglez. O Residente Inglez promette da sua parte cumprir todos os deveres de

1808 Maio 25 on his part, promising to pay every attention to the wishes of His Excellency the Viceroy, on those subjects, as far may be consistent with the security of the place, and his instructions from the Supreme British Government.

5.th

Should at any future time another arrangement of the Portuguese Troops in their stations and Quarters, or otherwise, appear to the British Resident to be advisable, and be by him requested of His Excellency the Viceroy, His Excellency promises to comply with the same.

6.th

His Excellency the Viceroy consents to the British garrison at Goa being augmented, diminished, relieved, altered at any time, when it may appear to the British authorities advisable so to do, and to such extent as the British Government or their representative at Goa may judge proper.

7.th

His Excellency the Viceroy engages to make such disposition of his ships and vessels, and of his naval resources, as may be applied for the British Resident for the further security of the Colony.

8.th

His Excellency the Viceroy engages to dismiss from the Portuguese service, any officer of whatesoever rank, or any other person, who may be guilty of any treacherous or unfriendly act towards the British Nation, Government, or interest, or whose conduct may tend to impede and frustrate the full and inequivocal fulfilment of the present Convention; on proper application being made to that effect to His Excellency by the British Resident.

9.th

His Excellency will immediately deliver to the British Resident orders to the Governors or Commanders of the settle-

attenção aos desejos de S. Ex.ª o Vice-Rei, ácerca destes objectos, tanto quanto for compativel com a segurança da praça, e com as suas instrucções recebidas do supremo Governo Britannico. 1808 Maio 23

5.º

Se para o futuro julgar o Residente Inglez convir fazer outra disposição das tropas Portuguezas em suas estações e quarteis, ou outra cousa, e requerendo-o assim a S. Ex.ª o Vice-Rei, S. Ex.ª promette prestar-se a isso.

6.º

S. Ex.ª o Vice-Rei consente em que a guarnição ingleza em Goa seja augmentada, diminuida, rendida, alterada, todas as vezes que ás auctoridades britannicas pareça conveniente fazel-o; e isto tão amplamente quando o julgar proprio o Governo Britannico ou os seus representantes em Goa.

7.º

S. Ex.ª o Vice-Rei obriga-se a fazer dos seus navios e dos seus recursos navaes aquellas disposições que lhe forem requeridas pelo Residente Inglez para a ulterior segurança da colonia.

8.º

S. Ex.ª o Vice-Rei obriga-se a demittir do serviço Portuguez todo o official de qualquer patente, ou qualquer outro individuo, que possa ser criminoso de qualquer acto de traição ou inimizade para com a Nação Ingleza, seu Governo, ou seus interesses; ou cuja conducta possa tender a impedir e frustrar a inteira e genuina execução da presente Convenção; e isto, logo que o Residente Britannico fizer para este fim a conveniente solicitação a S. Ex.ª

9.º

S. Ex.ª deverá immediatamente entregar ao Residente Britannico ordens suas, para que os governadores ou comman-

1808 Maio 25 ments of Diu, Damaun and Angediva, respectively, for the admission of British garrison into their Forts and Posts, and to consider themselves bound by these articles of Convention.

10.th

His Excellency the Viceroy and Captain General of the Portuguese Possessions in India further engages, should future events render such a measure indispensable in the opinion of the British Government, to deliver up the entire Civil and Military Government of Goa and its dependences, and generally of all the Portuguese Possessions in Asia subject to His Excellency's authority, and the public property therein contained, to the British Government, without the smallest obstruction or impediment, in order to their being taken possession of in the name of His Britannic Majesty.

(Este artigo foi riscado.)

11.th

And as in these articles of Convention many things are agreed upon to be done by the British Resident, it is hereby declared to be understood, that in the event of the failure of a British Resident, the officer actually in command of the British Troops at Goa, for the time being, shall be hold to stand in that situation entirely as far as concerns the execution of the present articles of Convention. — Conde de Sarzedas. — Coortt. Schuyler In charge of Pol. Duties Goa.

Done at the Palace of Pangim this 25.th day of May 1808.

Extracto das ordens do dia 5 de Junho de 1808

(Arch. do conselho)

1808 Junho 5 The Commanding Officer thinks it proper to explain to the British troops at Goa, and to their followers, that the late movements and occupation of the posts of Murmugão and

dantes dos estabelecimentos de Diu, Damão e Angediva, respectivamente, admittam guarnição britannica nos seus fortes e postos, e para que se considerem ligados por estes artigos de Convenção. 1808 Maio 25

10.°

S. Ex.ª o Vice-Rey e Capitão General das possessões Portuguezas na India obriga-se tambem a que, se os successos futuros fizerem huma tal medida indispensavel na opinião do Governo Britannico, entregará todo o governo civil e militar em Goa e suas dependencias, e geralmente em todas as possessões portuguezas na Asia, sujeitas á auctoridade de S. Ex.ª e a propriedade publica nellas existente, ao Governo Britannico, sem o minimo estorvo ou obstaculo, a fim de se tomar posse dellas em nome de Sua Magestade Britannica.

(Este artigo foi riscado.)

11.°

E como nestes artigos de Convenção se assentou em que varias cousas hão de ser feitas pelo Residente Inglez, fica declarado que se entende que, succedendo faltar o Residente Inglez, o official actualmente commandante das tropas Britannicas em Goa, nesse tempo, será considerado na mesma situação, inteiramente, para tudo o que disser respeito á execução dos presentes artigos de Convenção. — Conde de Sarzedas. — Coortt. Schuyler.

Feito no Palacio de Pangim aos 25 dias de Maio de 1808.

---

do Commandante das forças inglezas em Goa

ultramarino.)

O official commandante julga acertado explicar ás tropas britannicas em Goa, e a todos os que as seguem, que os ultimos movimentos e occupação dos postos de Murmugão e 1808 Junho 5

1808 Junho 5 ElReys by the British troops are by no means meant to deprive the portuguese of any part of their territories, nor in any manner to alter the former situation of the auxiliary British force here towards the Government of His Excellency the Viceroy, but on the contrary, has only in view the more effectual defence of the Portuguese territories against any attacks of the French, their allies and dependents, against whom by the late unheard of violences of the Ruler of the French Nation towards the Royal House of Portugal, the Portuguese must be considered as united in a common cause with the British, while the ancient and happy Alliance between our Sovereigns and nations is by the late events rendered more complete and close than ever. This order is to be throughly explained to the troops, followers and bazar people of the British troops at the different posts at Goa. — *(Signed)* Alex. Adams, L.[te] Col. and Commanding British Aux.[es] Forces Goa.

A true extract. — Stef. Prendergast.

Proclamação do Vice Rey da India aos habitantes do mesmo Estado recommendando-lhes união com as tropas inglezas

(Arch. do conselho ultramarino.)

1808 Junho 6 Bernardo José de Lorena, Conde de Sarzedas, do Conselho de S. A. Real, Vice-Rey, e Capitão General de mar e terra do Estado da India, etc.

Clero, nobreza e povo do Estado da India, o nosso augusto Soberano, não podendo soffrer as injustas propostas e importunações do Dominante da Nação Franceza, que com o seu pezo e influencia sobre todo o Continente da Europa tem ganhado uma força a que se não póde resistir no mesmo Continente, pretendendo que o nosso Soberano e Senhor rompesse os vinculos mais sagrados que ha seculos tinha-

Reis pelas tropas britannicas de modo algum se deve entender que sejam tendentes a privar os Portuguezes de parte alguma de seus territorios, nem tão pouco a alterar de sorte nenhuma a situação primaria da força britannica ingleza aqui a respeito do Governo de S. Ex.ª o Vice-Rei; mas pelo contrario o são sómente a huma mais effectiva defeza dos territorios Portuguezes contra quaesquer ataques dos Francezes, seus alliados e dependentes, contra quem, pela mais inaudita violencia do regulador da nação franceza com a Casa Real de Portugal, os Portuguezes devem ser considerados como unidos em huma causa commum com os Inglezes, agora que a antiga e feliz alliança entre os nossos Soberanos e nações veio a ser, em virtude dos ultimos successos, mais completa e estreita do que nunca. Esta ordem deve ser intimada ás tropas, aos que as seguem, e ao bazar das tropas inglezas nos differentes portos em Goa. — Alex. Adams, Tenente-Coronel e Commandante das Forças Auxiliares-Britannicas em Goa. 1808 Junho 5

---

mos contrahido com a fiel e virtuosa Nação Ingleza, nossa intima amiga e alliada, e que em consequencia praticasse acções improprias das suas grandes virtudes, justiça e moralidade, deixando Portugal debaixo de huma Regencia interina, emquanto o Grande Deus não dispõe de outro modo, o que devemos esperar da sua Divina Providencia, retirou-se para outra parte dos seus grandes dominios no Brazil, para o que concorreu muito Sua Magestade o Rei da Gram Bretanha, seu intimo e antigo amigo e alliado. 1808 Junho 6

He muito provavel que os Francezes, seus alliados e dependentes, tenham a esta hora invadido Portugal, e tenham o mesmo intento sobre todos os dominios pertencentes ao nosso augusto Soberano e á nossa Nação; devemos estar promptos em toda a parte para resistirmos, derramando todo o nosso sangue, se fôr preciso, para sustentarmos a

1808 Junho 6 independencia do nosso Soberano e conservarmos os seus dominios, a nossa religião e as nossas saudaveis leis.

Os Francezes, seus alliados e dependentes, são os nossos inimigos; os Inglezes os nossos amigos, que á custa, talvez, do seu sangue e dos seus cabedaes nos prestam todos os auxilios para resistirmos ao inimigo commum; daqui vem a amizade e estimação com que devem ser tratados e reconhecidos por nós.

Povos, uni-vos, quando for occasião, ás tropas; quanto

Carta de Lord Minto para o Vice Rey da India accusando

(Arch. do conselho

1808 Julho 4 *Secret and separate Department.*

To His Excellency Senhor Conde de Sarzedas, Viceroy and Captain General of the Portuguese Possessions in India.

Sir — I have had the honour to receive Your Excellency's letter of the 31.rst of may, in which Your Excellency announces your having agreed to the convention which was presented to your acceptance by Captain Schuyler, the British Representative at Goa under my instructions. The sentiments with which I had been impressed by Your Excellency's acknowledged character for wisdom, patriotism, and knowledge of the true interest of your country and of your August Sovereign, inspired me with a just confidence in your cordial acquiescence in those measures which my sense of public duty, my regard for the united interest of my Sovereign and his old and faithful ally, confirmed by the instructions which I received from the authority to which this Government is subject, induced me to propose to you.

The manner in which this important arrangement has been conducted by Captain Schuyler, and the respectful department which he has observed towards Your Excellency

possuimos, e as nossas vidas devemos empregar na defeza do Soberano, e da Nação, que existe sempre emquanto elle existe, e os muitos meios que Deos depositou nas suas Reaes mãos. 1808 Junho 6

Portuguezes, lembremo-nos finalmente, e mostremos ao mundo na nossa defeza, e na dos nossos fieis alliados, que somos Portuguezes, e Portuguezes na India.—Palacio de Pangim, a 6 de Junho de 1808.—Conde de Sarzedas.—(Assignado) Manoel José Gomes Loureiro.

---

a recepção da approvação á Convenção de 25 de Maio

ultramarino.)

Departamento secreto e separado.

A S. Ex.ª o Sr. Conde de Sarzedas, Vice-Rey, e Capitão General das Possessões Portuguezas na India. 1808 Julho 4

1. Tive a honra de receber a carta de V. Ex.ª de 31 de Maio, na qual annuncia V. Ex.ª, que approvára a Convenção que o Capitão Schuyler, Representante britannico em Goa, apresentou á acceitação de V. Ex.ª debaixo de instrucções minhas. Os sentimentos de que tenho sido penetrado pelo reconhecido caracter de sabedoria, patriotismo, e conhecimento dos verdadeiros interesses da sua patria, e do seu augusto Soberano, de que V. Ex.ª he dotado, inspiraram-me huma justa confiança a respeito do seu cordeal consentimento naquellas medidas, que o sentimento dos deveres publicos, a minha attenção aos interesses unidos do meu Soberano, e do seu antigo e fiel alliado, confirmadas pelas instrucções que recebi da auctoridade á qual está este Governo sujeito, me moveram a propor a V. Ex.ª

2. O modo por que o Capitão Schuyler conduzio este importante arranjo, e o comportamento respeitoso que observou para com V. Ex.ª durante a negociação, mereceram, e

1808 Julho 4 in the course of the negotiation, has merited and received the expression of my high approbation; but no part of his conduct has been more gratifying to me than the promptitude and alacrity with which he acquiesced in Your Excellency's wishes, for the exclusion of a part of the proposed engagement, which appeared to Your Excellency to be inconsistent with the due performance of the duty with which you were charged by Her Most Faithful Majesty.

I trust the introduction into the garrison of Goa of an efficient body of British Troops will under the united efforts and Councils of Your Excellency and of the British Government place the Colony of Goa, the preservation of which is so essential to the interest of both Countries, beyond the reach of any attempt which the enemity and rancour of the French nation may induce them to undertake against it. It is almost superfluous to assure Your Excellency that the introduction of the British garrison is totally unconnected with the most remote design of interfering with, or obstructing the functions of the local administration; and that I consider the arrangement in all its parts, to constitute a combined system of defensive measures against the common enemy, in which the interest of the Portuguese Government, and those of the British nation are equally concerned; and it is with equal satisfaction and sincerity that I assure Your Excellency of the cordial desire of the British Government to gratify your wishes by every means consistent with the great object which we both have in view.

The recent calamitous events in Europe, while they must excite the deepest sorrow and affliction in every breast attached to the nation of Portugal either by the ties of birth, or by the feelings arising out of a long course of friendly intercourse, have been the occasion of manifesting in the most emphatic manner to the two nations and to the world the cordial union which subsist between the Crowns of Portugal and Great Britain, and the unshaken fidelity with which they are resolved to maintain the established alliance. I trust that a strenuous perseverance in the same cause will be the ulti-

receberam a expressão da minha alta approvação; mas parte alguma da sua conducta me foi mais agradavel, do que a promptidão e prazer com que elle se prestou aos desejos de V. Ex.ª a respeito da exclusão de huma parte das obrigações propostas, que a V. Ex.ª pareceu incompativel com os deveres de que Sua Magestade Fidelissima o encarregou.

1808
Julho
4

3. Confio que a introducção de hum corpo activo de tropas inglezas na guarnição de Goa ha de com os esforços unidos de V. Ex.ª e do Governo britannico pôr a colonia de Goa, cuja conservação he tão essencial aos interesses de ambos os paizes, fóra do alcance de qualquer empreza, que a inimizade, e rancor da nação franceza possam movel-a a intentar contra aquella cidade. He quasi superfluo assegurar a V. Ex.ª, que a introducção de huma guarnição ingleza não tem a minima relação ao designio, ainda o mais remoto, de intervir, ou de embaraçar as funcções da administração local; e que eu considero o arranjo em todas as suas partes como proprio para constituir hum systema combinado de medidas defensivas contra o inimigo commum, no que são igualmente interessados o Governo Portuguez e o da nação ingleza; e com igual satisfação e sinceridade affirmo a V. Ex.ª o cordeal desejo do Governo Britannico de satisfazer a vontade de V. Ex.ª por todos os meios compativeis com o grande objecto que ambos temos em vista.

4. Os calamitosos successos recentes da Europa, ao mesmo tempo que devem excitar a mais profunda tristeza e afflicção no animo de todas as pessoas affectas á nação Portugueza, ou pelos vinculos do nascimento, ou por sentimentos procedidos de hum aturado trato de amizade, foram occasião de se manifestar pelo modo mais expressivo ás duas nações, e ao universo a cordeal união que subsiste entre as Corôas de Portugal, e da Gran-Bretanha, e a inalteravel fidelidade, com a qual estão resolvidos a manter a alliança assentada. Confio que huma firme perseverança na mesma

1808 Julho 4 mate means of restoring to the illustrious House of Braganza the secure possession of its legitimate Dominions, and that the magnanimous conduct of the Prince Regent will in a more auspicious season receive the reward to which his inflexible regard for the honour, dignity and independence of his family and his country, have so justly entitled him.

Whatever may be the issue of the events which are now passing, it is my fervent hope that no circumstances may occur, to interrupt the long and sincere friendship which has subsisted between our respective Sovereigns and nations, a friendship which has never shone forth more conspiciously than in the hour of distress and danger.

With every sentiment of personal regard and of the most distinguished consideration.

I have the honour to be with the highest consideration — Sir, Your Excellency's most obedient humble servant. — (Signed) Minto.

Fort William the 4.th July 1808. — Comp. Th. Lloyd.

Extracto do officiô de 2 de Maio de 1809 do Vice Rey da India Conde de Sarzedas, para o Ministro do Ultramar Visconde de Anadia, relatando o que se passou a respeito da convenção de 25 de Maio de 1808.

(Arch. do conselho ultramarino. — Original.)

1809 Maio 2 Chegou o dia 25 de Maio (1808), veio fallar-me o Enviado Britannico, apresentando-me a carta junta, copia n.° 3, de Lord Minto, Governador Geral de Bengala, e os artigos de Convenção, copia n.° 4, para eu assignar, e elle Enviado. Eu sabia pelas minhas diligencias que os Inglezes tinham nas immediações do Estado 40:000 homens, que podiam juntar em oito dias, comprehendendo os que tinham aqui dentro, e assim não duvidou de mo affirmar o mesmo Enviado.

causa ha de ser o meio de restaurar para a illustre casa de Bragança a segura possessão de seus legitimos dominios; e que a magnanima conducta do Principe Regente ha de, em tempos mais felizes, receber o galardão à que lhe dá o mais justo direito a sua inflexivel attenção á honra, dignidade, e independencia de sua familia, e de seus Estados. 1808 Julho 4

5. Seja qual for o exito dos successos que passam agora, espero firmemente que não poderá sobrevir circumstancia alguma, que interrompa a longa, e sincera amizade que tem subsistido entre nossos respectivos Soberanos, e nações, amizade que nunca brilhou tanto como no momento de infortunio, e de perigo.

Com todo o sentimento de pessoal respeito, e da mais distincta consideração, tenho a honra de ser — De V. Ex.ª obedientissimo, e humilde creado. — Minto.

Forte William, a 4 de Julho de 1808.

Os artigos pela maior parte nada tinham de essencial. As tropas inglezas estavam aqui, e na posse de entrarem e sahirem, quando queriam; as fortalezas principaes da barra estavam, como as achei, nas suas mãos; o forte dos Reis Magos fica para dentro do banco; a fortaleza de Mormugão, na outra barra, já nella tinham estado annos passados os Inglezes, e a abandonaram por ser logar atacado de peste, onde perderam muita gente. As nossas embarcações de guerra, e artilharia, he claro que devem ser empregadas em nossa defeza. As nossas tropas devem existir nas provincias que guarnecem. Apesar de todas estas reflexões para que tive poucos instantes, respondi-lhe decididamente, que como os artigos da Convenção declaravam serem para maior segurança dos dominios do meu Augusto Soberano, eu não duvidaria assignar, se não encontrasse o artigo X, que a fidelidade que devia ao meu mesmo Senhor, os meus juramentos repetidos nas suas Reaes mãos, a minha propria honra, e as obrigações que tinha á memoria de meus ante- 1809 Maio 2

1809 Maio 2 passados, me embaraçavam absolutamente assignar. Instou o Enviado, declarando os males que vinham sobre estes povos, e sobre a minha pessoa, que elles tanto estimavam; respondi-lhe que se eram meus amigos, eu desejava que o fossem unicamente da minha honra, e que os desobrigava pelo que pertencia ao meu commodo, e á minha vida; que fizessem pouco caso disto, porque eu tambem o fazia; e virando-me para o meu Ajudante General, que alli estava no momento, e he deste paiz, disse-lhe: «eu prometti no acto da minha entrada na cidade empregar todos os meus disvelos, e cuidados na conservação do Estado, e derramar na sua defeza todo o meu sangue, se fosse preciso, mas não prometti faltar á minha honra; não podem jámais arguir-me estes povos de falta de palavra.» Intentou o Enviado persuadir-me que eu discorria muito esturradamente, que assignar o artigo não era falta de honra, e repetições semelhantes; a que respondi, que eu era Portuguez, e de boa gente, que em taes pontos não tinha que aprender de nação nenhuma do mundo; riscando aquelle artigo X, e para o fim declarado no titulo dos artigos, eu assignava, de outra sorte absolutamente não, succedesse o que succedesse, e era a minha ultima resposta. Levantou-se o Enviado, dizendo que o artigo era absolutamente essencial, como eu via da mesma carta que me escrevêra o Governador Geral de Bengala, e voltando ao meu Ajudante General, disse-lhe: «a minha commissão está acabada, daqui por diante tudo pertence aos Commandantes das tropas de Sua Magestade Britannica», e voltou logo para o seu campo, e eu escrevi logo tambem em resposta á carta de Lord Minto neste mesmo tom.

Em menos de huma hora voltou a cavallo correndo, acompanhado do seu Secretario, muito alegre, com o artigo riscado, como se vê da copia referida, esperando que assim assignasse. Assignei e elle, ficando cada hum de nós com seu original. Seguiu-se daqui a continuação da boa harmonia, e a ordem, por copia junta, N.º 5, do commandante das tropas inglezas na sua parada geral; mandar eu mais alguma polvora que me requereram para Mormugão e Reis Magos, e algumas peças de artilharia, que tudo alli existe, e nada mais. 1809 Maio 2

A nossa gente, ainda que nada sabia deste ultimo negocio, desconfiava das suas frequentes vindas a palacio, e estava de muito má fé contra os Inglezes; voltou o Enviado a representar-me isto mesmo, pedindo-me fizesse conhecer a estes povos quem eram os inimigos e os amigos dos Portuguezes; respondi-lhe, que a nossa gente não se movia sem ordem da auctoridade delegada pelo seu Augusto Soberano; que eu ainda não tinha recebido ordem e officios da minha Côrte; porém, parecendo-me conveniente, publiquei a minha proclamação, por copia N.° 6, na qual parece que adivinhei as intenções de Sua Alteza Real; e he desta data que estes povos julgam que os Inglezes estão em Goa de boa fé.

Dias depois mostrou-me o Enviado huma contraordem que recebêra da Europa o Governador e Conselho de Bombaim, para que no caso de terem sido atacados os estabelecimentos Portuguezes na India, restituissem tudo ao estado em que antes se achava, porque a mais perfeita amizade existia entre os nossos Soberanos, e que isto mesmo se participasse ao Governador Geral de Bengala.

No mez de Junho recebi officios do nosso Ministro em Londres, D. Domingos de Sousa Coutinho, declarando-me os nossos successos, temendo que tivesse aqui acontecido o mesmo que na Ilha da Madeira, e remettendo-me por copia a mesma contraordem referida, que igualmente mostrei aqui ao Enviado Britannico; e respondi para Londres, dizendo que o Estado se conservava do seu mesmo legitimo Soberano. Lord Minto respondeu á minha carta com a sua junta, copia N.° 7, na qual he de admirar como me louva tanto por eu não ter assignado hum artigo que tendia a entregar a outro Soberano o Estado que o meu legitimo Senhor tinha confiado de mim! Então como intentou tal? Ou quiz-me experimentar?

Todas as auctoridades constituidas, ecclesiasticas, militares e civis, me deram provas de que tudo se uniria commigo na defensa dos direitos do Principe Regente nosso Senhor,

1809 Maio 2 mas isto ainda he mais de admirar nos mesmos pobresinhos nús do paiź, e nos gentios: não tive desconfiança de huma só pessoa, nem os Inglezes se têem atrevido a pôr-lhe o nome.

Póde V. Ex.ª segurar a Sua Alteza Real que o seu Estado da India se acha seu sem diminuição alguma, em epocha tão critica em que nunca se viu. Não sei se acertei, o meu entendimento não chegou a mais, e só saberei quando o Principe Regente nosso Senhor approvar, ou não, a minha conducta.

Os Inglezes mandaram tropas para Damão e Dio, porém, ultimamente sahiram daquelles logares, escrevendo *Duncan*, Governador de Bombaim, aos respectivos Governadores e a mim, que á vista da muita gente que perdiam por molestias, se lhe fazia preciso retirar as tropas, porém, que ficavam álerta e promptas a acudir quando julgassemos preciso. Tem ficado comtudo em Goa, e ainda conservam na Aguada as quatro companhias de granadeiros dos 1.º e 2.º regimentos, do mesmo modo que existiam quando cheguei a Goa.

Nota do Ministro dos Negocios Estrangeiros para o Ministro de Inglaterra, sobre as reclamações pela residencia e demora das tropas inglezas em Goa, e violencias commettidas pelos navios de guerra no porto de Macau, e occupação d'aquella cidade.

(Arch. do Ministerio dos Negocios Estrangeiros. — Registo.)

1809 Maio 10 O abaixo assignado, Conselheiro, Ministro e Secretario de Estado dos Negocios Estrangeiros e da Guerra, tendo agora dirigido de ordem de Sua Alteza Real o Principe Regente de Portugal, seu amo, ao Enviado do mesmo Senhor junto de Sua Magestade Britannica algumas justas reclamações, que elle deve fazer na Côrte de Londres sobre factos succedidos na India e mares da Asia, tem a honra de participar aqui os mesmos succintamente a S. Ex.ª Lord Strangford, Enviado Extraordinario e Ministro Plenipotenciario de Sua Magestade Britannica, afim que S. Ex.ª, continuando a mostrar os mesmos sentimentos de veneração e particular affecto, que tem sempre patenteado em tudo o que interessa o serviço de Sua Alteza Real, possa prevenir a sua Côrte e concorrer a que o mesmo Senhor receba novas provas de amizade do seu mais antigo e fiel alliado Sua Magestade Britannica, e que são tanto mais esperaveis, quanto os interesses das duas Corôas parecem exigir que Sua Magestade Britannica tome em particular consideração tudo o que Sua Alteza Real reclama no momento actual. O abaixo assignado exporá a S. Ex.ª que o Vice-Rei dos Estados da India Portugueza representa a Sua Alteza Real os graves inconvenientes que aquelle Estado soffre da residencia e demora das tropas inglezas naquelle Estado, e que se lastima que este mal se soffra no momento em que o mesmo não he necessario, pois que as forças Portuguezas que alli existem, as julga sufficientes para repellir qualquer ataque dos Francezes, ainda quando fosse possivel conceber que huma força respeitavel daquella nação podesse escapar á vigilancia e actividade das esquadras britannicas; o mesmo Vice-Rei representa tambem que a entrada que se concedeu livre nas alfandegas do Estado a favor da tropa ingleza, tem consideravelmente diminuido a renda das mesmas, e que isso o reduz a não menor embaraço do que o destacamento dos granadeiros Portuguezes, que foram destacados e incorporados com a tropa ingleza que guarnece os fortes que defendem a entrada do porto de Goa, e que se acham em poder das mesmas forças britannicas. Igualmente fez subir á Real Presença do Principe Regente, seu amo, o Ouvidor Geral de Macau as mais fortes queixas e reclamações contra dois brigues da marinha ingleza, *Diana* e *Antilope*, que não só infestaram os mares e costas de Macau, no anno de 1807, mas praticaram violações de territorio dentro do mesmo porto contra navios neutros que alli estavam, maltrataram os officiaes da alfandega, e fizeram gravissimos

1809 Maio 10

1809 Maio 10 damnos ao commercio Portuguez, que Sua Alteza Real está bem persuadido não foram executados por ordens de Sua Magestade Britannica, mas antes em violação das mesmas; e por isso se acha justamente auctorisado para reclamar a satisfação devida ao territorio de hum alliado, que se violou, e a conveniente e justa indemnisação dos damnos soffridos, e que constarão dos documentos remettidos ao Enviado de Sua Alteza Real. Finalmente deve o abaixo assignado representar a Lord Strangford, que havendo resultado em consequencia das ordens expedidas pela Companhia da Asia Ingleza, logo depois das primeiras ameaças que o Governo Francez fez a Sua Alteza Real, que o Governador Geral de Bengala mandasse tropas a Macau, que se apoderaram daquelle estabelecimento, ou ao menos o guarneceram; que o Governo da China interrompesse toda a communicação com Macau, visto reputar esta entrada de tropas inglezas como huma violação do territorio que havia cedido à Corôa de Portugal para o objecto do commercio, de que se têem seguido as mais fataes consequencias tanto ao commercio de Macau, como ainda áquelle que os vassallos Portuguezes fazem por meio daquelle entreposto com a China, faz-se absolutamente indispensavel que Sua Alteza Real reclame do Governo Britannico a prompta sahida das suas tropas, e ainda aquella devida indemnisação que possa reputar-se justa e proporcional ás perdas que se têem soffrido. Depois de tudo o que o abaixo assignado acaba de expôr a S. Ex.ª Lord Strangford succintamente, e sem os documentos que foram mandados ao Enviado de Sua Alteza Real em Londres, confia elle que S. Ex.ª conhecerá com que solidos fundamentos Sua Alteza Real espera da justiça, da intima alliança e amizade de Sua Magestade Britannica, que em primeiro logar se retirem as tropas britannicas que guarnecem inutilmente o Estado de Goa e Diu, ou que, no caso de se julgar ainda alli necessaria a conservação daquellas tropas, se declare com toda a solemnidade, que Sua Magestade Britannica se obriga a retiral-as logo que se effectue a paz geral; em segundo logar que se retirem immediatamente as tropas que foram guarnecer Macau, e que não sómente são alli inuteis, mas que estão fazendo o maior damno ao commercio Portuguez, sem utilidade alguma; em terceiro logar que Sua Magestade Britannica mande tomar em consideração as violações do territorio praticadas na costa e porto de Macau pelos brigues *Diana* e *Antilope*, e igualmente os damnos que as rendas reaes e o commercio Portuguez têem soffrido em Macau; e que depois ordene aquellas reparações e indemnisações que a Côrte de Portugal tem toda a razão de esperar da parte de hum tão antigo como fiel alliado, e dos principios de indefectivel justiça, que sempre dirigem as resoluções de Sua Magestade Britannica. O abaixo assignado conclue esta Memoria segurando a S. Ex.ª Lord Strangford, que Sua Alteza Real não só põe a mais illimitada confiança na justiça e amizade de Sua Magestade Britannica, mas que espera que S. Ex.ª faça bem conhecer ao Ministerio Britannico quanto convem áquelle Governo, que em todos estes artigos Sua Alteza Real receba aquella plena satisfação a que tem direito, e que deve considerar como infallivel, depois das felizes e intimas relações que existem entre as duas Côrtes. O abaixo assignado aproveita tambem esta occasião de renovar a S. Ex.ª Lord Strangford os seus sentimentos da mais perfeita estima e alta consideração. 1809 Maio 10

Palacio do Rio de Janeiro, em 10 de Maio de 1809. — Conde de Linhares.

Officio do Ministro dos Negocios Estrangeiros ao Ministro em Londres, D. Domingos Antonio de Sousa Coutinho, ordenando-lhe que reclame do Governo Britannico a retirada da tropa ingleza de Goa, Diu, Damão e Macau.

(Arch. do Ministerio dos Negocios Estrangeiros.— Registo.)

Sua Alteza Real o Principe Regente nosso Senhor me ordena que dirija a V. S.ª o officio, que me remetteu o Sr. Conde da Anadia, acompanhando os officios que S. Ex.ª ha-

1809 Maio 10 via recebido tanto do Vice-Rei de Goa, o Conde de Sarzedas, como do Ouvidor Geral de Macau, tratando os primeiros do verdadeiro incommodo que se experimenta naquelle Estado pela residencia e demora das tropas inglezas que o estão guarnecendo, e pelo destacamento de tropas Portuguezas que se aggregaram ao mesmo corpo inglez, e que não ficou fazendo o serviço militar da cidade, sem notar que as fortalezas da entrada do porto se acham occupadas pela mesma tropa, e totalmente fóra do dominio do seu legitimo Soberano; e expondo os segundos do Ouvidor Geral de Macau as violações de territorio e fortes violencias praticadas pelos brigues de guerra inglezes *Diana* e *Antilope* debaixo do tiro das fortalezas de Macau, no anno de 1807, tendo não só tomado embarcações que alli se achavam demoradas para se concertarem, mas maltratado os mesmos officiaes da alfandega daquelle dominio da Corôa de Portugal, o que tudo exige aquellas reparações que o direito das gentes e publico, assim como a estreita alliança das duas Corôas, fazem indispensaveis. Accresce a isto, que por noticias recentes se acaba de saber que o Governo Geral da Companhia Ingleza mandou tropas a Macau, que se apoderaram da cidade e porto; e que resultando dahi hum grande ciume dos chinas, se achava totalmente interrupto o commercio daquelle dominio, com gravissimo damno da Real Fazenda e do commercio Portuguez.

Do que acabo de expôr de ordem de Sua Alteza Real, e dos papeis que remetto a V. S.ª, verá V. S.ª que o mesmo Augusto Senhor determina que V. S.ª faça todos os esforços para persuadir ao Governo Britannico, que havendo cessado todos os motivos para se conservar em Goa o reforço de tropas, que para alli mandou a Companhia Ingleza das Indias Orientaes, quando temeu huma invasão dos Francezes; e não podendo duvidar-se que as forças Portuguezas que se conservam em Goa e Diu sejam mais que sufficientes para a defensa daquelles territorios, tem Sua Alteza Real toda a razão de esperar que Sua Magestade Britannica ordenará á Companhia Ingleza, que faça retirar sem perda de tempo toda a tropa ingleza que se acha actualmente guarnecendo os mesmos dominios Portuguezes. Igualmente ordena o mesmo Augusto Senhor que V. S.ª veja em todo o caso, se o Governo Britannico julgar que até á paz geral considera como necessario conservar em Goa e Diu os reforços de tropas que para alli mandou, que ao menos faça huma declaração solemne, que nessa epocha se retirarão todas as sobreditas tropas, de maneira que esse ponto fique estabelecido e fóra de toda a questão: que absolutamente V. S.ª insista para que de Macau se retire immediatamente toda a tropa ingleza que alli consta ter chegado, por cartas particulares, e que essa tropa seja substituida por tropa Portugueza, que se mande de Goa, visto o grave damno que tem resultado da interrupção de todo o commercio Portuguez com a China, e que tem occasionado e se teme occasione mui graves damnos para o futuro, de modo que sobre este ponto V. S.ª deverá insistir com toda a energia de tão justa causa; e finalmente deve V. S.ª lembrar a justiça com que Sua Alteza Real poderia reclamar alguma indemnisação, tanto pela diminuição das rendas das alfandegas em Goa, em consequencia de se dar livre de direitos tudo o que vem para a tropa alliada, como pela total suspensão que tem soffrido a alfandega de Macau; alem da justa satisfação que Sua Alteza Real tem toda a razão de esperar de Sua Magestade Britannica pela violação de territorio, e mais violencias praticadas pelos brigues de guerra inglezes, que foram infestar o mar e costas de Macau. V. S.ª conhece muito bem quanto convem aos Reaes interesses huma perfeita elucidação em tão importantes materias, e sobretudo que se não inutilise para a Corôa e vassallos de Portugal o importante entreposto para o commercio da China, que he por Macau, que inteiramente se arruinaria com a demora de tropas inglezas, as quaes, excitando o ciume dos chinas, nos cortariam o commercio que com elles fazemos, o que sendo para nós extremamente ruinoso, nada seria vantajoso para a nação britannica; e portanto V. S.ª procurará quanto antes que essa Côrte ordene á Companhia das Indias que retire de Macau as tropas que mandou para

1809
Maio
10

1809 Maio 10 aquelle estabelecimento, e que ou faça igualmente retirar as tropas inglezas que guarnecem os estabelecimentos de Goa, Diu e Damão, ou ao menos dê huma solemne declaração, que fará retirar as mesmas tropas logo que a paz geral se restabeleça; acrescentando tambem o tomar-se em consideração as outras reclamações, para se dar a competente indemnisação e reparação a que tem todo o direito a Corôa de Portugal, muito mais tratando-se de hum alliado que por todos os modos tem mostrado a sua fidelidade aos empenhos contrahidos, e o sincero desejo de manter o mesmo systema federativo que existe ha seculos entre as duas Corôas e nações. A Lord Strangford dirijo aqui huma memoria, de que remetto copia, para que informe a sua Côrte das justas reclamações que V. S.ª he encarregado de fazer, e que Sua Alteza Real espera que V. S.ª conclua com o mesmo zêlo e intelligencia com que tem vencido outras muito escabrosas e difficeis, e de igual vantagem para o real serviço e bem da monarchia.

Deus guarde a V. S.ª Palacio do Rio de Janeiro em 10 de Maio de 1808. — Conde de Linhares.

Nota do Ministro dos Negocios Estrangeiros ao Ministro de Inglaterra communicando-lhe as ordens dadas ao Ministro em Londres

(Arch. do Ministerio dos Negocios Estrangeiros. — Registo.)

1809 Outubro 19 O abaixo assignado, Conselheiro, Ministro e Secretario de Estado dos Negocios Estrangeiros e da Guerra, havendo já feito sentir a S. Ex.ª Lord Strangford, Enviado Extraordinario e Ministro Plenipotenciario de Sua Magestade Britannica, pela sua nota de 10 de Maio, quaes eram os fundamentos em que Sua Alteza Real o Principe Regente de Portugal, seu amo, reclamava da justiça de Sua Magestade Britannica as convenientes reparações sobre os damnos e mais incommodos que tinham experimentado as suas possessões na Asia, como se mostrava dos documentos que se remetteram nessa occasião ao seu Ministro na Côrte de Londres, se vê novamente constituido na forçosa necessidade de repetir esta diligencia ainda mais vivamente, por motivo de haverem agora chegado ao conhecimento de Sua Alteza Real os factos que tiveram logar em Goa, até o ponto da convenção ajustada entre o seu Vice-Rey na India e o Capitão Coortland Schuyler, Residente Britannico naquella cidade. Os officios daquelle Vice-Rey com os documentos que os acompanham, e que se dirigem a S. Ex.ª por copia, farão observar a S. Ex.ª quanto os factos que alli se referem, deviam surprehender a opinião em que Sua Alteza Rael se achava, de que todos os procedimentos desta natureza, ou não se teriam verificado alli, ou pelo menos immediatamente se haveriam reparado, voltando as cousas ao seu antigo estado, como era de razão, e como o Governo Inglez o havia plenamente segurado, logo que viu pela magnanima resolução da passagem de Sua Alteza Real para os seus Estados do Brazil, caracterisados pela maneira mais positiva, os seus inalteraveis sentimentos de adhesão á boa causa, e ao systema federativo com a Gram Bretanha, de que jámais se afastou. As intenções que sempre teem dirigido a conducta ministerial de S. Ex.ª, e aquelle interesse que em todas as occasiões tem manifestado pelos negocios d'esta Côrte e pelo bem do serviço de Sua Alteza Real tornam completamente ociosas todas as ulteriores explanações sobre semelhante materia; e o abaixo assignado se limitará por isso mesmo a significar a S. Ex.ª, que Sua Alteza Real, ordenando novamente ao seu Ministro em Londres, que faça junto do Governo de Sua Magestade Britannica todas aquellas reclamações em que interessam a dignidade da sua Corôa, o socego e ventura dos seus vassallos, e a boa fé da alliança e intima amizade, que felizmente subsiste entre as duas nações, não duvida de que S. Ex.ª penetrado da justiça e moderação com que aqui se lhe representam, faça sentir á sua Côrte a bem fundada esperança, em que Sua Alteza Real fica, de que Sua Magestade Britannica e o seu digno Governo se

1809 Outubro 19

1809 Outubro 19 occuparão logo de dar-lhe toda aquella satisfação e reparações a que tem tantos direitos, quantos são os titulos a que se acham ligadas as relações que unem as duas Corôas, e que Sua Alteza Real da sua parte tem procurado animar e promover cada vez mais, como S. Ex.ª reconhece. O abaixo assignado, satisfazendo assim as ordens que recebeu de Sua Alteza Real o Principe Regente seu amo, aproveita esta occasião para renovar a S. Ex.ª Lord Strangford os fieis protestos da sua particular estima e mais alta consideração.

Palacio de Santa Cruz, em 19 de Outubro de 1809.—Conde de Linhares.

Officio do Ministro dos Negocios Estrangeiros ao Ministro em Londres, D. Domingos Antonio de Sousa Coutinho, ordenando-lhe que repita as reclamações ao Governo Britannico

(Arch. do Ministerio dos Negocios Estrangeiros.— Registo.)

Depois de tudo o que escrevi a V. S.ª em officio de 10 de Maio deste anno sobre os negocios de Goa e Macau, remettendo a V. S.ª os documentos que me forneceu o Ministro e Secretario de Estado dos Negocios da Marinha e Dominios Ultramarinos, não póde Sua Alteza Real o Principe Regente nosso Senhor duvidar de que V. S.ª, fazendo o conveniente uso daquelles papeis, e na conformidade das Reaes ordens que então lhe expedi, se tenha mui seriamente occupado de reclamar desse Governo toda aquella satisfação e reparações que a Corôa de Portugal está em direito de pretender e de esperar; mas os officios do Vice-Rey da India, que ora se acabam de receber, e de que por ordem de Sua Alteza Real remetto a V. S.ª as copias juntas, não podiam deixar de renovar no real animo do mesmo Senhor aquella sensibilidade, que forçosamente deviam produzir os procedimentos de que acaba de ser informado, particularmente na presença da Convenção que o mesmo Vice-Rey se viu obrigado a assignar em

Goa, e das funestas consequencias que estiveram a ponto de resultar da apparição e desembarque de forças inglezas em Macau. 1809 Outubro 1

A segurança que Mr. Canning deu a V. S.ª na sua nota de 26 de Março do anno passado, de que ficavam expedidas as necessarias contraordens a respeito dos procedimentos e medidas determinadas contra as possessões Portuguezas na Asia, promette em certo modo que estes factos, que necessariamente precederam a sua recepção, estejam já convenientemente sanados; mas por isso mesmo que ainda o não consta, e que são materias de tanta gravidade, ordena Sua Alteza Real que V. S.ª, munido destes novos instrumentos, empregue todo aquelle zêlo e desteridade que lhe são proprios, para obter desse Governo todas as necessarias explicações e toda aquella satisfação que cumpre dar a Sua Alteza Real, que fiel na sua conducta e systema federativo com a Gram Bretanha; não póde deixar de ver com algum resentimento taes successos, de que a França se lisonjearia como materia de recriminação á boa fé da alliança de Sua Magestade Britannica.

A dignidade da conducta, que constantemente tem caracterisado esse Governo, facilitará a V. S.ª o melhor resultado das suas justas requisições, e por isso não escapará ao discernimento e conhecidas luzes de V. S.ª a importancia e conveniencia de conseguir neste momento, não só todas as possiveis indemnisações pelo detrimento que os reaes interesses ora teem soffrido naquella parte dos seus dominios, mas tambem que torne tudo ao seu antigo estado, reconhecida a impraticabilidade de uma tentativa franceza presentemente sobre aquelles Estados, retirando-se ou reduzindo-se a muito menor numero o auxilio da tropa ingleza, quando não possa deixar de considerar-se necessaria a sua presença até á paz, termo em que he forçoso que V. S.ª obtenha a solemne promessa de dever evacuar.

Sua Alteza Real mandou por esta occasião escrever tambem a Lord Strangford a nota de que remetto a V. S.ª copia, não duvidando de que este Ministro, de cuja conducta e sentimentos esta Côrte tem tanto de que louvar-se, se fará hum

1809 Outubro 19 dever de levar ao conhecimento do seu Governo a justiça das reclamações que V. S.ª he auctorisado a fazer de novo sobre este assumpto.

Deus Guarde a V. S.ª Palacio de Santa Cruz, em 19 de Outubro de 1809.—Conde de Linhares.

Officio do Ministro dos Negocios Estrangeiros ao Ministro em Londres, D. Domingos Antonio de Sousa Coutinho, ordenando-lhe que obtenha do Governo Inglez a reparação dos prejuizos causados pelas tropas inglezas nas fortalezas que occuparam na India.

(Arch. do Ministerio dos Negocios Estrangeiros.— Registo.)

1811 Outubro 23 Ill.mo e Ex.mo Sr.—Das copias inclusas do officio que me dirigiu o Sr. Conde das Galveias, e dos mais papeis que o

---

Nota do Ministro de Inglaterra ao Ministro

do Governador de Bombaim contra as authoridades de Goa, e declarando que

de Goa, e que está authorisado a propor um ajuste para

(Arch. do ministerio dos Negocios Estrangeiros.— Original.)

1839 Março 12 The undersigned, Her Britannic Majesty's Envoy Extraordinary and Minister Plenipotentiary at the Court of Lisbon, has been instructed to inform the Viscount de Sá da Bandeira, Secretary of State for Foreign Affairs to Her Most Faithful Majesty, that Her Majesty's Government have received from the Governor in Council at Bombay most serious complaints against the conduct of the Portuguese authorities at Goa.

It appears that for some months past, disturbances had arisen in the Principality of Sawrent Warree, which state is in intimate alliance with the Government of British India, and is at present under the management of that Government,

acompanharam, que por ordem de Sua Alteza Real o Principe Regente nosso Senhor transmitto a V. Ex.ª, ficará V. Ex.ª convenientemente inteirado do arruinado estado em que as tropas inglezas deixaram as fortalezas e logares que occuparam no tempo em que estiveram nos Estados Portuguezes da India ; e sendo de esperar que aquelles damnos e prejuizos sejam mandados reparar e indemnisar, como he de rasão e justiça, pelo Governo Britannico, logo que delles seja devidamente informado, he Sua Alteza Real servido que V. Ex.ª passe em consequencia os officios necessarios para obter do Ministerio Britannico as devidas reparações a taes prejuizos. 1811 Outubro 23

Deus Guarde a V. Ex.ª Palacio do Rio de Janeiro, em 23 de Outubro de 1811.—Conde de Linhares.

---

dos Negocios Estrangeiros sobre as queixas
as authoridades inglezas serão obrigadas para defeza propria a apoderar-se
a cessão de Goa, Damão e Diu á corôa de Inglaterra

(Traducção particular.)

O abaixo assignado, Enviado Extraordinario e Ministro Plenipotenciario de Sua Magestade Britannica junto á Côrte de Lisboa, teve ordem de participar ao Visconde de Sá da Bandoira, Secretario de Estado dos Negocios Estrangeiros de Sua Magestade Fidelissima, que o Governo de Sua Magestade recebeu do Governador no conselho de Bombaim queixas muito graves contra a procedimento das auctoridades Portuguezas de Goa. 1839 Março 12

Parece que ha já alguns mezes, no Principado de Sawrent Warree, que está ligado por alliança intima com o Governo da India ingleza, e presentemente sob a administração deste mesmo Governo, rebentaram algumas sedições e se permit-

1839 Março 12 and that a body of insurgents from Warree had been permitted without molestation to gather together within the Goa territory a band of marauders amounting to upwards of 1.500 men, who invaded Sawrent Warree and captured the strong Hill Fortress of Hummunt-ghur, from which however they were afterwards expelled. It also appears that these insurgents were joined by a large body of Goa subjects, and that 15 persons subject to Goa were discovered among the prisoners taken, towards the end of December, in Warrece. Two officers of rank in the Goa territory, Colonel Augustinho and Atmarum Purub, are likewise mentioned by name as having openly countenanced the formation of the party which invaded Sawrent Warree.

During the course of this insurrection, several remonstrances against the above mentioned proceedings were addressed by the British authorities to the Government of Goa, but no steps were taken by that Government to maintain its neutrality; on the contrary, it openly connived at, and as is believed, secretly supported the lawless aggressions of the Warree insurgents.

In communicating these facts to the Viscount de Sá da Bandeira, the undersigned has to state to His Excellency that Her Majesty's Government consider that they have the strongest and justest grounds of complaint against the Portuguese authorities at Goa, who have behaved on this occasion with bad faith and with manifest hostility.

The undersigned is further instructed distinctly to declare to His Excellency in the name of Her Majesty's Government, that if such things should happen again, the British authorities in India will be compelled in self-defense to take possession of the settlement of Goa.

As however Her Majesty's Government foresee, as but too probable, that causes of collision between Great Britain and Portugal must be expected frequently to arise, in consequence of such local disputes in India between the British and Portuguese authorities, over the latter of which the Government of Lisbon appears to be unable to exercise any cer-

tiu sem embaraço que um corpo de insurgentes de Warree se juntasse no territorio de Goa a um bando de salteadores com mais de 1:500 homens, que invadiram Sawrent Warree, e se apoderaram da boa fortaleza do Outeiro de Hummuntghur, d'onde comtudo foram expulsos pouco depois. Parece tambem que a estes insurgentes se juntou um grande corpo de vassallos de Goa, e que entre os prisioneiros feitos em Warree pelos fins de Dezembro se encontraram 15 habitantes de Goa. São tambem apontados nominalmente dois officiaes de fileira de Goa, o Coronel Agostinho e Atmarum Purub, como tendo abertamente favorecido a formação do corpo que invadiu Sawrent Warree.

1839 Março 12

Emquanto durou esta insurreição as auctoridades britannicas dirigiram muitas representações ao Governo de Goa contra o procedimento acima referido, mas este Governo não deu passo algum para manter a sua neutralidade; pelo contrario, tolerou-o abertamente, e protegeu em segredo, segundo se acredita, as aggressões illegaes dos insurgentes de Warree.

Communicando estes factos ao Visconde de Sá da Bandeira, o abaixo assignado tem a declarar a S. Ex.ª que o Governo de Sua Magestade julga ter as mais fortes e justas razões de queixa contra as auctoridades Portuguezas de Goa, que desta vez procederam de má fé e com manifesta hostilidade.

O abaixo assignado recebeu alem disso as ordens para declarar peremptoriamente a S. Ex.ª, em nome do Governo de Sua Magestade, que se acontecerem estes factos outra vez, as auctoridades britannicas na India serão obrigadas, para defeza propria, a apoderar-se da colonia de Goa.

Como, apesar de tudo, o Governo de Sua Magestade prevê como muito provavel que as causas de conflicto entre a Gram Bretanha e Portugal hão de surgir frequentemente, em consequencia dessas contendas locaes na India entre as auctoridades inglezas e as Portuguezas, sobre as ultimas das quaes o Governo de Lisboa parece não poder exercer uma vigilan-

1839 Março 12 tain control, the undersigned has been authorised to state that Her Majesty's Government are willing to treat with that of Portugal for an arrangement, which by transferring to the Bristish Crown the small settlements which Portugal now possesses on the coast of India, might prevent for the future these sources of misunderstanding between the two Countries. Should the Government of Her Most Faithful Majesty be disposed to treat for such an arrangement, the undersigned is empowered to offer, as a basis of negotiation, with a view to terminate simultaneously and amicably other questions, hardly of less importance, connected with the long pending claims of the Bristish Government on that of Portugal, that in consideration of the cession of Goa, Demaun and Diu, and any other small settlement which Portugal may have, or may claim on the coast of India, Great Britain would take upon Herself of satisfy the pecuniary claims of British subjects upon the Government of Portugal, which have been the subject matter of communication between the two Governments, and further to relinquish all pecuniary claims which the British Government may have upon Portugal for supplies to the British troops under the Convention of January 19th 1827.

The undersigned avails himself of this occasion to renew to His Excellency the assurances of his highest esteem and consideration.

To His Excellency the Viscount de Sá da Bandeira, etc., etc., etc.— Howard de Walden.

Lisbon, March 12th 1839.

cia activa, o abaixo assignado foi auctorisado a declarar que o Governo de Sua Magestade deseja tratar com o de Portugal de um arranjo, que transferindo para a Corôa ingleza os pequenos estabelecimentos que Portugal possue na costa indica, venha a obstar de futuro a estas origens de desintelligencias entre os dois paizes. Se o Governo de Sua Magestade Fidelissima estiver disposto a tratar de tal arranjo, o abaixo assignado está revestido de poderes para declarar como base da negociação, a fim de terminar simultanea e amigavelmente outras questões de não menos importancia ligadas ás pretensões de ha muito pendentes entre o Governo Britannico e o de Portugal, que em consideração á cessão de Goa, Damão e Diu e outros pequenos estabelecimentos que Portugal tenha ou pretenda ter na costa indica, a Gram Bretanha tomaria o encargo de satisfazer as pretensões pecuniarias dos subditos britannicos sobre o Governo de Portugal, pretensões que teem motivado troca de correspondencia entre os dois Governos; e alem disso desistiria de todas as mais pretensões pecuniarias que a Inglaterra tenha sobre Portugal por causa dos fornecimentos das tropas britannicas, conforme a Convenção de 19 de Janeiro de 1827. 1839 Março 12

O abaixo assignado aproveita esta occasião para renovar a S. Ex.ª as seguranças da sua mais subida estima e consideração.—Howard de Walden.

A S. Ex.ª o Visconde de Sá da Bandeira, etc., etc,

Lisboa, 12 de Março de 1839.

Nota do Ministro dos Negocios Estrangeiros ao Ministro de Inglaterra repetindo as queixas contra as auctoridades de Goa, e declarando em nome de Sua Magestade Fidelissima que não cederá dominio algum da corôa Portugueza.

(Arch. do Ministerio dos Negocios Estrangeiros.—Registo.)

1839 Março 30 O abaixo assignado, Presidente do Conselho de Ministros, Ministro e Secretario de Estado dos Negocios Estrangeiros, tem a honra de accusar a recepção da nota que, em data de 12 do corrente mez, lhe dirigiu Lord Howard de Walden, Enviado Extraordinario e Ministro Plenipotenciario de Sua Magestade Britannica, na qual S. S.ª se queixa, em nome do seu Governo, contra as auctoridades de Goa, por estas haverem permittido que os insurgentes de Warree se reunissem no territorio Portuguez para hostilisarem os subditos britannicos.

A este respeito tem o abaixo assignado de dizer a S. S.ª que o Governo de Sua Magestade recebeu, pela ultima correspondencia da India, um officio de Goa datado de 9 de Janeiro, no qual o Conselho do Governo da India Portugueza narra os acontecimentos a que S. S.ª se refere na sua nota, e pelo extracto do mesmo officio, que o abaixo assignado envia a S. S.ª, pedindo-lhe queira transmittil-o ao seu Governo, verá S. S.ª que o Governador de Bombaim fôra mal informado na accusação que faz ás auctoridades Portuguezas da India, as quaes, segundo o mesmo officio, longe de apoiarem os revoltosos, se prestaram a tudo que contra elles lhes fôra solicitado pelo Governador de Bombaim, chegando até a capturar alguns dos mesmos revoltosos; do que certamente o Governo Britannico deverá já ter sido informado pelo dito seu Governador.

O abaixo assignado não tratará agora de demonstrar a S. S.ª a impropriedade da ameaça feita pelo Governador britannico de Bombaim ás auctoridades Portuguezas da India, porque esperando o Governo de Sua Magestade receber ulteriores e mais amplas informações ácerca do assumpto de que se trata, e que deverão em breve chegar pelo transporte *S. João Magnanimo,* será então a occasião para, com mais conhecimento de causa, se responder a S. S.ª sobre este ponto. 1839 Março 30

Achando-se nomeado um novo Governador Geral para as possessões Portuguezas da Asia, e devendo partir com a possivel brevidade, elle levará instrucções para, de accordo com as auctoridades britannicas, procurar remover qualquer causa existente de desintelligencia; e o Governo de Sua Magestade desejaria que o Governo Britannico mandasse instrucções neste mesmo sentido ás suas auctoridades na Asia.

O abaixo assignado passará agora a responder a outro ponto da mesma nota de S. S.ª, em que, auctorisado pelo seu Governo, propõe ao de Sua Magestade Fidelissima a cessão á Corôa Britannica, debaixo de certas condições, dos territorios de Goa, Diu, Damão, e outros *pequenos* estabelecimentos que Portugal ainda possue na costa da India.

Sua Magestade, a cujo alto conhecimento o baixo assignado teve a honra de levar a referida nota de S. S.ª, ficou em extremo magoada com o seu conteúdo, por não esperar que similhante proposta lhe fosse feita pelo mais antigo de seus alliados; e auctorisou ao abaixo assignado a declarar, em seu augusto nome, ao Governo de Sua Magestade Britannica, que jámais admittiria como base de quaesquer transacções, ainda mesmo que vantajosas possam ser a seus subditos, a cessão daquelles, ou outros quaesquer dominios que pertençam á Corôa Portugueza, que sejam, como os de que se trata, monumentos da gloria nacional, de perseverança nunca excedida de Principes, augustos predecessores de Sua Magestade, e do esforçado animo dos antigos guerreiros e navegadores Portuguezes, taes como Vasco da Gama, Affonso de Albuquerque, D. João de Castro, e D. João de Mascarenhas.

O abaixo assignado aproveita esta occasião para renovar a Lord Howard de Walden os protestos da sua estima e distincta consideração.

Secretaria de Estado dos Negocios Estrangeiros, em 30 de Março de 1839.—Sá da Bandeira.

Extracto do officio do Arcebispo de Goa, Presidente do Conselho interino do Governo da India, datado de 9 de Janeiro de 1839, ao Ministro do Ultramar, participando-lhe o que se passou com as auctoridades da Companhia da India Ingleza.

(Arch. do Ministerio dos Negocios Estrangeiros.— Copia.)

1839 Janeiro 9 Os Inglezes tiveram agora uma guerra com hum dos Regulos nossos visinhos, o Bounsoló, o qual se revoltou contra elles; e como os rebeldes perseguidos pelas tropas inglezas fugiam para o nosso territorio, e nelle clandestinamente se preparavam para resistir, officiaram as auctoridades britannicas ás nossas sobre este objecto, pedindo que lhes mandassem entregar os facciosos.

O Commandante da provincia de Pernem deu as ordens necessarias, e escreveu ao Commandante militar da força armada, que em nome do Conselho do Governo mandou proceder á captura daquelles que lhe vinham nomeados numa relação, e alguns se apanharam.

Officiou depois o Governador de Bombaim ao Conselho do Governo, criminando-nos por havermos consentido dentro do nosso territorio reuniões armadas contra as tropas alliadas, e ameaçando-nos, dizia, que tomaria por si mesmo a resolução de usar de força para proteger os subditos britannicos. Respondeu-se-lhe, mostrando que era falso que nós tivessemos consentido em similhantes reuniões, e lhe mandámos copias de todos os officios que o Commandante militar havia dirigido aos seus subalternos, que provam o contrario; que estavamos promptos a fazer-lhe entrega dos presos que existiam em nosso poder, e tambem reclamavamos reciprocamente a entrega dos que se refugiassem em terras da Honoravel Companhia; e até por hum bando se mandou declarar que estando os Inglezes, nossos alliados, em guerra com hum potentado visinho, se prohibia debaixo de gravissimas penas todo e qualquer auxilio da parte dos subditos deste Estado contra os mesmos alliados, etc. 1839 Janeiro 9

Houve, com effeito, fogo: as tropas da Honoravel Companhia derrotaram e dispersaram os rebeldes, e depois arrazaram as fortalezas, dentro das quaes estes se haviam defendido; e apparece hontem no Conselho do Governo o Commandante militar com huma carta do mesmo Governador de Bombaim dizendo que, como tinha havido fogo sobre as tropas da Honoravel Companhia por bandos armados no nosso territorio, elle já havia dado parte do insulto ás auctoridades inglezas da India, e passava a escrever para Londres, a fim de se tomarem as medidas convenientes a respeito de Portugal.

O Conselho do Governo está cuidando em responder a esta carta, e copias de toda a correspondencia serão enviadas a V. Ex.ª pela charrua *Magnanimo,* prevenindo desde já a V. Ex.ª, e asseverando-lhe que da nossa parte nada se obrou em despeito dos Tratados que ligam as duas Corôas alliadas de Portugal e Inglaterra, nem do direito das gentes, e que o Governador de Bombaim estava seguramente muito mal informado quando, tomando por fundamento factos que não existiram, accusou e ameaçou a este Governo.

Nota do Ministro de Inglaterra ao Ministro dos Negocios Estrangeiros

(Arch. do Ministerio dos Negocios Estrangeiros. — Original.)

1839 Maio 21 The undersigned, Her Britannic Majesty's Envoy Extraordinary and Minister Plenipotentiary, has the honour to inform the Baron da Ribeira de Sabrosa, Secretary of State for Foreign Affairs to Her Most Faithful Majesty, that he has referred to his Government the correspondence which lately passed between the Viscount de Sá da Bandeira, when Secretary of State for Foreign Affairs to Her Most Faithful Majesty and himself, relative to the basis upon which he was authorised to treat, if meeting the views of the Portuguese Government, for the exchange of Goa and dependencies for a pecuniary equivalent.

The amount of this proposed equivalent, the undersigned has already stated to His Excellency might be taken at 500.000 £.

According to the expectation of Her Majesty's Government, taking into consideration, on one hand, the improductive state of Goa, as a source of revenue, and the absence of any reasonable prospective hope of amendment in regard to commerce or other elements of prosperity; on the other, the amount of pecuniary claims of Great Britain upon Portugal requiring speedy settlement; but more especially the anarchical state of that Colony, tending, as has been seen, to provoke collision, injustifiable and intolerable, with neighbouring states, allies of Great Britain, and already the cause of serious differences with the Government of Bombay, it was supposed that such an arrangement so practicably and manifestly advantageous in all its various bearings, could hardly fail to be acceptable to Portugal.

The Portuguese Government, however, having definitively refused to treat on the preposed basis, on account of the as-

sobre a recusa do Governo Portuguez em ceder Goa á Inglaterra

(Traducção particular.)

O abaixo assignado, Enviado Extraordinario e Ministro 1839
Plenipotenciario de Sua Magestade Britannica, tem a honra Maio
de participar ao Barão da Ribeira de Sabrosa, Secretario de 21
Estado dos Negocios Estrangeiros de Sua Magestade Fidelissima, que expediu ao seu Governo a correspondencia que ultimamente se trocou entre o Visconde de Sá da Bandeira, quando Secretario de Estado dos Negocios Estrangeiros de Sua Magestade Fidelissima, e o abaixo assignado, relativa ás bases sobre que estava auctorisado a negociar, se o Governo Portuguez nisso concordasse, a troca de Goa e suas dependencias por um equivalente pecuniario.

O abaixo assignado já fez saber a S. Ex.ª a importancia do equivalente proposto, que se elevaria a 500:000 libras.

Considerando por um lado o estado improductivo de Goa como fonte de receita, e a ausencia de qualquer razoavel esperança futura de melhoramento no commercio ou n'outros elementos de prosperidade; tendo consideração por outro lado á somma das pretensões pecuniarias da Inglaterra sobre Portugal, que estão exigindo prompta liquidação, porém mais especialmente ao estado anarchico daquella colonia, tendente, como se tem visto, a provocar contendas injustificaveis e intoleraveis com os estados vizinhos alliados da Gram-Bretanha, e já causa de serias contestações com o Governo de Bombaim, suppoz-se, conforme a expectativa do Governo de Sua Magestade, que Portugal difficilmente deixaria de acceitar similhante accordo, tão praticavel e manifestamente vantajoso, sob qualquer aspecto que se considere.

Havendo, comtudo, o Governo Portuguez recusado definitivamente negociar sobre as bases propostas, por estarem

1839 Maio 21 sociation of Goa with the names of great men who figure in the early history of Portugal, the undersigned has received Instructions distinctly to declare to that Government, with reference to the just grievances already brought forward by the undersigned, that if such proceedings, as those already complained of, in the Portuguese dependencies referred to, should be continued to be repeated to such an extent, as to render it necessary, for the security of the British Possessions and of their allies, that British Troops should pursue any formidable body of marauders over the Portuguese frontier, the British Government in India will feel it necessary to take into their own hands the means of preventing a repetition of similar grievances in future.

The undersigned sincerely trusting that the Baron da Ribeira de Sabrosa may not find himself disappointed in the realisation of the expectations he has expressed of being able to remove, by the issue of suitable Instructions to the Portuguese authorities, all cause for complaint advanced against them, avails himself of this occasion to renew to His Excellency the assurances of his highest consideration.

To His Excellency the Baron da Ribeira de Sabrosa, etc., etc., etc. — Howard de Walden.

Lisbon, May 21th 1839.

Nota do Ministro dos Negocios Estrangeiros ao Ministro de Inglaterra a respeito das queixas contra as auctoridades de Goa, e adoptando a resposta do Visconde de Sá da Bandeira.

(Arch. do Ministerio dos Negocios Estrangeiros. — Registo.)

1839 Junho 17 O abaixo assignado, Presidente do Conselho de Ministros, e encarregado do Ministerio dos Negocios Estrangeiros, teve a honra de receber a nota, que em data de 21 de Maio proximo passado lhe foi dirigida por Lord Howard de Walden, Enviado Extraordinario e Ministro Plenipotenciario de Sua

associados a Goa os nomes dos grandes homens que figuram na antiga historia de Portugal, o abaixo assignado recebeu instrucções para declarar peremptoriamente a este Governo, com respeito aos justos aggravos já apresentados pelo abaixo assignado, que se continuar a repetir-se nas referidas dependencias portuguezas o procedimento de que já se queixou, até ao ponto de fazer necessario á segurança das possessões britannicas e dos seus alliados, que as tropas britannicas persigam na fronteira Portugueza algum corpo consideravel de salteadores, o Governo Britannico da India ver-se-ha na necessidade de tomar á sua propria conta os meios de obstar de futuro á repetição de semelhantes aggravos. 1839 Maio 21

O abaixo assignado, confiando sinceramente em que o Barão da Ribeira de Sabrosa não verá frustrada a realisação das esperanças que exprimiu de lhe ser possivel remover com a expedição das convenientes instrucções ás auctoridades Portuguezas toda a razão de queixa contra as mesmas, aproveita esta occasião para renovar a S. Ex.ª a segurança da sua mais subida consideração.

A S. Ex.ª o Barão da Ribeira de Sabrosa, etc. — Howard de Walden.

Lisboa, 21 de Maio de 1839.

Magestade Britannica, na qual S. S.ª, depois de mencionar os motivos que diz haverem induzido o seu Governo a propôr ao Governo de Sua Magestade a troca de Goa e mais Estados da India Portugueza por um equivalente pecuniario, que diz ser 500:000 libras, informa o abaixo assignado de que, visto haver-se o Governo Portuguez definitivamente recusado a tratar desta proposta por se achar Goa associada com os nomes dos grandes homens que figuram na antiga historia Portugueza, havia S. S.ª recebido instrucções do seu Governo para declarar ao Governo Portuguez, em referencia aos justos motivos já por S. S.ª representados sobre o 1839 Junho 17

1839 Junho 17 estado anarchico da provincia de Goa, que tendia a provocar uma não justificavel e intoleravel collisão com os Estados visinhos alliados da Gram Bretanha, e era já causa de sérias desavenças com o Governo de Bombaim, que, se procedimentos taes, como os de que já houvera queixa, se tornassem a repetir na dita provincia de Goa, a ponto de tornarem necessario para a segurança das possessões britannicas e das dos seus alliados, que as tropas britannicas perseguissem sobre as fronteiras portuguezas qualquer corpo formidavel do *maraudeurs*, o Governo Britannico da India achará necessario tomar por suas proprias mãos os meios de prevenir a repetição de semelhantes aggravos para o futuro; concluindo por fim S. S.ª que sinceramente confiava que o abaixo assignado se não achasse illudido na realisação das esperanças que mostrara, de por meio das convenientes instrucções que désse ás auctoridades Portuguezas para remover todo o motivo da queixa contra ellas feita.

O actual Governo de Sua Magestade não póde deixar de adoptar o espirito da resposta dada a S. S.ª pelo predecessor do abaixo assignado, na sua nota de 30 de Março ultimo, ácerca da transacção proposta por S. S.ª, nem ella poderá ser jámais admittida por Governo algum Portuguez, que se preze de merecer esse nome.

Por essa mesma nota de 30 de Março, e pelo extracto do officio a ella junto do Arcebispo de Goa, Presidente do Conselho interino do Governo daquella Provincia, datado em 9 de Janeiro deste anno, já tambem se fez ver a S. S.ª quanto o Governador de Bombaim procedera mal informado na accusação que fizera das auctoridades Portuguezas na India, pois que ellas, segundo se via do mesmo officio, longe de apoiarem os que se tinham revoltado contra o Regulo Bounsoló, alliado da Gram Bretanha, se prestaram a tudo que contra elles fôra solicitado pelo mesmo Governador, chegando-se a capturar alguns dos revoltosos.

Apesar porém de não ter chegado ainda a Lisboa o transporte *S. João Magnanimo*, pelo qual espera o Governo de Sua Magestade receber amplas informações a este respeito, tem já recebido algumas por officiaes dali chegados por Alexandria, que confirmam quanto se diz no citado officio do Arcebispo de Goa; acrescentando que, como em consequencia da mencionada revolta começassem a ser taladas pelas tropas dellas as aldeias junto de Bandem e Sandagor, muitas familias com o seu precioso e gados se recolheram ao territorio Portuguez de Pernem, para não serem roubadas, o que já muitas vezes tem succedido, sendo em 1829 e 1830 até necessario mandar tropas Portuguezas com um parque de artilharia para aquelle districto; e que da mesma sorte por esta occasião fizera o Conselho do Governo logo marchar parte do terceiro batalhão e duas companhias de sipaes da provincia de Bicholim para Pernem, a fim de prestar a devida protecção ás familias ali refugiadas; e que depois se remetteram ao Residente britannico em Varim os revoltosos que poderam ser capturados no territorio Portuguez, onde tambem se tinham refugiado, fazendo-se toda a diligencia por se apprehenderem quantos se julgavam implicados na revolta. 1839 Junho 17

Um Governo que assim procede com esta força e lealdade não póde ser com justiça increpado de anarchico, e menos ainda accusado de favorecer a revolta contra o Regulo alliado da Gram Bretanha. Nos Estados deste he que tem havido uma perfeita anarchia, e he ao Governo de Goa a quem ella tem causado incommodos, sobresaltos, e até graves despezas com os movimentos de tropas que lhe foi preciso fazer.

He porém mui doloroso para o Governo de Sua Magestade ter de acrescentar que, se em alguma epocha houve em Goa anarchia, foi no anno de 1835, e que infelizmente esta achou então tanto apoio no districto de Bombaim, que nelle se deixaram recrutar e armar subditos britannicos para virem atacar a provincia de Goa, o que deu motivo a que o seu Governo provisorio fizesse ao Governador de Bombaim, Sir Robert Grant, a notavel representação constante do officio de 4 de Junho do dito anno de 1835, junto por copia, e que de nenhum commento precisa para fazer conhecer com evidencia quem tem justo motivo de se queixar.

1839 Junho 17 O abaixo assignado, agradecendo a Lord Howard de Walden a sincera confiança que se serviu pôr na realisação das supramencionadas esperanças do abaixo assignado, tem a honra de rogar a S. S.ª haja de transmittir ao seu Governo esta resposta á declaração feita em nome delle por S. S.ª, a quem por esta óccasião renova os protestos da sua mais distincta consideração.

Secretaria de Estado dos Negocios Estrangeiros, em 17 de Junho de 1839. — Barão da Bibeira de Sabrosa.

Officio do Governo Provisorio da India Portugueza a Sir Robert Grant, Governador de Bombaim, a que se refere a Nota de 17 de Junho de 1839 do Barão da Ribeira de Sabrosa a Lord Howard de Walden.

(Arch. do Ministerio dos Negocios Estrangeiros. — Copia.)

1835 Junho 4 Ill.mo e Ex.mo Sr. — Tendo este Governo tido a honra de communicar a V. Ex.ª por seus officios de 5 e 21 do mez proximo passado e 4 do corrente as noticias que recebera, de que o ex-prefeito Bernardo Peres da Silva, com alguns nativos deste Estado, residentes nessa cidade, estavam nella alliciando subditos britannicos para virem hostilisar este paiz, e á força de armas, entre os horrores de huma guerra civil, fazer-se restituir ao emprego de que foi lançado fóra pelos motivos que este Governo tambem já teve a honra de participar a V. Ex.ª no seu officio de 17 de Março, que mereceu a lisonjeira resposta de V. Ex.ª em data de 4 de Abril; cuja restituição de emprego já não he possivel sem a soberana resolução de Sua Magestade Fidelissima, tanto pelas terriveis consequencias que comsigo traria, como por elle o ter perdido, sahindo do Estado para paiz estrangeiro sem licença regia, e pelo disposto no decreto n.º 23 de 16 de Maio de 1832, artigo 34.º; confiava este Governo encontrar por esta occasião em V. Ex.ª a mesma urbanidade e attenção que na antecedente, e que tomando V. Ex.ª em consideração o que se tinha exposto naquelles ditos officios, houvesse de fazer desvanecer qualquer tentativa que aquelle imprudente homem tivesse machinado, estando V. Ex.ª de accordo em que a resolução deste tão importante assumpto só compete a Sua Magestade Fidelissima a quem este Governo, e o mesmo ex-prefeito tem de tudo dado conta, e ser até hoje cousa inaudita, que a restituição de hum empregado civil Portuguez não dimane do throno dos seus Monarchas, mas se procure fazer sem dependencia delle, e com gente estranha armada, a qual por nenhuma lei ou decreto algum elle está auctorisado a chamar para provocar a guerra intestina, que, se fôra probo, amante do seu paiz e cidadão pacifico, faria por afastar, lembrando-se de que ella só acarretaria males e desgraças incalculaveis aos povos e ao Estado, e que o seu dever é submisso esperar as reaes determinações de Sua Magestade. 1835 Junho 4

Mas qual he hoje a surpreza deste Governo, vendo na *Gazeta de Bombaim* de 30 de Maio ultimo, a par das falsidades com que este jornal tem desfigurado os acontecimentos daqui, que entre os que os presenciaram começam agora a ser publicados na *Chronica Constitucional* de Goa, que aquelle ex-prefeito conseguiu alistar gente naquella dita cidade, e preparar huma expedição, que dalli partira em 28 daquelle mesmo mez, composta de 1:000 homens de tropa regular, e 350 Bhubs, a que naquella folha se dá o nome de tropas de Bombaim, e vestidos com uniforme inglez; e que na força que deve atacar Goa por mar, se alistaram officiaes britannicos, porque todos os da guarnição da corveta Portugueza *Infanta Regente* e a sua tripulação Europêa haviam pedido o seu desembarque, vindo logo todos apresentar-se nesta capital, apenas souberam das criminosas intenções do ex-prefeito, não sendo da honra dos soldados Portuguezes que elles fossem os proprios instrumentos para a anniquilação de tão respeitavel nome da Asia, e destruição d'esta colonia lusitana!

Mais se augmentou a surpreza e a admiração deste Governo, lendo na sobredita folha, que marinheiros inglezes de

1835 Junho 4 navios mercantes se haviam reunido á expedição, na horrorosa esperança do roubo no meio da desordem geral! De sorte que, segundo ella, tudo parece uma aggressão estrangeira capitaneada pelo ex-perfeito, inimigo irreconciliavel da nação Portugueza.

Ainda que este Governo está inclinado a acreditar que isto seja mais huma daquellas indecentes falsidades de que a *Gazeta de Bombaim* está cheia, quanto trata do ex-perfeito e dos acontecimentos de Goa, não póde nem deve deixar de levar o referido ao conhecimento de V. Ex.ª, pois he para lastimar que isto provenha dos dominios da mais antiga e fiel alliada da Corôa Portugueza, que por Tratados repetidos lhe deve dar auxilio, pois que, existindo, como existe, entre as duas nações a mesma antiga amizade, não póde consentir, sem offensa desta e daquelles Tratados, que subditos seus se armem para em huma questão de interesse particular vir trazer a guerra e o roubo aos pacificos habitantes deste paiz alliado, que nenhuma injuria lhe tem feito.

Este Governo está ainda persuadido de que, se he verdade o que refere a *Gazeta de Bombaim*, seria tudo feito em manifesta contravenção das ordens de V. Ex.ª, ou occultamente, porque de tudo o ex-prefeito e os nativos da sua facção são capazes; mas, se pelo contrario a má sorte deste homem o induzir a levar a effeito seus perversos planos, este Governo não cederá sem que Sua Magestade Fidelissima assim lho ordene, e então se vê na desagradavel situação de declarar, que elle defenderá os infelizes habitantes deste Estado dos roubos que se lhes promettem, até á ultima extremidade; e os que ousarem invadir o solo Portuguez na Asia, seja qual for a nação ou partido a que pertençam, encontrarão a mesma sorte que experimentaram os que atraiçoadamente ha pouco se apossaram da fortaleza de Tiracol, emquanto aqui existirem os descendentes de seus conquistadores e o bravo exercito que o defende; pois será mais facil ficarem todos sepultados naś ruinas de Goa, do que transigirem com a deshonra, exterminios e forças que o ex-prefeito lhes preparava, sendo o intento deste homem inquieto e falsario, como são todos os da casta Bramine, com a perseguição e anniquilamento dos Portuguezes Europeus mallograr quaesquer providencias que venham da Côrte, e tornar-se senhor, ainda que momentaneamente, do paiz, para o que já havia chamado os seus e outros inimigos dos mesmos Europeus aos altos empregos. Posto que isto pareça excesso de loucura, e de ephemera duração, este Governo tem em seu poder documentos comprovativos para levar ao conhecimento de Sua Magestade e das Côrtes da Nação, e he um fim muito sabido o desejo de vingança e o odio que o dito ex-prefeito tem sempre publica e escandalosamente manifestado contra os Portuguezes, e se observa no principio do citado artigo da *Gazeta de Bombaim* e do folheto que elle imprimiu no Rio de Janeiro.

He do dever pois deste Governo reclamar a V. Ex.ª a execução dos Tratados, de que já fez menção naquelles seus officios de 5 e de 21 de Maio; e visto que a Providencia sempre protectora das Quinas Lusitanas tem por ora afastado das nossas praias esse bando desmoralisado, pedir a V. Ex.ª que, em virtude dos mesmos Tratados e reciproca alliança e amizade entre as duas Corôas de Portugal e Gram Bretanha, se sirva ordenar que sejam dispersos todos os individuos pertencentes áquella tão extraordinaria expedição, que tiverem aportado a Vingorlá, ou qualquer outro ponto da Presidencia de Bombaim, ou mesmo existam nessa cidade, com animo de virem invadir e assolar este territorio e nelle derramar os estragos de huma guerra, que deverá durar emquanto nelle existir hum só Portuguez; e muito mais quando nella tem tomado a fórma e attitude de huma expedição ingleza, servindo-se até dos uniformes daquella nação sempre amiga da Portugueza; rogando mais a V. Ex.ª que haja por bem, se lhe parecer justo, mandar intimar ao mesmo ex-prefeito, que, ou saia dos dominios britannicos, ou nelles espere quieto pela soberana resolução de Sua Magestade Fidelissima, e não considere este paiz como propriedade sua, para o reivindicar á força de armas, despresando os meios justos e legaes; com o que V. Ex.ª ligará mais fortemente os vinculos que

1835 Junho 4 ha tantos annos unem as duas nações, e que este Governo de cada vez mais deseja estreitar e procurará conservar constantemente indissoluveis.

Deus Guarde a V. Ex.ª muitos annos.

Illmo e Exmo Sr. Robert Grant, Governador em Conselho da Presidencia de Bombaim. — De V. Ex.ª, M.^to^ Att.^os^ Ven.^os^ e Cr.^os^ — João Cazimiro Pereira da Rocha e Vasconcellos, Presidente — Manuel José Ribeiro — Fr. Constantino de Santa Rita.

Goa, 4 de Junho de 1835.

Occupação de Macau pelos inglezes e Convenção de 21 de setembro de 1808 para o seu desembarque, e de 11 de dezembro para o reembarque

Havendo-se retirado o Principe Regente com a familia Real para o Brazil, em consequencia de se descobrirem as intenções do Imperador dos francezes contra a sua pessoa e estados, o Rei da Gran-Bretanha tomou á sua conta, como intimo e antigo alliado, auxiliar as possessões Portuguezas nas quatro partes do mundo; mandou para a Asia uma esquadra, que alem de informar Lord Minto, Governador e Capitão General de todas as possessões britannicas na India, das vistas hostis da França e da retirada da familia Real, lhe transmittiu ordens de que se seguiu o desembarque de uma forte guarnição de tropas inglezas em Goa, e de outra em Macau, com o pretexto de defender estes pontos de qualquer insulto ou ataque inimigo. O que succedeu na China consta da correspondencia que publicâmos.

Os sobrecargas da companhia da India Ingleza e o Almirante Drury reconheceram os bons serviços que n'essa occasião prestou o Ouvidor de Macau ao commercio britannico na China, impedindo que da expedição feita para a companhia se apoderar de Macau resultasse qualquer inconveniente áquelle commercio, o que era muito de receiar, visto o ciume dos chinas contra os Europeus, e principalmente contra os inglezes. Isto não obstou a que Lord Straugford, Ministro de Inglaterra na Côrte do Rio de Janeiro, se queixasse em 1812, e em nome de Sua Magestade Britannica, contra o dito Ouvidor e o Senado de Macau, queixa que não foi attendida.

Em 1814 pretendeu o mesmo diplomata que o Governo Portuguez concedesse á Companhia da India auctorisação para comprar e possuir em seu nome uma casa na cidade de Macau para residencia dos seus empregados; mas tambem não foi attendido.

Já que tratâmos de Macau parece-nos a proposito terminar este artigo com a Memoria inedita sobre aquelle estabelecimento Portuguez, escripta em Paris pelo visconde de Santarem no anno de 1845, e que pertence á collecção dos meus manuscriptos.

MEMORIA SOBRE O ESTABELECIMENTO DOS PORTUGUEZES EM MACAU NA CHINA

A historia do nosso primordial estabelecimento em Macau teve o destino de quantos fundámos. Deixaram-n'a os nossos escriptores involta na maior escuridão, por isso que não produziram os titulos authenticos da nossa posse e dominio, e quando por casualidade d'elles fizeram menção, parece que de industria quizeram occultal-os aos vindouros, de sorte que è mister actualmente consumirem-se em investigações annos e annos para se desfiar a meada de confusões, e resolverem-se os problemas que nos deixaram por herança.

Se nos vemos, a cada passo, atalhados e obrigados a lutar com difficuldades, quando por ventura intentamos verificar os titulos originaes da nossa posse e dominio, estas difficuldades tornam-se quasi insuperaveis, se a investigação que nos propomos fazer diz respeito ao nosso direito convencional com as demais potencias e muito principalmente com as asiaticas.

Houve por parte do governo, desde El-Rei D. João II em diante, a politica de esconder dos estrangeiros, e até dos proprios nacionaes, tudo quanto dizia respeito ás colonias; e os historiadores, uns por ignorancia, outros por obediencia, e por seguirem a politica do governo, deixaram advertidamente de nos transmittir a maior parte das transacções que foram n'esse tempo feitas com os povos e nações asiaticas e africanas.

As questões da Casamansa, de Angra Pequena, e ultimamente a de Macau, são evidentes provas da negligencia de que nos queixâmos, ao passo que nos revelam a immensa importancia e a absoluta necessidade que temos da publicação completa de nossas relações com as potencias estrangeiras, nas quaes se deve necessariamente encontrar, tanto em geral como em particular, quanto respeita aos nossos direitos.

Tenho ha muito colligido, pelo que diz respeito ás nossas relações com os potentados da Asia, um sem numero de noticias e de documentos, que se acham aqui em meu poder, concernentes á India em geral, e a Ceilão e Malaca em particular; e pelo que respeita a Macau, tencionava, antes de publicar a secção XXVIII do *Quadro Elementar,* mandar traduzir dos Annaes dos Imperadores Chinezes a parte relativa ás concessões que elles nos fizeram, e ás relações que hão tido comnosco, das quaes, por agora, só posso tratar de uma maneira succinta.

§ I.

Das primeiras relações que tivemos com a China

As relações da famosa viagem de *Marco Polo* ao Imperio do Catayo (China) influiram grandemente em nossos projectos de descobrimento, e dispertaram a attenção de El-Rei D. Manuel, depois que Vasco da Gama dobrou o cabo da Boa Esperança. Por esse motivo no regimento que este grande monarcha deu a Diogo Lopes de Sequeira na occasião em que o mandava a descobrir terras no Oriente, dado em Almeirim aos 13 de fevereiro de 1508, lhe ordenou entre outras cousas que, depois de assentar padrões de posse em Malaca, se informasse de quanto dizia respeito á China, e se n'aquelle imperio havia estrangeiros estabelecidos.

Não consta todavia que desde essa epocha até 1517 tivessem os nossos maritimos communicação directa com aquelles povos: n'esse anno, porém, aportou nas costas d'aquelle imperio Fernam Peres de Andrade com uma armada, que foi a primeira de portuguezes que lá passou. Infelizmente, porém, os nossos historiadores, concordando na data, discordam nas circumstancias d'esta viagem.

Fernam Lopes de Castanheda, chronista da India, e contemporaneo, affirma que Fernam Peres de Andrade fôra á China na qualidade de embaixador, e que celebrára tratados de commercio com o imperador, mas não dá nem ao menos os summarios dos ditos tratados, nem me foi possivel achar d'elles vestigios em nossos archivos, apesar das diligencias que para isso fiz; e se se confronta a relação de Castanheda com a de Mendes Pinto, deve-se presumir que taes tratados nunca foram celebrados.

E com effeito o que se colhe da relação d'este ultimo escriptor e de outros que o copiaram, vem a ser: que Fernam Peres de Andrade foi o primeiro Europeu que passou á China na qualidade de embaixador em 1517; que se demorou largo tempo em Cantão, onde se applicou a observar os usos commerciaes d'aquelles povos, sem ter podido alcançar licença para ir a Pekim apresentar-se ao imperador; que ao depois, tendo alcançado a dita licença, partira para a capital do imperio, onde chegara correndo o anno de 1521; que n'esse tempo sobreviera um acontecimento que pozera em perigo aquella missão, e fôra que se soubera em Cantão que o irmão do dito embaixador, que era vindo de Malaca á dita cidade com quatro navios, havia levantado um forte com uma bateria na ilha de Tancon para se defender dos piratas, e que alli exercera nas pessoas dos marinheiros e da tripulação dos seus proprios navios direitos magestaticos, que eram unicamente da competencia das auctoridades chinezas, tanto porque estava no territorio d'ellas, como por haver comprado muitos escravos, sem se sujeitar ás formalidades prescriptas pela lei; que n'aquelle mesmo tempo chegára a Nankin um embaixador do Rei de Bintão, que vinha representar ao imperador que seu amo havia sido injustamente esbulhado de Malaca pelos Portuguezes, e solicitar d'elle o titulo de vassallo, para viver debaixo de sua protecção; que o governador de Nankin ouvira aquellas queixas, e d'ellas movido tratara de dissuadir o imperador de não ter a menor relação com os *Francos* (assim intitulavam no oriente os Europeus), que com o pretexto de commerciarem, vinham inquirir qual fosse a parte vulneravel do imperio, e tratar de se introduzirem n'elle com capa de mercadores para ao depois se assenhorearem dos pontos que occupassem.

Que alem d'estes receios acrescera que a carta de El-Rei D. Manuel para o imperador, de que ia munido o embaixador, causara tambem grande descontentamento, por ter sido escripta no estylo que os senhores Reis de Portugal observavam em sua correspondencia com os Principes do oriente, fórmula que não podera ser admittida na côrte do *Filho do Ceu*, de que o imperador fôra inteirado por uma traducção chineza mui litteral, feita pelos musulmanos de Malaca; assim que, vista aquella carta, longe de considerarem Fernam Peres como embaixador, o tiveram por um espião que havia usurpado aquelle titulo e qualidade.

Que tendo fallecido n'esse entretanto o imperador *Woutsoung*, as auctoridades chinezas ordenaram que Fernam Peres fosse reconduzido a Cantão, e que os Portuguezes fossem expulsos da cidade; porém, que havendo-se os nossos recusado a isto, seguira-se uma rixa, na qual elles não levaram a melhor, sendo todos presos e ameaçados de serem julgados segundo as leis do imperio, tornando-os responsaveis da insolencia da carta do Rei dos Francos, que elles tinham trazido, e da audacia que havia tido um vassallo Portuguez de atacar um dos navios da China.

Alguns auctores Portuguezes dizem que Fernam Peres de Andrade morrêra em prisão; o que é certo, porém, é que foi solto depois de ter sido posto a tormento com doze dos seus, dos quaes succumbiram cinco. Os que sobreviveram foram mandados a desterro em diversos pontos do imperio.

Casou-se Fernam Peres no desterro, e converteu ao christianismo a mulher e os filhos que d'ella teve, e viveu assim vinte e sete annos, o que viria a fixar a sua morte no anno de 1548 ou 1549, segundo Fernam Mendes Pinto, que assim o refere, por o ter ouvido a um china que encontrou na cidade de *Sempitay*, que reconheceu por christão pelas primeiras palavras da oração dominical que disse em portuguez, e cuja mulher era filha do nosso embaixador e se chamava Ignez de Leiria.

Mas a data indicada por Fernam Mendes é errada, pois que Fernam Peres de Andrade era já fallecido, quando em 1543 Fernam Mendes Pinto encontrou o genro. N'esta epocha apenas existia em vida um dos companheiros de Fernam Peres, chamado Vasco ou Vaz Calvo.

Outros auctores escrevem que Fernam Peres de Andrade fôra unicamente commandante da esquadra que levára á China um embaixador. Tal é a noticia que achamos no manuscripto 10:023 da Bibliotheca Real de Paris, intitulado: *Jornal das Viagens dos portuguezes ás Indias desde o anno de 1497 até o de 1642*, que mencionei na minha *Noticia dos manuscriptos portuguezes da Bibliotheca Real de Paris*. Lisboa, Academia Real das Sciencias, 1827.

O dito manuscripto, tratando das expedições do anno de 1517, diz o seguinte: «*N'este anno foi Fernam Peres de Andrade com a armada á China, a primeira que lá passou de Portuguezes, e levou n'ella embaixador que lá ficou com carta e presentes para o imperador.*»

Os escriptores estrangeiros referem este acontecimento por differente modo.

Sonnerat, commissario da marinha franceza, membro da Academia das sciencias de Paris, em sua obra intitulada: *Voyage aux Indes Orientales et à la Chine faite par ordre du Roi depuis 1774 jusqu'à 1781*, no tom. II, pag. 7, fallando dos primeiros estabelecimentos dos Europeus na China, se exprime n'estes termos:

«C'est en 1518 que leurs premiers bâtiments *(os dos «portuguezes)* mouillerent à Canton: à cette époque cette «province était infestée par des brigands qui, placés à «l'entrée de la riviére sur des îles appelées aujourd'hui «*Iles des Larrons*, sortaient de leur retraite pour enle-«ver les vaisseaux chinois: ceux-ci faibles et lâches n'osaient «plus quitter leurs ports, ni combattre une poignée d'hom-«mes, qu'une vie dure rendait entreprenants; ils se con-«tentaient de les appeler sauvages, et il fallut qu'une nation «européenne leur apprit que ces sauvages n'étaient point «invincibles.

«Intéressés à les détruire, les portugais voulurent s'en «faire un mérite auprès des chinois. Ils offrirent leurs servi«ces, qu'on s'empressa d'accepter. Les chinois armèrent «conjointement avec eux, se reservant seulement de n'être «que de simples spectateurs. Les portugais gagnèrent ba«taille sur bataille et purgèrent enfin le pays de ces brigands «si redoutés. Pour prix de leurs victoires *ils obtinrent une «petite île seche et aride à l'entrée de la rivière de Canton, où «ils bâtirent Macáo:* ils eurent aussi de très-beaux privilé«ges dont ils ont été privés dans la suite. *On leur a laissé «Macáo,* mais les chinois ont élevé un fort qui commande la «ville et la citadelle portugaises, et à la moindre plainte on «leur intercepte les vivres.»

Tal é a incerteza e obscuridade de nossas primeiras relações com a China. Principiam, porém, ellas a ser mais seguidas e conhecidas do reinado de El-Rei D. João III em diante, como passo a mostrar.

§ II.

Dos primeiros estabelecimentos portuguezes na China, e especialmente em Macau

No anno de 1542 já tinham os portuguezes um estabelecimento consideravel na China, a que deram o nome de cidade de Niampó, ou Liampó, na costa oriental do imperio, a 30 graus N. Em 1549 fundaram outro estabelecimento em Chim-Chéo. Em 1557, a requerimento dos proprios chinas (segundo escrevem os nossos auctores) alcançaram dos mandarins de Cantão licença para commerciarem em Macau, ficando todavia inhibidos de se alargarem pelos demais portos do imperio, concedendo-se-lhes a faculdade de irem ás feiras de Cantão.

Em 1583 e 1585 alcançaram os portuguezes estabelecidos em Macau licença do Vice-Rei de Cantão, com auctoridade do imperador, para entre si administrarem justiça aos seus, e em 1587 tiveram licença do dito Vice-Rei *Chin-su-g* para o mesmo effeito, sendo já tão sensivel o augmento e riqueza da colonia Portugueza, que os nossos lhe pozeram o nome de cidade do Nome de Deus de Macau.

Estas diversas concessões dos chinas feitas aos Portuguezes constam de uns documentos a que chamam *Chapas*, de que possuo algumas copias na minha collecção diplomatica, bem como das que existem gravadas em uma lapida nas casas da camara de Macau, as quaes me foram dadas pelo coronel Lucas José de Alvarenga, que foi governador da mesma colonia.

Sinto não ter aqui estes documentos, que poriam talvez em melhor luz a natureza das concessões que nos foram feitas pelos chinas; porém, se bem me recordo, não havia entre ellas nenhuma que delatasse de um modo formal e positivo que os chinas houvessem concedido aquelle territorio á corôa de Portugal.

Todavia, outros documentos de que em seu tempo farei menção, parecem demonstrar que os proprios chinas consideram Macau como uma cidade independente e fóra do dominio territorial do imperio.

§ III.

Obscuridade das nações que temos relativamente á natureza do direito de posse da cidade de Macau

Das noticias que possuimos ácerca do nosso estabelecimento em Macau, resulta o conhecimento de que não estamos de posse d'aquella cidade e territorio por direito de conquista, porque, se assim fôra, não pagaria a dita cidade imposto territorial ao imperador no principio de cada anno. Não se póde affirmar que seja tão pouco uma colonia com todos aquelles requisitos que a constituem tal, nem tambem uma doação feita pelos chinas aos Portuguezes, por isso que até agora não nos consta que se tenha feito convenção de soberano a soberano, ou de governo a governo a este respeito.

O que se colhe de mais positivo do exame das noções que temos, é que o estabelecimento Portuguez de Macau é uma continuada concessão dos chinas aos nossos mercadores que alli residem.

Entretanto, tambem se póde objectar a isto, que presentemente não se nos póde com fundamento solido disputar o direito que temos áquelle territorio, pelas rasões que aponto no § IV, não obstante o modo com que os escriptores chinezes fallam do nosso primordial estabelecimento n'aquelle imperio, como passo a mostrar.

Na obra de Morrisson se acha trasladado dos livros chinezes hum fragmento ácerca do nosso estabelecimento em Macáu, e he o seguinte, que o celebre sinologo Abel Rémusat, achando que a traducção de Morrisson não era exacta, traduzio da maneira seguinte:

«La 32.me année Kin-thsing (1553) des vaisseaux étrangers abordèrent à Hao-King. Ceux qui les montaient racontèrent que la tempête les avait assaillis, et que l'eau de la mer avait mouillé les objets qu'ils apportaient en tribut. Ils désiraient qu'on leur permit de les faire sécher sur le rivage de Hao-King. Wang-pe, commandant de la côte le leur permit. Ils n'élevèrent alors que quelques dizaines de cabanes de jonc. Mais des marchands attirés par l'espoir du gain vinrent insensiblement, et construisirent des maisons de briques, de bois et de pierres. Les *Folang-Ki* (os Francos) obtinrent de cette manière une entrée illicite dans l'Empire. Ainsi les étrangers commencèrent à s'établir à Macáo du temps de Wang-pe.»

Todavia, ácerca do tributo de que se trata n'esta e n'outras passagens dos historiadores chinezes, he necessario ter attenção á verdadeira significação que elles dão a esta palavra, a qual he huma mera expressão de vangloria, e de ostentação.

Rémusat nas *Mélanges Asiatiques* transcreve algumas biographias dos Imperadores Chinezes, tiradas de suas historias, e na de Tai-Tson, fundador da dynastia dos *Mings*, diz que a biographia chineza do dito Imperador refere que elle *espalhara o terror, e a gloria do nome chinez nos paizes mais remotos, dos quaes vieram grande numero de estrangeiros pagar o tributo, participar de seus beneficios, e admirar o seu governo.* A este extracto acrescenta o habil sinologo as seguintes palavras: «C'est-à-dire en langage chinois, qui sous son règne l'accès de l'interieur de l'empire fut ouvert aux étrangers, et que l'attrait du commerce attira en Chine les marchands de tous les pays de l'Asie.» (Obra cit., vol. 2, p. 15).

Á vista disto parece que da circumstancia de pagar a cidade de Macau hum tributo ao Imperador, não se segue que deixe de ser independente, e de pertencer a Portugal, pois tambem a Corôa, apezar de fazer parte do imperio chinez, he governada por hum Rey independente, mas que todas as vezes que sobe ao throno, recebe a confirmação do Imperador da China, e lhe paga hum tributo. (Vej. *Voyage à Pekin par l'Ambassade Russe*, Tom. 2, p. 95.)

Com isto se ajusta o que diz o padre *Le Comte* na sua obra intitulada *Mémoire sur l'état présent de la Chine* (Paris 1696) na carta primeira dirigida a Mr. de Pontchartrain, que aqui copiàmos textualmente: *Pour ce qui regarde la Corée, le Tunquin et Siam, ils doivent à la vérité un tribut réglé à l'Empereur, qui outre cela en nomme les Rois, ou les approuve, quand ils prennet possession de la couronne, mais néanmoins tous ces états ont leur gouvernement particulier, et sont en effet très différents de la Chine.*

§ IV.

Fundamentos pelos quaes parece evidenciar-se que a cidade de Macau é considerada pelos chinezes como independente e fóra dos dominios territoriaes do imperio

Uma concessão semelhante á que os chinas nos fizeram de Macau não póde ser presentemente disputada com fundamento solido de direito, pois della resulta a posse de mais de tres seculos, durante huma longa successão de diversas dynastias chinezas de interesses differentes, como foram a chineza propriamente dita, e a tartara, que hoje reina, as quaes consentiram que os Portuguezes edificassem Macau e o fortificassem, levantando baluartes, e fazendo tremular nelles os estandartes nacionaes durante tantos seculos, tendo governadores e guarnição Portugueza. Huma tão longa posse revestida com taes circumstancias, confere sem duvida á Corôa de Portugal hum direito senão eminente de soberania reconhecido pelos chinezes, pelo menos hum muito especial sobre aquelle estabelecimento.

O seguinte facto praticado pelo Imperador *Ching-Tsou*, da dynastia tartara, hoje reinante, parece demonstrar que os Portuguezes e o seu estabelecimento de Macau eram considerados pelo governo chinez como sendo de huma natureza differente da dos outros estrangeiros.

Hum dos fundamentos que este Imperador allegou para se apossar da provincia de *Kontourg* (Cantão) foi que o principe que nella imperava, havia violado as leis do imperio, entretendo hum commercio regular com os *Cabeças louras* (os hollandezes), e com os habitantes de *Linsoung* (os habitantes hespanhoes das Philippinas)[1]. Os Portuguezes, posto que não só commerciavam, mas até residiam em huma cidade por elles fortificada, não foram mencionados neste edicto imperial, nem se allegou que as leis do imperio se achavam violadas pela circumstancia de possuirem elles naquelle territorio huma cidade em que se achavam de assento, e fortificados. He mais que provavel não fossem os Portuguezes comprehendidos no sobredito edicto por ser o aferro aos antigos usos, e precedentes hum dos mais decisivos caracteres da nação, e do governo chinez; alem de que as cidades que são encerradas, são unicamente as cabeças de provincia, ou aquellas que formam huma jurisdicção á parte.

Parece tambem por esta ultima particularidade, que Macau, havendo os chinas levantado huma muralha nos limites desta cidade no anno XIV do reinado do Imperador *Wan-Ly* com huma porta chamada do *Limite* ou do *Cerco*, da qual não he permittido aos estrangeiros passarem adiante, parece, torno a repetir, que Macau foi sempre considerada pelos chinezes como fazendo huma jurisdicção separada.

Estas circumstancias adquirem muito maior peso em nosso favor, quando se considera o facto de que até o ultimo conflicto com Inglaterra as differentes companhias dos diversos

[1] Rémusat, *Nouveaux Mélanges Asiatiques*, Tom. 2.°, p. 30.

Estados Europeus não eram admittidas em Cantão, senão com a condição expressa que sua residencia alli em virtude dos regulamentos não poderia ser perpetua, se bem que na realidade o viesse a ser, pois que bastava que ellas a interrompessem, fazendo huma viagem temporaria a Macau [1]; o que, em meu ver, augmenta ainda mais as provas de que os chinas consideravam a dita cidade como hum lugar que não pertencia ao imperio, e por isso que se achava fóra delle, não era sujeito aos sobreditos regulamentos [2].

O que acontecia com os missionarios tambem contribue fortemente para consolidar a opinião de que Macau foi sempre considerada como independente, e fóra do territorio da dominação chineza.

O missionario *Matheus Ricci*, jesuita, foi a Macau em 1578 para de lá tratar de se introduzir no imperio por via de Cantão, aproveitando-se do privilegio que tinham os Portuguezes de Macau de alli irem traficar. Partio com effeito em companhia de hum Portuguez para Cantão, porém, não podendo conseguir de entrar na China, tornou-se outra vez para Macau. *(Biographia de Ricci.)* Só teve este missionario licença para entrar na China em 1583, em consequencia de haver desenhado hum mappamundo chinez, no qual, conformando-se com a idéa extravagante dos chinas, representou a China no centro da carta, dando-lhe huma projecção contraria á exactidão. (Veja *Almagest,* nov. 1651, in fol., p. 49, e *Giro del Mondo,* no continuador de Pinelo, part. IV, f. 198.)

Ora se Macau fosse reputado parte integrante do imperio chinez pelo mesmo teor que Cantão, *Ricci* não teria podido

[1] Rémusat, *Obra já citada.*

[2] Na obra de Sir George Staunton, *Miscellaneous notices relating to China and our commerce intercourse, etc.,* talvez se encontrem algumas passagens, que poderão servir de argumentos subsidiarios. Não tenho aqui esta obra, que foi impressa em 1822. Tenho apenas alguns extractos, e huma analyse della; e posto que este auctor tenha traduzido o Codigo Penal dos Mandchous, não me consta que traduzisse, ou compilasse a legislação commercial.

residir na primeira destas cidades, nem tão pouco o Padre Rogeri que o acompanhava.

O missionario italiano *Intorcetta* partio para a China em 1656 com dezeseis outros. Demorou-se em Macau para alli fazer os quatro votos de sua profissão, e entrou emfim no territorio chinez no 16.º anno do reinado do chamado *Chumichi*. (Vid. *Notice sur les Missionnaires.*)

Passarei ainda a mencionar outros factos, que me parecem offerecer outras tantas provas de que Macau he considerada pelos chinas como independente do imperio e fóra delle.

Quando se declarou huma perseguição geral contra os missionarios em 1664, o Padre *Intorcetta,* e vinte e quatro dos seus companheiros foram mandados presos de Pekin para Cantão. Fizeram estes vir de Macau outro religioso para ficar em prisão em logar do missionario, e o deputaram a Roma ao geral. Em 1724 foi de novo proscripto o christianismo na China, porém a proscripção não se estendeu a Macau, conservando se nesta cidade intacto, como d'antes, o culto catholico, prova evidente da independencia della, pois que, se fizera parte do imperio, a perseguição se estenderia aos padres que nella residiam, o que succedeu pelo contrario, achando-se elles alli postos a seguro della, como o estariam nas demais possessões da Corôa de Portugal, facto este que se corrobora ainda mais com o que aconteceu em 1736, reinando o Senhor Rey D. João V. Houve nesse tempo outra perseguição dos chinas contra os missionarios, e o encarregado de negocios de França em Lisboa teve ordem da sua Côrte para pedir á nossa, que houvesse de mandar ordem ao vice-Rey da India, para que este ordenasse ao governador de Macau de deixar residir naquella cidade os missionarios jesuitas francezes, que a ella se haviam acolhido em consequencia da sobredita perseguição. N'uma memoria que o sobredito encarregado apresentou sobre este assumpto, referia elle que o Imperador havia obrigado os missionarios a retirarem-se para Cantão, cidade chineza, e depois para Macau, *qui appartient aux Portugais,* onde residiam havia dois annos, sem que ninguum os inquietasse; porém que o seu governo, receando que o Governador da sobredita cidade os despedisse, pedia ao nosso governo as ordens de que já fizemos menção. (Veja-se Officio de Mr. de Montagnac e Memoria, vol. LXXI, fol. 27. Arch. dos Neg. Est. de França.)

Annuio a este pedido o nosso governo, e Diogo de Mendonça Côrte Real, então Ministro dos Negocios Estrangeiros, tendo communicado ao dito encarregado de negocios as ordens que sobre aquelle assumpto se expediam ao Vice-Rey da India por Carta Regia dada em 8 de Maio do referido anno, ordenou a Côrte de França ao encarregado agradecesse nos termos mais expressivos a Diogo de Mendonça, em nome de El-Rey de França, a expedição das ditas ordens passadas a beneficio dos missionarios [1].

Citarei ainda outro facto de muito mais recente data, e vem a ser o seguinte: Quando em 1805 occorreu a grande perseguição contra os christãos em todo o imperio chinez, e que o governo imperial mandou demolir os quatro conventos de Pekin, não foi a cidade de Macau envolvida nesta proscripção geral, e continuou a conservar intactos os seus conventos. Corroborarei esta materia com outros factos, que tendem igualmente a demonstrar que Macau foi sempre tido por independente, e fóra dos dominios da soberania do imperador da China. Não tendo Portugal conseguido ser comprehendido na paz geral de Munster, e reconhecido o seu novo soberano, por haver prevalecido a politica castelhana da rainha regente de França, e do Cardeal Mazarino, assentou este que, em consequencia da falta de assistencia em que Portugal se devia de achar, envidariam os castelhanos contra este reino todas as suas forças, e que o Senhor Rey D. João IV mal poderia naquelle apuro sustentar-se no throno; e nesta hypothese passou instrucções ao cavalheiro de Jant, que fôra nomeado para aquella embaixada, ordenando-lhe houvesse de apalpar o animo daquelle soberano

[1] Veja-se *Quadro Elementar das Rel. Pol. e Diplom. de Port.*, Tom. 5.°, p. 270 e nota 357.

sobre a determinação que tomaria, se porventura viesse a perder Portugal.

Cumprindo com estas ordens, refere o enviado o que passára em huma curiosissima pratica que tivera com El-Rey, e diz que lhe chegára elle a propor de se transferir para o Brazil, e que El-Rey, vindo entre outras cousas a fallar da India, lhe dissera que os Hollandezes lhe haviam tomado grande parte daquelles Estados, e com particularidade Ceylão; e que El-Rey da Persia lhe tinha de fresco tomado Mascate, e o do Decan lhe fazia continuamente guerra; e *que os seus vassallos de Macau na China, entendendo que elle não estava em estado de os defender, se haviam posto debaixo da protecção do novo Principe Tartaro, com medo de cahirem em poder dos Hollandezes, que haviam por vezes tentado apoderar-se de sobresalto da cidade*[1].

Do que se colhe que Macau era reputado independente pelos Chinas, e considerado pelos Hollandezes como huma cidade do dominio da Corôa de Portugal, com quem estavam em guerra.

Em todo o tempo os estrangeiros reconheceram a soberania da Corôa Portugueza em Macau, do que poderia citar infinitos exemplos; limitar-me-hei porém ao seguinte: Mr. de St. Romain, Embaixador de França junto a El-Rey D. Pedro II, teve ordem da sua Côrte para pedir á nossa passaportes, e licença para quatro jesuitas francezes passarem á China por via de Macau, protestando que elles reconheceriam em toda a parte a soberania de Sua Magestade Portugueza, tanto no temporal como no espiritual; e acrescentava o Embaixador em seu officio de 28 de Janeiro de 1685 as seguintes palavras, que fielmente aqui transcrevo: *De Siam ils iront à Macáo ou en quelque autre lieu sur les frontières de la Chine, et là ils attendraient la permission et les ordres de l'Empereur Chinois pour entrer dans ses états et se rendre à sa Cour*[2].

[1] *Quadro Elementar*, Tom. IV, P. II, p. CL.

[2] Documento que darei na secção XXVIII do *Quadro Elementar*, que deve encerrar as nossas relações com a Asia.

Alem destas provas da independencia da cidade de Macau, tenho tambem por incontestavel a seguinte: Os Portuguezes não só edificaram igrejas em Macau, mas até mesmo conventos, onde os religiosos viviam em communidade. Ora, se o fizeram sem preceder o consentimento dos Chinezes, este facto só por si he hum argumento que prova com toda a evidencia que os Portuguezes tinham, e têem alli hum dominio independente, e que aquelle territorio pertence á Corôa de Portugal, pois se pelo contrario aquella cidade fosse pertencente ao Imperador da China, só se poderiam edificar as ditas igrejas, e conventos em virtude de hum tratado feito com os Chinas, e por concessão, e consentimento delles, como o fez a Russia em 14 de Junho de 1728, estipulando-se no artigo 5.º do tratado celebrado entre o Embaixador Conde Uladislavitch, e os Ministros do Imperador da China que os Russos occupariam d'alli em diante em Pekin o *Kouam*, e que se edificaria huma igreja para elles com assistencia do governo chinez, etc.

A leitura do que se passou na commissão nomeado por decreto de Sua Magestade de 25 de Maio de 1838 para examinar os negocios de Macau, á qual se franquearam os documentos do Archivo da Marinha, ainda mais me fortifica na opinião de que he Macau huma cidade independente. O relatorio, e parecer que a sobredita commissão fez subir á presença de Sua Magestade a Rainha em 24 de Julho do mesmo anno, com quanto fosse mui circumstanciado na parte legislativa, e na das attribuições da camara daquella cidade, não se explica sobre a natureza das relações que subsistem entre os Chinas, e os Portuguezes, contentando-se sómente com fazer menção da existencia dellas, sendo os benemeritos membros della mui sensatamente de parecer, que o estabelecimento de Macau, tendo sido desde a sua primeira origem de huma indole mui particular, esta imprimio desde logo hum caracter mui especial á sua legislação, e que por conseguinte se não devia regular pelos principios, e divisão dos poderes estabelecidos na Carta Constitucional. Do silencio da Commissão infiro que seus benemeritos membros não encontraram nos Archivos da Marinha noções precisas sobre o assumpto que nos occupa, ou que talvez assentaram era esta materia alheia do ponto principal para que ella tinha sido creada. E todavia no artigo 29.º das providencias propostas pela sobredita Commissão vejo que ella propoz, que *o caso de morte de china fosse exceptuado da fórma do processo por jurados.* Citarei esta parte do parecer da Commissão, que transcrevo dos *Annaes Maritimos e Coloniaes.*

«A commissão sente ver-se obrigada a exceptuar da lei commum dos jurados hum caso que, se a esta tambem fosse deixado, poderia pelo seu muito singular caracter e extraordinaria gravidade pôr em risco a paz e segurança da cidade de Macau; este caso é o da morte de china, de que *as leis especiaes por este mesmo fundamento teem de longo tempo feito um caso excepcional;* a commissão, vendo esta excepção desde tão remota epocha consagrada nas leis e por ellas respeitada até aos ultimos tempos, não ousa expôr a tranquillidade dos moradores daquella cidade e a propria conservação de hum estabelecimento tão valioso e ainda hoje tão invejado dos estrangeiros, introduzindo uma innovação até o presente rejeitada pela legislação do mesmo estabelecimento; a commissão pois, á vista de tão ponderosos motivos, é de parecer que o caso de morte de china, pelo menos todas as vezes que houver perigo de expôr a felicidade e ordem publica do estabelecimento, ou a sua conservação em o numero das pessessões portuguezas, deve ser julgado em uma junta de justiça.»

Posto que a commissão nos tenha deixado na ignorancia das *leis especiaes que de longo tempo teem feito um caso excepcional da morte de china,* leis cuja letra e disposições seria relevante conhecer-se, por isso que ellas derramariam grande luz sobre o assumpto, a que este paragrapho é consagrado, comparando o disposto no artigo 29.º concernente á composição da junta de justiça, proposta pela sobredita commissão, e composta do Governador como presidente, do Juiz de direito como relator, do Procurador da cidade, do substituto do juiz de direito, do delegado do procurador regio, e dos dois militares mais graduados em serviço em Macau, como o que leio de um processo feito em 4 de Março do anno passado de 1844 em Hong-Kong, quer-me parecer que desta comparação resulta mais uma prova em favor do direito da soberania e independencia da corôa de Portugal no territorio de Macau.

Comquanto seja complicadissima a legislação colonial dos inglezes, e diversa pela differença que elles fazem entre as colonias adquiridas por tratados e cessões e as que são consideradas como proprias da corôa, como se vê mui particularmente nas excellentes obras de Clark, *A Summary of colonial Law*, e na de Montgomery Martin; pelo processo que passo a relatar parece entender-se que os inglezes reputam Hong-Kong por huma colonia da Corôa, para as quaes o soberano tem a faculdade de legislar e de promulgar leis differentes da legislação e estatutos propriamente inglezes, assim que se acha em paridade com Macau.

Isto posto, na publicação intitulada *Nouvelles Annales des Voyages*, do mez de Junho de 1844, se acha escripto o seguinte: «On écrit d'Hong-Kong le 4 Mars: Sir Henri Pettinger et le Major Général Aquilar, Vice-Gouverneur, ont ouvert aujourd'hui la cour de session criminelle, qui est en même temp cour d'Amirauté. Les affaires de vol furent jugées sommairement par les magistrats inférieurs; ensuite deux causes, l'une d'assassinat, l'autre de meurtre, ont été l'objet de débats solennels. Les accusés déclarés coupables par un Jury mi-parti d'anglais et de chinois ont été condamnés, l'un à la peine capitale, l'autre à la déportation.»

Se pois em Hong-Kong, cidade que o imperador da China cedeu á Inglaterra em virtude de um tratado, e que portanto ninguem duvida que seja presentemente do dominio da corôa de Inglaterra, os casos crimes são julgados por um jury metade inglez, metade chinez, quem duvidará que Macau é pertencente á corôa de Portugal, vendo em casos identicos, e até mesmo no da morte de china, serem os réus sentenciados por huma junta inteiramente composta de funccionarios Portuguezes, sem embargo de ser aquelle caso por sua gravidade digno de toda a ponderação, por se interessar na decisão d'elle a paz e a conservação da mesma cidade?

Taes são os argumentos que se podem fazer em favor e abono de nossos direitos ao estabelecimento de Macau, na falta deploravel de documentos primordiaes que ponham em luz tão importante questão.

§ V.

Das relações diplomaticas que temos tido com a China

No § I apontei quaes foram as relações que primordialmente tivemos com o imperio da China, e a confusão e escuridade com que hão sido relatadas por nossos escriptores; agora farei summariamente menção daquellas de que encontrei noticia, posteriores ao seculo XVI, e são ellas as seguintes:

Em Maio de 1600 foi o Padre Ricci, acompanhado do Padre Pantoja, como Embaixador Portuguez ao Imperador da China, a quem offereceu varios presentes em nome de El-Rey de Hespanha, na qualidade de Soberano que então era de Portugal e segundo alguns auctores foi o dito Embaixador mui bem recebido pelo Imperador.

Restituida a Corôa a seus legitimos soberanos, mandou El-Rei D. João IV Antonio Fialho Ferreira a Macau, significar aos moradores daquella cidade a sua exaltação ao throno, em cuja noticia assignalaram-se os moradores nas demonstrações de satisfação e alegria; alem do grande donativo em dinheiro que logo mandaram a Lisboa, forneceram 200 peças de artilharia de bronze, que foram remettidas nas monções que se offereceram[1]. Este facto, que nos é relatado pelo conde da Ericeira, nos faz ver de que importancia era aquella colonia particularmente pela singularidade de poder dispôr de um material de guerra de tanta monta, o que não poderia haver feito senão fôra independente dos chinas. Por fatilida-

[1] O auctor do *Portugal Restaurado,* referindo-nos esta particularidade, guardou silencio sobre a questão essencial, a saber: se por esta occasião mandou o Senhor D. João IV embaixador á China.

de, referindo-nos o sobredito escriptor este notavel acontecimento, nada mais diz que venha ao nosso proposito.

Em 1668 mandou El-Rei D. Affonso VI hum Embaixador á China, o qual foi bem recebido do Imperador, e alcançou daquelle soberano varias liberdades para o exercicio da religião e facilidades para o commercio. O autor que escreveu esta noticia não nos disse em que obra a encontrara, para podermos nella verificar se aquella embaixada havia sido acompanhada de alguma particularidade concernénte ao assumpto de que estamos tratando. Em 1680 affirma o auctor francez da *Géographie Commerçante* que os Portuguezes fizeram hum tratado com a Côrte de Pekin, em virtude do qual foram excluidas do commercio da China todas as demais nações da Europa, tendo unicamente os Portuguezes o privilegio de traficar naquelle imperio, accrescentando que aquella exclusão durara até o anno de 1685 tão sómente. Apesar das investigações que fiz, não me foi possivel descobrir até agora semelhante tratado.

Em 1722 mandou o Imperador da China hum riquissimo presente a El-Rey D. João V, presente que foi avaliado em 300:000 cruzados [1], e o Embaixador chinez teve a sua primeira audiencia em 22 de Dezembro do mesmo anno [2].

Constava o presente do Imperador de sessenta caixas; e o Embaixador apresentou a El-Rey sete perolas avaliadas cada huma em 14:000 cruzados; e entre as cousas de que se compunha o presente, vinham flores artificiaes que o Imperador havia feito por suas proprias mãos [3].

Em consequencia do que, mandou o Senhor Rey D. João V, em 1725, a Alexandre Metelo de Sousa e Menezes com o caracter de Embaixador ao Imperador da China, com um presente de valor de 150:000 cruzados [4], que consistia em va-

[1] Officio inedito do Ministro de França em Lisboa, datado de 17 do Novembro deste anno, o qual tenho em meu poder.

[2] Officio do mesmo e da mesma data.

[3] Officio do sobredito de 29 de Dezembro do referido anno.

[4] Officio do dito de 27 de Março do anno supra.

rios cofres de veludo bordados de prata e de oiro, cheios de brocado de oiro de Lyão, bellissimas mesas de marmore e mosaico, hum lustre magnifico fabricado em Roma, e muitas caixas de joias e outras de tabaco feitas em París e em Londres[1].

Em 1751, no mez de Dezembro, nomeou El-Rey D. José por Embaixador ao Imperador da China a Francisco de Assis Pacheco, provedor de Beja[2], e o mandou partir para Macau em huma nau de guerra. Da viágem deste Embaixador escreveu huma noticia José Freire de Montarroyo Mascarenhas, que correu impressa em Lisboa em 1753.

Conclusão

Do que fica exposto se vê que somos desgraçadamente obrigados a supprir com argumentos historicos a falta de documentos primordiaes do direito convencional entre Portugal e a China, pelo que diz respeito á posse da cidade de Macau.

A questão de saber-se qual seja o verdadeiro direito que temos a esta cidade, onde em 1841 era a nossa população de 4:788 individuos e a chineza de 20:000, é por extremo complicada e involta em escuridade, e por esse mesmo motivo é summamente importante no momento actual do estabelecimento dos inglezes naquelle Imperio, e da abertura do commercio ás demais nações, elucidal-a, discutil-a, levando á maior evidencia o direito que nos assiste á posse daquelle territorio e cidade, a fim de se evitarem agora e sempre as infalliveis contestações, que a rivalidade commercial das nações que para alli concorrerem, ha de de necessidade suscitar-nos com o governo e auctoridades chinezas, já que infe-

[1] *Gazeta de França,* deste anno, pag. 43.

[2] Archivo dos negocios estrangeiros de França. Officio de 29 de Fevereiro de 1752 do Ministro Francez, o qual dizia havia El-Rey D. José mandado aquella embaixada, por ser assim estylo em todas as mudanças de governo.

lizmente os Senhores Reys de Portugal, na epocha em que fomos a primeira potencia maritima do globo e quando as nossas armadas faziam tremer a China, se descuidaram de assegurar a posse de Macau por tratados formaes e obrigatorios, na prudente previsão do futuro, e do eclipse que com o andar dos seculos experimenta infallivelmente toda a gloria, por mais bem fundada que seja.

Conviria, pois, proceder-se a longas investigações, para se fazer uma monographia sobre este assumpto, com a qual se pozesse em evidencia esta questão. Dever-se-hia examinar:

1.º Qual seja a natureza da legislação e da pratica na China em materia de acquisição e posse de propriedades territoriaes, e até que ponto e com que condições podem os estrangeiros possuir terras no Imperio, dentro de cujos limites vivem effectivamente povos de diversas raças, que são, se me não engano, reputados estrangeiros. Varias noticias arabes, tiradas dos manuscriptos de *Massoudy* em 1718 pelo sabio orientalista *Renaudot*, provam que não foi só aos Portuguezes que os chinas concederam licença para assentarem morada nas terras do Imperio. No seculo VIII da nossa era os arabes tinham na China varios estabelecimentos, e tão consideraveis eram elles que os imperadores lhes outorgaram de nomearem hum cady para administrar-lhes justiça; quando porém estes povos começaram a derramar-se por Africa, os estabelecimentos que possuiam no *Celeste Imperio* foram pouco a pouco decaindo, até de todo desapparecerem.

2.º Seria mister extrahir-se dos grandes Annaes chinezes as noticias que se encontrassem das nossas relações com esses povos, e o que delles constasse respeito a ajustes de paz e de commercio comnosco celebrados, e finalmente tudo quanto fosse relativo ao nosso estabelecimento de Macau, e quaes fossem as verdadeiras concessões que dos chinas alcançámos. Na magnifica collecção de livros chinezes que possue a Bibliotheca Real de Paris, existe a maior parte da sobredita collecção dos Annaes, e alem d'isto a historia dos povos estrangeiros. Abrangem os Annaes hum periodo historico immenso, e são tão minuciosos que o celebre sinologo Remusat se exprime a este respeito nos termos seguintes:

«Les historiens de la Chine dont la succession non interrompue embrasse une série de 25 siècles, n'ont jamais négligé de recueillir, sur les contrées voisines de cet empire les renseignements qui pouvaient se rapporter à l'histoire et à la géographie; ils ont même formé de ces renseignements des collections qui renferment en réalité les chroniques complètes de la haute Asie depuis deux mille ans. Il n'y a que ces recueils où l'on puisse chercher la solution d'une foule de questions historiques.»

3.° Cumpriria que se examinasse se os chinas estabelecidos em Macau pagam impostos ao Imperador, e se nos documentos financeiros que o Governo chinez publica todos os trismestres, se faz menção de Macau, pois em a noticia estatistica sobre a China publicada no *Asiatical Journal,* de Setembro de 1825, pag. 294, não vejo aresto algum a este respeito.

4.° Devem-se examinar por miudo as cartas dos Missionarios a começar do anno de 1517, e a parte historica das bullas dos Papas relativas a Macau e á China, e as obras dos Padres Premare, Gaubil, Amiot, Du Halde, Muilla, Le Comte; Magalhães Kirker na sua *China illustrata;* Trigaut, *Regni chinenses descriptio;* Theoph. Spirelii, *De Re litteraria sinensium commentarius;* o nosso Semedo na sua *Relação da China,* a Relação da mesma pelo moscovita Nikiposa; a *Sina et Europa* de Preyelius; o *Atlas Sinicus* de Martinius; os livros x e xi da obra do Abbade Grosier relativos ao Imperio da China; o *Tratado das cousas da China* com suas particularidades, etc., escripto por Fr. Gaspar da Cruz, que passou á India em 1548, que se imprimiu em Evora em 1570 e foi reimpresso em Lisboa em 1829. Deve se tambem buscar a obra que no seculo xvi escreveu sobre a China o nosso compatriota Francisco Ferreira Sarmento, e consultar as excellentes *Mémoires sur les relations politiques des princes chrétiens avec les Empereurs Mongols,* nas Memorias da academia real das inscripções e bellas letras, tomo vi e vii, e o grande numero de rescriptos, decretos e instrucções dos Imperadores chinezes publicados pelo celebre Padre Amiot.

5.º Deve-se examinar e extrahir quanto se encontrar ácerca de Macau nos livros do registo da India, que se recolheram á Torre do Tombo no reinado de El-Rey D. José.

6.º Deve-se igualmente extrahir da secretaria da marinha o que alli constar ácerca das relações dos Portuguezes de Macau com os chinas, se bem que em geral os documentos dos archivos de nossas secretarias são de data recente, não havendo nenhum anterior a 1755; mas, segundo me recordo, existem infinitos em hum grande deposito no *Pateo das Vaccas*, que pertencem ás antigas secretarias.

Quanto ao que os estrangeiros hão escripto ácerca de Macau, é sobremaneira insignificante, salvo o que se podér encontrar nas obras classicas dos Missionarios; tudo o mais é superficial e cheio de falsidades, sendo hum dos peiores La Place na obra intitulada *Voyage autour du monde*.

Era a minha tenção, quando estivesse para publicar a secção XXVIII da minha obra, isto é, a ultima parte della, de fazer traduzir dos grandes Annaes chinezes o que alli houvesse que nos fosse relativo, e miudamente não só as obras impressas que acima cito, mas tambem as manuscriptas; mas, como antes de chegar á meta deste meu trabalho tenho de concluir a publicação de nossas relações com as potencias da Europa, seria por isso conveniente (se o negocio de que se trata podesse soffrer demora, sem detrimento, de alguns mezes) fazer-se um trabalho especial sobre o nosso estabelecimento de Macau, o qual serviria de base e de fundamento de direito, e ao mesmo tempo de guia para as negociações que porventura se devessem tratar com a China.

Paris, 4 de julho de 1845.

Officio do Governador e Capitão Geral de Macau para o Ministro do Ultramar communicando, que recebera uma carta do primeiro sobrecarga da companhia ingleza em Cantão, auctorisado pelo General de Bengala, para pôr uma guarnição ingleza em Macau.

(Arch. do conselho ultramarino.— Original.)

Illmo e Exmo Sr.—Tenho a honra de pôr na presença de V. Ex.ª, que no mez de Março recebi huma carta de Cantão do primeiro Sobrecarga da Companhia Ingleza, auctorisado pelo General de Bengala para o plano proposto, datada de 20 do mesmo, dizendo, em Lantim se acha hum transporte que o General de Bengala manda para soccorrer essa Colonia, e que o Commandante das forças navaes tinha carta do General para me entregar em mão propria; mandei logo chamar o Ministro e lhe fiz ler a carta, que, não pensando bem, perguntou-me que gente cabe na fortaleza do Monte; respondi-lhe, que Deus me livrasse de tal. 1802 Dezembro 20

No dia 23 desembarcou o dito Commandante com o Coronel da tropa e outro official; já tinha mandado chamar o Ministro e o Coronel, que entregando-me a carta e as copias das ordens que S. Ex.ª tinha mandado aos Governadores de Diu e Damão para receberem de mais nas suas guarnições o soccorro da tropa ingleza, mandei vir Manuel de Sousa para a traduzir, e logo declarei aos Commandantes: Esta colonia não he o mesmo que he Diu, Goa e Damão; e que as ditas copias, ainda que viessem assignadas pela propria mão de S. Ex.ª, não era bastante para eu receber o dito soccorro, sem huma expressa ordem de S. Ex.ª; dizendo mais: soccorram o porto, que eu defenderei cá de dentro, pois tenho gente sufficiente; e que, alem disso, em razão de huma carta

1802 Dezembro 20

regia que ha no Senado, que manda, havendo algumas dependencias que involvam com os Chinas, será decidido em Conselho no mesmo Senado; por fim desta minha resposta foram-se os ditos Commandantes para casa do Sousa, onde disseram que o Governador tinha respondido o mesmo que elles fariam; e logo disse ao Ministro que fizesse huma carta ao Bispo relatando-lhe tudo, ao que se offereceu ir em pessoa; e no dia seguinte fui ao Senado para convocar o Conselho para se decidir o assumpto da carta do General de Bengala, e tudo consta do termo que tenho a honra de remetter, e as proprias copias das cartas, que por elle se faz bem ver as muitas perturbações; e o principal foi a paz geral, que o General de Manilha mandou expressamente huma fragata de guerra para me dar a interessante noticia e os preliminares; e o mesmo Commandante inglez das forças navaes na chegada do navio de Bombaim me escreveu, dando os parabens, e tambem me mandou huma proclamação de paz feita em Bengala.

Imaginando eu que tudo estava acabado, recebi huma grande carta nos annos de Sua Alteza Real, que respondi ao Official portador não era dia de a mandar traduzir; e no dia seguinte foi traduzida, e vendo o quanto era atrevida, assentei não responder: fiz avisar o Conselho para decidirem sobre o assumpto da carta, que concordou no mesmo, e tambem fiz ler a ordem de S. Ex.ª, que justamente recebi no mesmo dia, que ordenava eu recebesse o soccorro offerecido pelo General de Bengala, como se vê pela propria copia.

A Ill.ᵐᵃ e Ex.ᵐᵃ pessoa de V. Ex.ª Guarde Deus muitos annos. Macau, 20 de Dezembro de 1802. — Ill.ᵐᵒ e Ex.ᵐᵒ Sr. Visconde de Anadia. — José Manuel Pinto, Governador e Capitão Geral.

Carta do Governador e Capitão General da India ao Senado de Macau approvando o seu procedimento de não consentir o desembarque da tropa ingleza

(Arch. do conselho ultramarino.)

1803 Abril 14

Foi-me presente a carta que esse Senado me escreveu datada de 13 de Dezembro do anno proximo passado e os documentos que a acompanhavam, contendo tudo huma exacta descripção do que se passou sobre o soccorro de tropas inglezas, que o Governador e Capitão General de Bengala mandou ao porto dessa cidade. E como esse Senado, de accôrdo com o Governador e Desembargador Ouvidor, e mais pessoas que votaram nos diversos adjuntos que se formaram para tratar daquelle interessante objecto, deram huma perfeita intelligencia á permissão que eu concedi na augusta situação da guerra passada, para se admittirem alguns navios inglezes de guerra no porto dessa cidade afim de prevenirem qualquer projecto hostil da parte dos Francezes, visto que de nenhum modo se podia entender a respeito do desembarque da tropa em hum semelhante estabelecimento, que pelas intimas correlações que o ligam com os dominios do imperio da China, differe em todo o sentido de quaesquer outras reaes possessões de Sua Alteza Real o augusto Principe Regente nosso Senhor; he portanto muito digno de louvar e merece a minha particular approvação tudo quanto esse Senado e mais Vogaes dos sobreditos adjuntos obraram a respeito daquelle importante assumpto, o que participo a esse Senado para ficar nesta intelligencia.

Nosso Senhor, etc. Palacio de Pangim, a 14 de Abril de 1803. — Francisco Antonio da Veiga Cabral. — Para o Senado da Camara da cidade de Macau.

Aviso do Ministro do Ultramar ao Senado de Macau louvando-o pelo acerto com que se houve quando os inglezes pretenderam introduzir ali as suas tropas

(Arch. do conselho ultramarino.)

1805 Fevereiro 21 Fiz presentes ao Principe Regente nosso Senhor as duas representações que o Senado de Macau dirigiu a esta Secretaria de Estado; e vendo Sua Alteza Real com muita satisfação a que tem a data de 29 de Dezembro de 1802, em que Vm.ces referem o modo por que se houveram com os Inglezes que pretendiam introduzir tropas nessa cidade: Manda Sua Alteza Real louvar esse Senado pela fidelidade e acerto com que se comportou em tão criticas circumstancias. Quanto ao objecto da outra representação ordena Sua Alteza Real que pelo Conselho ultramarino se communicassem ao Senado as suas Reaes determinações, que o mesmo Senado deverá executar.

Deus guarde a Vm.ces Salvaterra de Magos, em 21 de Fevereiro de 1805.—Visconde de Anadia.— Srs. Juiz e Vereadores e Procurador do Senado da Camara da cidade do Nome de Deus de Macau.

Officio de Lord Minto, Governador General das Indias Britannicas, ao Governador e Capitão Geral de Macau, communicando-lhe que envia uma força ingleza para proteger aquella colonia.

(Arch. do conselho ultramarino.)

1808 Julho 4 A S. Ex.ª o Governador de Macau.

Senhor.—Antes que V. Ex.ª receba este officio, sem duvida terá alcançado os ultimos desastres do continente da Europa, e terá sido informado de que o Governo da França, depois de ter effectivamente subjugado aquellas nações do continente, as quaes tinham praticado os ultimos esforços das suas armas para a preservação dos seus direitos e independencia contra as usurpações e violencias da França, resolveu não permittir por mais tempo ao Governo de Portugal gosar daquelle systema da neutralidade, a qual com tão exemplar e publica fé tinha até então mantido, e isto com vistas de pôr em execução o objecto das suas mais injustificaveis determinações. O cabeça da França não fez escrupulo em violar todos os principios de equidade e honra para marchar com suas armas á mesma capital dos dominios do vosso Soberano. 1808 Julho 4

Terá chegado á presença de V. Ex.ª, que debaixo da irresistivel influencia desta militar usurpação Sua Alteza Real o Principe Regente foi compellido a declarar que Sua Alteza Real se tinha unido ao Imperador da França, excluindo os navios britannicos dos portos de Portugal; porém a Sua Alteza Real e a toda a Real Familia de Portugal, com a ajuda dos poderes britannicos, se lhe facilitou, e pôde partir dos limites dos usurpadores, largando a capital e proseguindo debaixo de huma escolta dos navios britannicos de guerra para as possessões de Sua Magestade Fidelissima na America do sul; e assim transferindo-se o logar do Governo de Lisboa para o Brazil, annullando aquella estranha e usurpadora auctoridade, debaixo de cujo freio a hostil proclamação promulgada em nome de Sua Alteza Real se tinha verificado, e declarado ao mundo huma resolução de manter vigorosamente aquellas resoluções de amizade e alliança, pelas quaes as Corôas de Portugal e Gram Bretanha teem por tão longo tempo sido unidas.

2.º Profundamente eu lamento o acontecido em injuria e insulto, qual á Corôa de Portugal tem sido admittida pela violencia sem lei, e atrocidades do procedimento da França. He comtudo objecto de congratulação que a Familia Real de Portugal se puzesse em circumstancias de se retirar para outra parte dos seus dominios, nos quaes, com ajuda das forças britannicas, e connexão pelos antigos laços da cordeal

1808 Julho 4 amizade que tem ha tantos tempos e tão firmemente unido as duas Corôas e nações, póde o seu Soberano estar descançado e seguro daquella nação, a qual tem insultado a sua dignidade, invadido sua independencia e usurpado a possessão dos seus dominios Europeus.

3.º Estes successos têem agora unido as Corôas de Portugal e Gram Bretanha em huma causa commum. A Potencia que assistiu ao livramento do vosso Soberano da degradada influencia de huma estrangeira auctoridade suprema, se ha de empregar agora em proteger e segurar a sua auctoridade nas remanecentes porções dos dominios de Sua Magestade em qualquer parte do globo contra as armas e artefactos do perturbador commum da paz e tranquillidade do mundo.

4.º Sem duvida terá chegado á noticia de V. Ex.ª, que em seguimento deste systema de cooperação defensiva Sua Alteza Real o Principe Regente tem já publicado ordens para pôr as possessões Portuguezas nas Indias do Este debaixo da protecção de Sua Magestade Britannica. Em consequencia do dito systema este Governo tem recebido ordens de dar providencias para a segurança das possessões de Sua Magestade Fidelissima na India e na China a quaesquer intentos que o cabeça da França tem, sem duvida, ha tempo premeditado, e os quaes, debaixo das circumstancias da sua recente usurpação dos territorios Portuguezes na Europa, se podem agora esperar em breve periodo de tempo.

5.º V. Ex.ª terá observado ou attendido, de que com inteira concorrencia da Côrte de Lisboa huma guarnição britannica tem ha muito tempo estado destacada na colonia de Goa, afim da sua protecção. Da necessidade deste arranjo, ainda que mantido durante hum periodo de tempo em o qual o Governo de França apparentemente respeitava a independencia de Portugal, recentes successos têem dado abundantes provas. O importante augmento disto no presente momento he bastantemente obvio para que requeira explicação, e por consequencia S. Ex.ª o Vice-Rei, Capitão General das possessões Portuguezas na India e China, fiel aos interesses de sua augusta Soberana, tem agora promptamente consentido a qualquer distribuição e augmento de forças britannicas que forem calculadas para a segurança das possessões de Sua Magestade Fidelissima, daquella colonia tão importante, contra os maiores esforços das armas da França. 1808 Julho 4

6.° Ha de estar na lembrança de V. Ex.ª que no anno de 1802, quando se receberam intelligencias que o Governo da França meditava adoptar medidas hostis á independencia de Portugal, o Governo Britannico na India despachou para os mares da China huma força militar para os expressos fins de prover á defensa de Macau. O mesmo arranjo agora se rende, vista a natureza dos ultimos successos na Europa, muito mais urgente, conforme as ordens, as quaes eu tenho advertido no principio deste presente. Eu tenho despachado huma semelhante força para a protecção dessa colonia, e S. Ex.ª o Commandante em chefe das forças navaes de Sua Magestade Britannica na India tem aprompltado huma esquadra com huma parte da guarnição destinada para este fim.

7.° Seria fazer injustiça aos sentimentos da lealdade e fidelidade de V. Ex.ª para com o seu augusto Soberano o admittir que V. Ex.ª duvidará, ou não será disposto de receber este britannico destacamento no estabelecimento de Macau, ou de não cooperar para semelhante arranjo, como se mostra ser necessario para a sua effectiva segurança; por isso confiadamente descanço na inteira concorrencia de V. Ex.ª na expedição das medidas que têem sido adoptadas; agora sómente me resta de rogar a V. Ex.ª que seja servido de communicar com o Official do commando em chefe das tropas para este assumpto, sobre a sua accommodação e distribuição, e de concertar com elle todos os arranjos que possam ser necessarios para effectiva segurança do estabelecimento contra os designios da França.

8.° Eu tenho dirigido huma carta á Selecta Deputação de Sobrecargas em Cantão sobre este assumpto; eu rogo que V. Ex.ª queira favoravelmente receber quaesquer occorrencias que a Deputação possa julgar necessario de submetter á sua consideração.

9.° He superfluo ajuntar que o proposto arranjo para a

1808 Julho 4 segurança de Macau não envolve, nem se intromette com a regular constitucional auctoridade do Governo Portuguez, ou com a sua ordinaria administração de negocios. O seu unico fim he o de prover para a defensa do importante estabelecimento de Macau contra os intentos de que ha toda a razão para se esperar da parte da França para obter possessão delle, hum objecto no qual os interesses do Governo Portuguez são pouco menos interessantes que aquelles da nação britannica.

10.° Nós offerecemos a assistencia das tropas deste Governo como aquella de hum firme amigo e alliado do vosso augusto Soberano, para a preservação da interessante possessão de Sua Magestade agora ameaçada por aquella Potencia, a qual por actos de tanta atrocidade, violencia e provocante hostilidade, tem usurpado os territorios Europeus de Sua Magestade e compellido a Real Familia de transferir o seu assento de auctoridade a hum distante logar do dominio de Sua Magestade; o arranjo que eu tenho a honra de apresentar a V. Ex.ª he proposto sem duvida em abono de vossa Soberana, e a concorrencia de V. Ex.ª he consistentemente obvia com as obrigações urgentes da lealdade, fidelidade e publico zêlo.

11.° Portanto, eu estou inteiramente convencido que V. Ex.ª pontualmente concorrerá na adopção de todas as medidas que, com assistencia do britannico armamento, possam contribuir á segurança das possessões de Sua Magestade na China.

Eu tenho a honra de ser com grande consideração — Senhor, De V. Ex.ª humilde e obediente creado — Minto. — Forte William, 4 de Julho de 1808. — Comp. —Thomaz Hubel Loyd.

Carta do Vice Rey da India a Lord Minto ponderando-lhe as difficuldades de admittir guarnição ingleza em Macau

(Arch. do conselho ultramarino.)

A S. Ex.ª o muito Honoravel Lord Minto, Governador General em Conselho de todas as Possessões britannicas na India, etc., etc., etc. 1808 Julho 7

Muito Honoravel Senhor.—Em consequencia de huma representação que agora me fez da parte de V. Ex.ª o digno Enviado, Mr. Coorttand Schuyler, envio ao Governador de Macau a carta inclusa, a sêllo volante, para que V. Ex.ª a veja.

Queira V. Ex.ª persuadir-se que, alem do amor que sempre tive á sua nação, presentemente estou convencido que tropas inglezas são para o meu augusto Soberano e seus vassallos, tropas Portuguezas, e que a nossa causa he huma e a mesma.

Porém devo agora representar a V. Ex.ª, a bem das nossas nações, que em todos os tempos tem sido de absoluta necessidade aos meus antecessores manejar com muito cuidado e geito o Governo da China, sempre cheio de receio e ciume de tudo quanto ha.

Os Chinas, em recompensa de soccorros antigos que lhe deram Portuguezes, cederam-nos o estabelecimento de Macau; têem-se dado bem, e por antiguidade e costume têem muito boa fé com os Portuguezes; alem disso conhecem que nós não intentamos conquistar o imperio da China. Outro tanto não têem elles consentido a nenhuma outra nação; V. Ex.ª o sabe.

Conheço os justos fins de V. Ex.ª, mas seguro a V. Ex.ª que com a medida de tropas inglezas em Macau julgo o estabelecimento perdido para o meu augusto Soberano e para o bem do commercio das nossas duas nações, e ainda me atrevo a dizer que póde dalli resultar serem os portos da

1808 Julho 7 China fechados inteiramente ao commercio britannico; perdôe V. Ex.ª esta reflexão, propria do interesse que me deve tudo quanto toca a Sua Magestade Britannica.

Quando os Chinas têem alguma desordem comnosco, immediatamente nos privam de todos os mantimentos.

A população de Macau, por mappas de Dezembro do anno passado, monta a 4:371 almas. Tem de tropa mais de 200 praças, só de soldados, alem dos officiaes, e officiaes inferiores. As fortalezas estão em bom estado, têem muita artilharia boa, grande parte de bronze, e de grande calibre muita parte.

Se o Dominante da França tem já toda a influencia no imperio da China, perdido está o estabelecimento de toda a fórma; e se a não tem ainda, como espero em Deos, bem vê V. Ex.ª que duas ou tres fragatas francezas não são capazes de entrar em Macau; huma esquadra de naus de linha, e com tropa a bordo poderia tomar Macau, mas se consideramos que huma esquadra franceza desta sorte póde navegar livremente os mares da China sem ser batida, e tomada por esquadras de Sua Magestade Britannica, em tal caso, que o Grande Deos aparte de nós, deveriamos dar quasi por perdidas as nossas duas nações.

Sei que ha de ser da vontade do meu augusto Soberano, como mais vezes tenho dito a V. Ex.ª, que eu convenha com V. Ex.ª para a nossa mutua defensa; V. Ex.ª porá em pratica o que lhe dictarem as suas grandes luzes, e sabia prudencia; portanto, convindo com V. Ex.ª, refiro toda a responsabilidade para V. Ex.ª, mesmo servindo-me esta carta, no caso de algum triste acontecimento, para me defender na Real presença do meu augusto Soberano.

Tenho a honra de ser com a mais perfeita consideração, muito Honoravel Senhor — De V. Ex.ª muito obediente e fiel servo. — Conde de Sarzedas.

Goa, 7 de Julho de 1808.

Carta do Vice Rey da India ao Governador e Capitão Geral de Macau, recebida no 1.° de Outubro, para que permitta ás tropas inglezas que desembarquem ali

(Arch. do conselho ultramarino.)

Creio que já Vm.cê terá tido a certeza da retirada do nosso augusto Soberano o Principe Regente nosso Senhor para o Brazil na mais perfeita, antiga, e agora eterna amizade, e alliança com a nação ingleza, e da invasão de Portugal por exercitos francezes, e hespanhoes. Em consequencia remetto a Vm.cê a copia da minha proclamação inclusa [1]. Vm.cê deixará desembarcar sem duvida alguma as tropas britannicas que ahi chegarem, e as deixará entrar em todas as fortalezas, e postos que julgar conveniente o Commandante das ditas tropas, ficando Vm.cê na intelligencia que ás mesmas tropas pertence a inteira defensa desse estabelecimento. 1808 Julho 7

A tropa portugueza Vm.cê a fará recolher ao seu quartel, onde se deve conservar em socego; e no caso de ser tambem precisa, quando o Commandante das tropas inglezas o exigir, concorrerá tambem para os lugares que elle lhe distribuir.

Alem da artilharia que se acha nas fortalezas, se houver alguma de reserva nos armazens reaes, Vm.cê a entregará, quando lhe for pedida, assim como outras quaesquer munições de guerra, embarcações, e munições navaes pertencentes a Sua Alteza Real, Vm.cê as porá á disposição do mesmo Commandante das tropas britannicas para a necessaria defensa desse estabelecimento contra os Francezes, seus alliados, e dependentes.

Deos guarde a Vm.cê Goa, 7 de Julho de 1808.—Conde de Sarzedas.—Sr. Capitão de Mar e Guerra Bernardo Aleixo de Lemos e Faria, Governador e Capitão Geral de Macau.

[1] Vid. pag. 30 deste volume.

Proposta pessoalmente intimada pelo primeiro Sobrecarga e Chefe da Companhia ingleza, em nome do Almirante Drury ao Governador e Capitão Geral de Macau para o desembarque de tropas inglezas.

(Arch. do conselho ultramarino.)

1808 Setembro 12

Eu sou dirigido pelo Contra-Almirante Drury para tratar com V. Ex.ª, que elle he chegado a este estabelecimento para o fim de empregar as forças debaixo do seu commando na defensa de Macau contra o poder da França, e pôr todos os meios de segurança para o unico uso, e beneficio desta colonia de Sua Magestade Fidelissima, huma medida que he já explicada a S. Ex.ª pela carta que tem recebido do muito honrado Governador General das Indias Britannicas; e por isso he desnecessario repetir as infelizes circumstancias, que têem occorrido para o procedimento do Governo Britannico na precisa occasião, e de natureza que o Almirante Drury não póde entreter duvida mais, sobre a consideração de que a fidelidade, e attenção de V. Ex.ª ao seu amado Soberano durará para acquiescer na justa, e liberal proposta do muito honrado Governador Geral, para a sua inteira extensão, e de que o Almirante Drury assegura a V. Ex.ª que está prompto para este effeito, e que ao mesmo tempo elle deseja, de qualquer maneira, que lhe seja admissivel encontrar a V. Ex.ª, estando disposto para entrar em huma negociação pessoal, ou por escripto para o arranjo de algumas outras iguaes medidas, que podem ser consideradas mais uteis aos interesses do estabelecimento; julgando tambem necessario assegurar a V. Ex.ª, que ainda elle he extremamente desejoso que o dito arranjo venha a effeito da mais amigavel, e satisfactoria maneira, em consequencia das ordens que elle tem recebido, e que muito o obrigam. O Almirante Drury considera ultimamente necessario que S. Ex.ª e o Governador de Macau sejam dispostos para cooperar nas medidas que o Governo Britannico tem julgado declarar, para segurança deste estabelecimento que o commercio receberá protecção da mesma sorte que os vassallos britannicos; mas se o plano proposto ficar sem effeito, por qualquer procedimento da parte do Governo ou dos habitantes do logar, elle será com sentimento obrigado de seguir huma opposta conducta; notando-se igualmente que algumas medidas tomadas para produzir huma differença entre os Britannicos, e o Governo Chinez será considerado como hum hostil procedimento. 1808 Setembro 12

Carta do Almirante Drury ao Governador e Capitão Geral de Macau sobre a sua opposição ao desembarque das tropas inglezas

(Arch. do conselho ultramarino.)

A S. Ex.ª o Governador de Macau, etc.

Senhor. — Eu tive a honra de receber a resposta de V. Ex.ª á minha proposta entregue hontem por Mr. Roberts, Presidente da Selecta Comitiva de Sobrecargas. O objecto da minha missão para esta colonia com as navaes e militares forças debaixo do meu commando, V. Ex.ª tem sido já informado que era para o unico fim de defender, e segurar o estabelecimento de Macau de Sua Magestade Fidelissima contra os attentados da França, ou de quaesquer rebelliosos vassallos da mesma Senhora, que tenham usurpado o seu reino de Portugal, degradando a Real Familia, que se refugiou nos seus dominios da America do Sul, debaixo da protecção de huma força britannica. Eu tenho sómente de observar da parte da resposta de V. Ex.ª á minha proposta, que V. Ex.ª admitte a justiça das observações do Governador General das Indias Britannicas, e a liberalidade de suas propostas, ainda que sem algumas informações do vosso proprio Governador a respeito das infelizes occorrencias que têem tomado lugar, ou algumas instrucções para vossa guia na presente occasião. V. Ex.ª considera isto como totalmente 1808 Setembro 13

1808 Setembro 13 impraticavel á sua responsabilidade para innovar de alguma sorte na admissão das tropas auxiliares dentro do estabelecimento do seu Governo, e que ao mesmo tempo estará prompto a receber algumas proposições, em outra qualquer maneira que eu possa reflectir propria para prestar a julgada segurança de Macau; e que recebendo ordens de Goa para a admissão das tropas britannicas, V. Ex.ª será igualmente prompto em concorrer quanto estiver da sua parte. Como eu não posso entreter nenhuma duvida da lealdade, e sinceridade de V. Ex.ª, sou mais sensivel á sua delicada situação, e por isso peço licença para assegurar a V. Ex.ª que eu tenho todas as disposições em concordar com os seus desejos a respeito da admissão das tropas britannicas para segurança de Macau, ao extremo da extensão das minhas ordens; mas V. Ex.ª sabe que a extensão deve ser definitiva, e por isso he da minha obrigação observar que V. Ex.ª não póde ter nenhuma razoavel esperança de achar instrucções da Europa, ou do interrompido estado do Governo Portuguez do Brazil, onde a Real Familia de Portugal he já chegada, pois que nenhuma instrucção ou informação póde ser vista por V. Ex.ª sem hum longo tempo.

Os ultimos successos da Europa, que tem sido tanto sensivel ao vosso Soberano, he hum facto que deve de sua moral certeza ser estabelecido no entendimento de V. Ex.ª, emquanto aos altos graus da improbabilidade que V. Ex.ª póde ouvir officialmente por hum grande espaço de tempo do seu Governo; e nesta certeza eu não posso dilatar a execução das minhas ordens por huma só hora.

A respeito de V. Ex.ª esperar até receber ordens do Governador de Goa para a admissão das tropas britannicas em Macau, eu não terei objecção de demorar hum razoavel tempo, duvidando pouco que as ordens do Governador de Goa acompanharam os meus seguintes despachos de Bengala; comtudo como as circumstancias podem occorrer para occuparem Macau as tropas britannicas absolutamente necessarias para a sua preservação, eu devo desejar, e espero que occorrendo casos imprevistos, V. Ex.ª conhecerá que eu tambem faço hum imperioso serviço para segurança, e defeza de Macau; e sendo eu persuadido da lealdade, e honra de V. Ex.ª, terei grande prazer concedendo-me a honra de apresentar-me a V. Ex.ª, e haver huma conferencia pessoal sobre objecto de tanta importancia, e delicadeza. 1808 Setembro 13

Tenho a honra de ser com a mais alta consideração — De V. Ex.ª o mais obediente servidor. — W. O'B. Drury, Contra-Almirante da Bandeira Branca, e Commandante em chefe, etc., da esquadra de Sua Magestade Britannica nos mares da Asia.

Navio de Sua Magestade, *Russell*, na Franquia de Macau, 13 de Setembro de 1808.

Resposta do Governador de Macau ao Almirante Drury

(Arch. do conselho ultramarino.)

A S. Ex.ª o Sr. W. O'B. Drury, Almirante e Commandante em chefe das forças navaes de Sua Magestade Britannica na India. 1808 Setembro 14

Senhor. — Tive a distincta honra de receber a attenciosa carta que V. Ex.ª se servio dirigir-me em data de hontem, respondendo ao meu recado, resultante de outro que V. Ex.ª houve a bem intimar-me pelo Chefe da Selecta Deputação da Honoravel Companhia J. W. Roberts, em que V. Ex.ª depois de se fazer cargo das justas razões que me assistem para não poder receber auxilio estranho, e maior que a guarnição colonial, sem ordem superior que assim altere as minhas instrucções, com as Convenções que ligam esta Governança a Constituições sinicas, a qual sendo alcançada, me esforçaria em cooperar da maneira mais accommodada á responsabilidade a que me vincula hum lugar tão complicado, me assegura que o seu fim, como já tive a honra de ser informado, he deixar em segurança este estabelecimento contra o po-

1808 Setembro 14 der da França, ou facção de vassallos rebeldes que não reconheçam a Regencia de Sua Alteza Real o Principe meu Soberano no Brazil, para onde havendo passado a sua Côrte, não permittiriam taes acontecimentos a recepção de noticias officiaes, que, comtudo, V. Ex.ª me promette de Goa, com a declaração de que apesar de dever ter limite esta expectação pouco conforme ás instrucções de V. Ex.ª, assim mesmo se resolvia a esperar, na intelligencia de que occorrendo circumstancias que exijam a admissão das forças a cargo de V. Ex.ª, se conheceria a necessidade dellas, para preservar a Sua Alteza Real este estabelecimento; concluindo com a honrosa particularidade de querer conferenciar commigo sobre tão importante, e delicado assumpto.

Suppondo a V. Ex.ª certo da razão que me assiste, para que como subalterno não possa alterar as minhas instrucções, adquiro principios para lisonjear-me da acertada persuasão de V. Ex.ª, assim da lealdade com que desejo servir no emprego que tenho a honra de exercer, como do reconhecimento em que me acho dos grandes esforços de Sua Magestade Britannica a favor da independencia dos dominios de Sua Alteza Real, que sendo por todos reconhecido e de regencia desejada neste estabelecimento, fica cessando o receio de rebeldia em algum dos vassallos que têem a honra de viver sujeitos á sua Real Soberania, com a qual felizmente contam, assim como com a antiga alliança de Sua Magestade Britannica, para não esperar-se algum procedimento, que longe de concorrer para o socego da colonia, tenda a perturbal-a na execução das suas estreitas Convenções com os Chinas, em prejuizo do commercio de ambas as nações, principalmente da britannica, cujo giro e segurança V. Ex.ª tanto busca tornar estavel. E firmado nestes solidos principios, tanto mais justos quanto mais antigos têem sido os laços de amizade que subsistem entre as duas Corôas, não me fica escrupulo de que V. Ex.ª queira modificar as suas instrucções, esperando as ultimas ordens, assim como eu até agora tenho demorado a necessaria participação ao Governo Sinico da chegada e instrucções de V. Ex.ª, obrigado pelo respeito do caracter que lhe he proprio, alem daquelles vinculos que tanto clamam pelo arranjo de assumptos tão complicados e pouco faceis de fazer comprehender a povos de sua natureza desconfiados e altivos como os de que se compõe o Governo Imperial, a quem demorando aquella participação, he mais huma prova para demonstrar a V. Ex.ª a minha séria e premeditada reflexão para melhor intelligencia e cumprimento das instrucções que tenho e que possa vir a receber do superior Governo de Goa, que promoverei fazer que suppram as do Brazil, pelas difficuldades que V. Ex.ª aponta, ainda que recahe sobre ajustes approvados e mandados cumprir por determinações firmadas pelo real punho, tudo pelo desvanecimento em que me considero, da distincta honra e mais admiravel prudencia com que V. Ex.ª pretende modificar as suas deliberações, aliás de prompto effeito, quando aquelle conhecimento da razão e da justiça não acompanhassem a V. Ex.ª, que muito me lisonjeia em querer ter commigo huma pessoal conferencia, a que estou gostosamente disposto, menos por poder firmar qualquer convenção, para que me não acho auctorisado, que para ter a satisfação e prazer de aprender nos judiciosos discursos de V. Ex.ª aquelle meio que mais concorra para dissuadir a estes povos de qualquer escrupulo já principiado em 1802, e agora occasionado pela apparição de V. Ex.ª com as forças navaes que tem estacionadas na Franquia deste porto, e que parece fazer mais delicado o objecto da sua commissão, do que quaesquer occorrencias que façam suppôr a V. Ex.ª necessaria a occupação de Macau por tropas de linha, como porto cuja situação local tem mais a sua defeza em forças navaes que terrestres, que abundam no imperio da China, protector deste estabelecimento desde duzentos e tantos annos, sem a menor prova de ingratidão, nem a mais leve nota de infidelidade, facil agora de conceber-se por procedimentos que se não ajustem a principios tão solidos e remotos. 1808 Setembro 14

Espero pois que V. Ex.ª, olhando a coacção como manancial de disturbios bem de esperar, e não menos persuadido das razões apontadas, se servirá não imputar os seus resul-

1808 Setembro 14 tados a este Governo, pela falta de livre arbitrio e competente auctoridade para acquiescer á amplitude das intenções de V. Ex.ª, a quem, comtudo, desejarei ter occasiões em que possa mostrar o meu empenho pelo melhor effeito da importante commissão que lhe foi confiada, e que tanto manifesta o mesmo Ex.mo Lord Minto Governador e Capitão General de Bengala, de cujo porto tirando esta praça os principaes alentos do seu commercio, he de forçosa exigencia a reciprocidade por mim praticada para com todas as forças navaes e embarcações mercantes, que têem carecido da hospitalidade e ao diante della careçam, assim como V. Ex.ª, que de tudo tirará provas nada equivocas da minha constante vontade em prestar os meus serviços, para que mais brilhem a união das nossas nações e o particular disvelo de V. Ex.ª

Tenho a honra de ser, com a maior consideração e respeito — Senhor, De V. Ex.ª muito attento e fiel servidor — Bernardo Aleixo de Lemos e Faria. — Macau, 14 de Setembro de 1808.

Manifesto do Governador de Macau expondo as rasões por que não póde acceder ao desembarque das tropas inglezas

(Arch. do conselho ultramarino.)

1808 Setembro 15 Bernardo Aleixo de Lemos e Faria, Cavalleiro da Ordem de Aviz, Fidalgo Cavalleiro da Casa de Sua Alteza Real o Augusto Principe Regente nosso Senhor, Capitão de mar e guerra da Armada Real no departamento da marinha de Goa, e Governador e Capitão geral da cidade do nome de Deus de Macau na China, etc., etc.

Faço saber que no dia 10 de Setembro do corrente anno, surgindo em Franquia hum brigue de guerra de Sua Magestade Britannica, e no seguinte huma nau e huma fragata trazendo o Ex.mo Almirante Drury, Commandante em chefe das forças navaes do mesmo Soberano, me foi neste ultimo dia apresentada huma carta pelos primeiro e segundo Sobrecargas da Honoravel Companhia Ingleza J. W. Roberts e J. Pattle, remettida por segunda via pelo Ex.mo Lord Minto, Governador e Capitão General das possessões britannicas na India, em a qual, depois de me haver referido os desastres acontecidos na capital de Lisboa, com declaração da protecção que a consentimento de Sua Alteza Real o Principe Regente nosso Senhor havia prestado Sua Magestade Britannica a todas as restantes possessões portuguezas no Ultramar, sendo destes successos emanada a remessa de tropas a Goa, onde se haviam concordado os meios de defeza contra as intenções da França, faltando este estabelecimento, que sendo considerado de summa importancia para os interesses mercantis da mesma nação, se achava em iguaes circumstancias de ser guarnecido para opposição de quaesquer vistas do inimigo; e por isso S. Ex.a Lord Minto enviára hum destacamento a esta cidade, requerendo-me pelos laços de antiga amizade, que existem entre as duas Corôas Britannica e Portugueza, a sua admissão, e o necessario arranjo para verificar-se a segurança projectada, com protestação de ficar subsistindo a influencia desta Governança em todos os outros ramos no seu antigo estado. Nesse mesmo acto tive occasião de observar aos referidos dois encarregados e distinctos membros da Honoravel Companhia Ingleza, que reconhecendo os effeitos dos desastres verificados no continente da Europa e não menos a confidencia que Sua Alteza Real tinha justamente formado da antiga e constante alliança de Sua Magestade Britannica, para confiar-lhe a protecção de todos os seus estabelecimentos ultramarinos; e sendo-me ao mesmo tempo bem firme a idéa de que tão antigos e leaes vinculos, não permittindo esforços que possam distrahir aquella mesma independencia que se busca pôr em segurança, não admittiriam acto algum que me violentasse a huma permissão maior que a minha auctoridade, lhes declarei que sem ordem superior eu não podia admittir huma guarnição

1808 Setembro 15

1808 Setembro 15 que, ainda na justa idéa da verdadeira amizade, fica sendo maior que a colonial, não podendo determinar-se nenhum arranjo, porque pela falta de poderes ficaria sendo nullo, assim como opposto á Convenção que esta Governança tem firmado para com o Governo Sinico, alem de outras antigas, a mesma de 1802, por igual occasião da vinda de tropas britannicas, que os superiores Governos tendo mandado respeitar, seria abusivo interrompel-as de meu proprio arbitrio; esperando que, satisfeitos desta resposta bem accommodada ás actuaes circumstancias, mudassem de hum plano que, longe de trazer o socego, e segurança do porto da China, tão util ao commercio britannico, poderia trazer perturbações em prejuizo de ambas as nações, pelo caracter firme e constantemente seguido pelos Chinas, de não admittirem novidades, com que possam julgar menos segura a sua independencia, e maior influencia em hum paiz a que dão o nome de parte dos seus dominios. Novos actos comtudo me dissuadem desta persuasão, que eu julgava tanto mais firme quanto mais apoiado em principios obvios e justissimos, porquanto pelo mesmo Chefe da Honoravel Companhia J. W. Roberts me foi apresentada huma nova instancia da parte do Ex.mo Almirante Drury para admittir as tropas britannicas, julgando as necessarias á guarnição para preservar a Sua Alteza Real este estabelecimento contra o poder da França, compromettendo-se á mais segura protecção do commercio da praça e suas maritimas operações, com a final intimação de ser differente o seu procedimento, quando aquella admissão não tivesse logar, ou se promovesse alguma intriga para com o Governo Sinico, chamando hostil qualquer igual comportamento. Firme nos mesmos principios de não poder alterar as minhas instrucções, lhe assegurei a immutabilidade do meu modo de pensar conforme as minhas responsabilidades, e deste publico que eu não suppunha désse causa a ser atropellado no socego que gosa neste continente desde duzentos e tantos annos, principalmente por huma nação cuja alliança he designada pelo mesmo Soberano o Principe Regente nosso Senhor a mais antiga e leal; porém que a ter logar não esperado aquella intimação ameaçadora, não seria de admirar em mim hum procedimento contrario, mas conforme á defeza que a todos permitte o direito natural e constantemente seguido pelas nações civilisadas, por mim applicado até os limites das possibilidades de hum estabelecimento que sempre gosou a paz e socego, e mereceu ser respeitado na sua policia por todas as nações que têem delle carecido para suas proprias utilidades, descançando á sombra da bandeira Portugueza, a quem sómente deveram hum tal abrigo, parecendo-lhe suaves as durezas, que então admittindo, agora chamaram insupportaveis; concluindo que o meu sacrificio pela execução da lei do meu Soberano o Principe Regente me era menos sensivel que o firmar-se idéas de concorrencias para algum procedimento que possa trazer comsigo a restricção dos seus direitos magestaticos. 1808 Setembro 15

Nem assim cessaram as instancias, porque no dia 13, depois de ver que as forças navaes de Sua Magestade Britannica, compostas de huma nau, huma fragata e hum brigue, alem de huma galera e outro brigue armados e pertencentes á Companhia, aqui introduzidos com a declaração de empregados em descobertas do ancoradouro de Lentão, se tinha aproximado, buscando pôr-se em parallelo com a Praia Grande, me foi apresentada huma carta do Exmo Almirante Drury, em que, depois de se fazer cargo das minhas respostas, me declarava quasi impossivel a recepção de noticias officiaes do Brazil, resolvendo-se comtudo a esperar as de Goa, que julgava acompanhariam os seus primeiros officios de Bengala, fazendo-me mais ver que não só pretendia segurar o estabelecimento das forças francezas, mas ainda de quaesquer vassallos rebeldes que não conheciam a regencia de Sua Alteza Real estante no Brazil com a sua Real Familia, concluindo com a declaração de querer ter commigo huma conferencia sobre assumptos tão importantes.

Reconheci-me grato ás suas intenções e do seu Governo, protestando-lhe pela lealdade minha e desta cidade inteira ao nome da Real Pessoa e regencia do Principe Regente nosso Senhor, em qualquer parte onde as suas circumstan-

1808 Setembro 15 cias, por infelicidade da nação Portugueza, o tenham arrastado, não me negando á entrevista com S. Ex.ª o Almirante Drury, menos que fosse para entrar em qualquer negociação para que me não achava auctorisado, salvo por violencia, cujos effeitos me não seriam imputaveis pela falta de livre arbitrio, e mais devida á mesma coacção, não esperada da parte de S. Ex.ª pelo conhecimento dos vinculos que atam esta Governança ao poder do Imperio, que augmentando o seu escrupulo de 1802, renovado presentemente, será inflexivel a qualquer interrupção dos seus estylos, em prejuizo de ambas as nações, contra o fim da mesma expedição, que he garantir o seu giro, e a independencia da Real Casa de Bragança nesta parte do mundo, onde eu tenho o mais lisonjeiro prazer de observar amada e reconhecida a mesma Real Casa desde a sua restauração em 1640, merecendo ao Senhor Rei D. João IV, de gloriosa memoria, o epitheto que se conserva em seus principaes edificios, de «cidade mais leal», para gloria dos descendentes daquelles antigos moradores, que até enviaram seus navios, dinheiros e munições de guerra, pelo indefectivel zêlo de alcançarem a regencia de tão Real Casa, atropellada por tão grande espaço de tempo.

Tive com effeito huma entrevista demorada com o mesmo Ex.mo Almirante Drury em particular, acompanhado do Chefe da Honoravel Companhia J. W. Roberts, em que nos termos da mais premeditada civilidade e prudencia lhe apresentei não nascer a minha difficuldade em estar pelas suas instancias de desconfianças nas intenções de Sua Magestade Britannica, e sim de não poder salvar as minhas responsabilidades no consentimento de huma guarnição maior que a colonial, em que, havendo restricção da independencia da Real Soberania, não podia reconhecer que outro mais que o mesmo Soberano o podesse permittir, principalmente em hum estabelecimento complicado com o Governo Sinico, a quem não podia já continuar na dilação da parte, a que me tinha obrigado o respeito de alliança e obsequio de S. Ex.ª, que reconhecendo os limites da minha auctoridade e do territorio, não se serviria ordenar algum acto que o violentasse, e promovesse a natural defeza da minha parte, em grande prejuizo de ambas as nações, e talvez com effusão de sangue bem inutil e desnecessaria, mas conforme aos meus licitos deveres. Conveio na espera, e teve a occasião de ver a simples participação official ao Governo Sinico, em que apenas aponto a sua chegada com aquellas vistas; mas concluiu despedindo-se na firme resolução de que, demorando-se as ordens de Goa, ou occorrendo circumstancias que fizessem chamar as suas forças navaes a outra parte, ou ainda havendo receios de ataque, necessariamente faria occupar Macau pelas suas tropas para melhor preservação do estabelecimento de Sua Alteza Real. Vendo, pois, por hum lado, que todos os esforços da mais estudada prudencia e reflexão são baldados para divisar hum prospero resultado, e em que, illesa a minha responsabilidade, unico objecto da minha maior coalisão, eu possa julgar estavel o socego publico, infelizmente constrangido pelo maior e mais antigo alliado da Real Familia reinante com forças maiores que as do meu commando; e por outro, que sendo-me impraticavel o recurso a superiores instancias em tão criticas circumstancias, me he do mesmo modo impossivel demorar por mais tempo a participação ao Governo Sinico, que pela qualidade de protector em hum estabelecimento fundado por sua propria connexão, nos seus dominios, e por que recebe feudo a contento do Soberano, não póde deixar de ser ouvido em falta daquelle recurso, conforme os estylos constantemente adoptados, e principalmente segundo a nova Convenção de 1802, já referida, sou obrigado a fazer a participação ao mesmo Governo nos termos sobreditos, e o farei em toda a sua extensão, não obstante ver quão tristes ficarão sendo a todos as suas usuaes providencias, isto, quando da parte do mesmo Exmo Almirante não cessem as instancias da admissão das suas tropas; tomando como acto hostil todo o procedimento, debaixo de qualquer pretexto indicado, que concorra para se verificar o desembarque declarado, que nesse caso farei applicavel a defeza até os limites da minha possibilidade, para conservar sem alteração, que me he estreitamente re-

1808 Setembro 15

1808 Setembro 15 commendada, aquella parte da soberana auctoridade que tive a honra de me ser confiada, protestando, como protesto, contra taes não esperados procedimentos, cuja responsabilidade ficará recahindo sobre os auctores de qualquer violação, bem persuadido de que a razão e justiça que me assiste, promoverá a bem da causa publica o zêlo e disvelo de huma cidade que tanta gloria tem dado á nação Portugueza na sua não interrompida possessão, sendo este intimado para mais claro conhecimento da sua intelligencia a quem for proprio e preciso.

Macau, 15 de Setembro de 1808. — Bernardo Aleixo de Lemos e Faria.

Chapa do procurador da cidade de Macau aos Mandarins de Hiang-xam, e de Casa Branca, participando-lhes a chegada de forças navaes inglezas

(Arch. do conselho ultramarino.)

Eu o Procurador da cidade faço saber a V. M.ce Sr. Mandarim de Hiang-xam e ao da Casa Branca, que nos dias 10 e 11 do corrente surgiram em Franquia huma nau, huma fragata e hum brigue, tudo de guerra, pertencentes á nação ingleza, commandados pelo Ex.mo Almirante Drury, Commandante em chefe das forças navaes de Sua Magestade Britannica nos mares da Asia, pelo qual nos foi enviada huma carta do Ex.mo Governador e Capitão General de todas as possessões britannicas da India a fazer-nos saber que o mesmo Ex.mo Almirante Drury se dirigia a este porto, segundo as intenções do seu Soberano Sua Magestade Britannica, antigo alliado da Corôa de Portugal, trazendo tropas para guarnecer e defender esta colonia contra quaesquer vistas dos Francezes, ou outros dos do seu partido, que acaba de usurpar o reino de Portugal não reconhecendo a Real Familia do Principe Regente nosso Senhor, que se foi fugiar nos seus Estados da America, assegurando-nos não passarem dos limites de defeza nos referidos termos; e porque este desembarque involve as Convenções que vinculam esta Governança á Celestial Dynastia do Imperio, sou obrigado a fazer a V. M.cê esta participação, para que seja posta na respeitavel presença de S. Ex.ª o Suntó de Cantão, em conformidade das mesmas Convenções. 1808 Setembro 15

Macau, 15 de Setembro de 1808.

N. B. Remettida depois de vista e approvada pelo Almirante Drury, Chefe da expedição, com as alterações que elle lembrou, juntos o primeiro Sobrecarga J. W. Roberts, Desembargador Joaquim Antonio Milner, que servia de interprete á conferencia, com o Governador Bernardo Aleixo de Lemos e Faria.

Carta do Governador de Macau ao conselho da selecta Companhia Ingleza, remettendo-lhe o manifesto

(Arch. do conselho ultramarino.)

Senhor J. W. Roberts e mais Senhores do Selecto Conselho da Honoravel Companhia Britannica na China. 1808 Setembro 16

Honoraveis Senhores. — Sendo por hum lado certo o conhecimento que deve acompanhar esse Selecto Conselho, da complicação dos negocios da sua Honoravel Companhia, quando haja algum procedimento da parte do Ex.mo Almirante Drury que innove os costumes constantemente seguidos neste estabelecimento, e conforme a huma protestação que esta cidade foi de novo obrigada a firmar no anno de 1802, em pleno Conselho dos seus cidadãos, cuja copia authentica offereço no documento letra A, de não admittir auxilio algum de nação estrangeira; e por outro, sendo igualmente certo que a esse Selecto Conselho, segundo a carta do Ex.mo Governador e Capitão General das possessões britan-

1808 Setembro 16

nicas na India, foi tambem communicada esta tão delicada commissão para fazer as representações que podessem occorrer na sua execução, he do meu dever significar-lhe, que no caso não esperado de continuarem as mesmas instancias para a admissão das tropas britannicas, sem ordem formal que auctorise, ou fôr commettido algum acto de violação ao territorio, que ponha em desassocego este publico, farei pôr em execução o que no protesto junto declaro, que he dar como hostis aquelles actos, e nesse caso, por justo effeito das mesmas Convenções, manifestal-os ao Governo Sinico em toda a sua extensão, applicando todos os meios da natural defeza; intimando-lhe o mesmo protesto, pela firme idéa em que me acho, de que os interesses da Honoravel Companhia, sendo tanto a cargo desse Selecto Conselho, não podem deixar de instar pela sua attenção e esforços, para se não verificar hum plano tão contrario aos mesmos interesses no tempo do seu maior giro, contrario tambem aos vinculos que nos atam com aquelle Governo, e finalmente contrario aos laços da mais antiga e cordeal amizade que subsistem entre as duas Corôas, e que tanto repugnam a taes procedimentos contra os vassallos fieis, que se gloriam de reconhecer a Real Casa de Bragança desde a sua restauração em tempos igualmente calamitosos, dando-se por intimado com a recepção deste officio, cuja copia e dos documentos inclusos, espero sejam postos na presença do Exmo Almirante, assim como eu terei a honra de os enviar ao Exmo Lord Minto Governador General de todas as possessões britannicas.

Tenho a honra de ser com muita consideração — Honoraveis Senhores, o mais attento e obsequioso servidor — Bernardo Aleixo de Lemos e Faria—Macau, 16 de Setembro de 1808.

Resposta do Mandarim de Casa Branca á Chapa do Procurador da cidade de Macau, dizendo-lhe que não consente que os inglezes desembarquem

(Arch. do conselho ultramarino.)

Eu o Mandarim Kiuinmin-fú interino, por appellido Shiaung, por esta faço saber a vós, Procurador de Macau, que ao presente recebi a vossa chapa em que me déstes parte de como á Franquia dessa cidade haviam chegado navios de guerra inglezes, e que o Almirante dos mesmos vos assegurava não passar dos limites da defeza, sem alguma outra tenção. Mas que vós Procurador, considerando que o desembarque de tropas implicaria com as Convenções, me fazeis sciente por chapa, para eu o participar aos superiores, e lhe constar, etc. 1808 Setembro 17

Em consequencia desta vossa participação, e sendo constante que este pequeno territorio de Macau foi por beneficio e piedade da Celestial Dynastia da China concedido aos Portuguezes, os quaes ha centenas, e alguns annos mais nelle habitam em paz, e concordia sem novidade, aos navios de guerra dos reinos estrangeiros, que veem a Cantão, sómente he permittido o surgirem na Franquia de Ki King; mas elles não podem absolutamente entrar a seu arbitrio em Macau, e ahi residirem, sem infracção das ordenanças estabelecidas, o que assim desde muito tempo se tem observado, como he constante no cartorio.

Agora, emquanto ao que na vossa chapa dizeis, que segundo a declaração do Almirante da esquadra de guerra ingleza elle assegura vir sómente a fim de guarnecer, e defender Macau, sem alguma outra tenção; se he ou não assim, ou se nisto ha algum dolo, ou occulta cavillação, tudo poderá ser. He preciso, pois, estar álerta, e observar secretamente os seus movimentos. Para cujo fim vos recommendo que, em esta chegando á vossa mão, tomeis cuidado em vos pre-

1808 Setembro 17 venir para que elles se não introduzam a seu arbitrio, por qualquer modo que seja, no territorio de Macau a occasionar desordens. Mas se vós os não puderdes embaraçar, e elles destemidamente entrarem em Macau, e ahi quizerem residir, então vós immediatamente, e com a rapidez de huma exhalação me fareis sciente por chapa, para que com vosso testemunho eu possa instantaneamente dar parte ao Exmo Suntó, o qual ideará a maneira de tratar este negocio.

Entretanto vós com todo o segredo explorae os movimentos do dito Almirante, e delles com exactidão, e verdade me fazei promptamente sabedor por chapa. Haja vigilancia, e não olheis para este negocio como para huma bagatella.

Alem do sobredito, tambem vos recommendo que, fazendo outra vez as mais exactas indagações, suppraes tudo com huma outra chapa, devendo nella ser corrigidas as duas letras Ciang Kium (Almirante), escrevendo em seu lugar Ping-tou (cabeça dos soldados), e as letras Kuo-hen (Rainha) e Fai-çu (Principe) devem ser substituidas por estas Vang Çú-mõ (Regis filius et mater), para que deste modo se possa a chapa apresentar aos Superiores.

Sem a minima demora, e com a rapidez do fogo, e do vôo.

Anno 13.º do Imperador Kiá King, aos 27 dias da setima lua. (Dia 17 de Setembro de 1808.)

Resposta do Mandarim de Hiang-xam á Chapa do Procurador da cidade de Macau, para que mande intimar o Almirante inglez para se retirar

(Arch. do conselho ultramarino.)

Eu o Mandarim Governador da Villa de Hiang-xam, por
1808 Setembro 19 appellido Pong, por esta vos faço saber que recebi a vossa, em que me participaes que em consequencia de haverem os Francezes invadido, e apoderado-se do Reino de Portugal, e constrangido o vosso Rey a retirar-se para os seus Estados

da America; e que sendo o Rey de Inglaterra perpetuo alliado de Portugal, para obstar a que os mesmos Francezes se apoderassem tambem de Macau vieram os seus navios de guerra com o Commandante Drury, para de commum accordo com os Portuguezes prevenirem a sua vinda, e defenderem a cidade, etc. 1808 Setembro 19

Á vista de cuja chapa eu tenho este negocio por incongruente, e fóra da razão. Porquanto, sendo o territorio de Macau do dominio do grande Imperador da Celestial Dynastia da China, o qual apiedando-se de vós, que de tão longe viestes commerciar á China, vol-o concedeu para nelle habitardes; ainda que os Francezes pequenos estrangeiros de alem dos mares tenham invadido com soldados o vosso Reino, poderiam elles porventura atrever-se a infringir as leis da Celestial Dynastia, e virem a Macau molestar-vos? Alem disto esta villa está situada em pouca distancia da metropole de Cantão; portanto, em tal caso, se elles intentassem alguma violencia, eu daria immediatamente parte aos Mandarins grandes, os quaes destacariam logo hum grande corpo de tropas, que os expulsariam no mesmo instante de Macau. Que necessidade pois ha de se servir de navios inglezes para vos ajudarem a defender?

Eu tenho já expedido parte aos Ex.^{mos} Mandarins grandes de tudo quanto acabaes de me representar; alem do que devo tambem dirigir-vos esta, recommendando-vos com toda a efficacia intimeis logo ordem ao sobredito Commandante para que sem perda de tempo se retire da Franquia da cidade, onde lhe não he licito demorar-se surto; mando-vos ao mesmo tempo guarnecer as fortalezas todas com soldados, e tendo da vossa parte de dia, e de noite toda a vigilancia. Porém se ousardes permittir aos Inglezes o desembarque das suas tropas, ainda que seja de hum só soldado, eu farei para logo aviso aos Mandarins grandes, que procederão contra vós com todo o rigor, e sem indulgencia alguma.

Especial mandado.

Anno 13.º de Kiá King, aos vinte e nove dias da setima lua. (Dia 19 de Setembro de 1808.)

Resposta do Procurador da cidade de Macau á Chapa do Mandarim de Hiang-xam, participando-lhe que os inglezes insistem em occupar a cidade

(Arch. do conselho ultramarino.)

1808 Setembro 19 Recebi a vossa chapa datada de 29 da setima lua, pela qual annunciaes não dever consentir a entrada das tropas britannicas, tornando-nos responsaveis quando consintâmos no seu desembarque; e porque neste momento acaba de receber o Sr. Governador huma intimação da parte do Almirante, em que diz que, á vista da nossa opposição, fundada nos nossos deveres, elle passa a fazer occupar Macau pelos seus soldados e marinheiros á força de bayoneta, querendo que sejamos responsaveis pelos resultados de hum acto de violação da sua mesma parte, aquella inesperada intimação passa a ser conferenciada em Conselho, onde penso que não haverá o mais leve desejo de infringir as Constituições Imperiaes, e os nossos proprios deveres, entretanto que a vossa resposta já foi intimada aos Sobrecargas da Companhia ingleza; porém como já este assumpto está em termos de ter immediatas consequencias, sem duvida as mais funestas, mas que toda a nossa vontade não poderá evitar, dispostos sem duvida para a defeza, eu vol-o participo, para que, sem perda de tempo, hajaes de promover as providencias as mais efficazes para obstar a taes violações, em que não temos a mais leve parte.

Continuarei com os avisos segundo as occorrencias, sem a minima demora, porque estamos ameaçados tambem sem demora, e até já vindo as embarcações que trazem os officiaes com bandeira branca para denotar tregoa.

Macau, 19 de Setembro de 1808.

Carta do Almirante Drury ao Governador de Macau, declarando que terá de occupar a cidade á ponta de baioneta, se não annuirem ao desembarque

(Arch. do conselho ultramarino.)

A S. Ex.ª o Governador de Macau, etc.

Senhor. — Como os justos, e liberaes offerecimentos do Honoravel Lord Minto, Governador General das Indias Britannicas, teem sido rejeitados por hum perverso abandono da lealdade, e deveres do Governo de Macau; e os mais amigaveis, e convenientes esforços da nossa parte teem sido igualmente baldados, ainda que notoria, e evidentemente feitos com a unica vista de assegurar á Real Familia de Portugal o estabelecimento de Macau da invasão dos inimigos do seu Soberano, e da sua cidade; e desejando summamente entreter a amigavel intelligencia que existe entre a nação britannica, e o Governo Sinico, he com o mais agudo sentimento que nós somos arrastados pela injustificavel conducta do Governo de Macau á triste necessidade de tomar medidas, pelas quaes os vassallos da China podem soffrer; porém, como a injustificavel conducta do Governo de Macau he disto a causa, he elle meramente responsavel por todas as miserias, e infelicidades que possam sobrevir, e pelas quaes esse Governo deve ser responsavel assim ao Governo Sinico, como perante o tribunal do seu Soberano.

1808 Setembro 19

Nós nos vemos agora reduzidos ao penoso extremo de informar a V. Ex.ª que diariamente esperâmos a chegada do momento em que a occupação de Macau pelas tropas britannicas ha de ser indispensavel, e de que he a nossa intenção, que, quando este momento chegue de desembarcar os soldados e marinheiros debaixo do nosso commando e tomar possessões á ponta de bayoneta, sem mais alguma outra communicação com V. Ex.ª ou com o Governo de Macau, hei de considerar qualquer especie de opposição como directa rebellião.

1808 Setembro 19 Para evitar a triste consequencia da tormenta causada por soldados e marinheiros raivosos, V. Ex.ª e o Governo de Macau teem em seu poder o remedio, pela immediata admissão de hum destacamento de tropas britannicas para assistir a V. Ex.ª e ás tropas Portuguezas em defeza da Corôa de Portugal.

A resposta de V. Ex.ª se espera com a demora mais pequena possivel.

Temos a honra de ser, de V. Ex.ª obedientes creados — W.ᵐ O'B. Drury, Almirante da Bandeira Branca, Commandante em chefe das forças britannicas de Sua Magestade nos mares de Leste. — Th. Robertson, Capitão engenheiro, Commandante das tropas.

Navio *Russell* de Sua Magestade Britannica, 19 de Setembro de 1808.

P. S. Esta notificação será entregue a V. Ex.ª pelo Honoravel Capitão W.ᵐ Pekanham da marinha, e Capitão Pearcy da artilharia.

Carta do Almirante Drury ao Suntó de Cantão, participando-lhe a sua chegada a Macau com o fim de proteger a cidade contra os francezes

(Arch. do conselho ultramarino.)

Eu Guilherme O'B. Drury, Almirante da Bandeira Branca Commandante das forças navaes de Sua Magestade o Rei da Gram Bretanha nos mares de Leste.

Por esta faço saber ao Ex.ᵐᵒ Suntó de Cantão, que ao presente, em consequencia de haverem os Francezes invadido e apoderado-se do reino do Portugal, obrigando o Principe Regente daquelle reino, com toda a sua Real Familia, a abandonar o reino e ir refugiar-se nos seus Estados da America do sul, o meu Soberano, pérpetuo alliado daquelle Principe,

considerando a semrazão com que elle, sem motivo algum, 1808
foi pelos francezes perseguido; e desejando proteger e con- Setembro 19
servar para o mesmo Principe os seus dominios e possessões ultramarinas, alem de o ter salvado do poder dos francezes e feito conduzir com segurança para a America, onde o deixou em paz com huma esquadra de navios, para alli o proteger e defender dos seus inimigos; vendo tambem a desmedida ambição dos francezes, que aspiravam a apoderar-se de todas as colonias daquelle reino, me ordenou as protegesse com a esquadra do meu commando.

Em consequencia, eu me tenho dirigido a Macau com alguns navios e tropas para amparar e defender esta cidade, e proteger outrosim os navios mercantes da minha nação que vem commerciar a Cantão, e repellir deste modo as violencias daquella nação inimiga do genero humano, a qual aliás já se teria introduzido em Manilla, e nos teria desde alli causado gravissimos prejuizos, pois ha muito tempo que elles ambicionam de todo o seu coração apossar-se de Macau.

Ao presente o pequeno auxilio de alguns soldados, para de accordo com os Portuguezes defenderem a cidade de Macau, não póde ser por V. Ex.ª desapprovado, antes espero que para a sua residencia neste paiz V. Ex.ª ha de concorrer, porquanto a infeliz situação em que os francezes teem posto o Principe Regente de Portugal, o impossibilita de soccorrer de alguma maneira esta cidade, e por isso o meu Soberano não póde deixar de lhe enviar este auxilio de navios e soldados.

Eu daqui a poucos dias devo ir com a minha esquadra dar caça aos francezes: entretanto mando desembarcar alguns dos soldados para ficarem residindo na defensa desta cidade, os quaes comtudo serão mandados reconduzir logo que cesse a causa da sua vinda. Esta pequena tropa he bem disciplinada, e não ousará fazer disturbio algum n'este paiz, nem causar detrimento a pessoa alguma.

O Governo do meu reino tem sido informado de estarem as costas da China infestadas de infinitos piratas maritimos, os quaes de dia em dia vão em crescimento, perturbando

1808 Setembro 19 com destemida animosidade o commercio maritimo, tanto dos Chinas como dos Europeus, que delles teem soffrido grandes prejuizos; e portanto eu tenho sido encarregado de offerecer os meus soldados e marinheiros á Celestial Dynastia Chineza para cooperar de commum accôrdo á extincção dos ditos piratas. A diligencia destas forças debaixo da direcção e instrucções de V. Ex.ª fará com que eu possa assegurar a V. Ex.ª que em breve tempo os piratas maritimos serão todos extinctos.

He da minha obrigação patentear a V. Ex.ª o disvello com que o meu Soberano se esmera em promover a harmonia entre o povo chinez e inglez, de que ambas as nações poderão tirar reciproca utilidade. Para este fim desejava que V. Ex.ª me concedêra huma pessoal conferencia, a fim de lhe expôr o que me resta ainda por manifestar a V. Ex.ª, e as rectas intenções do meu Monarcha.

Dirigida a S. Ex.ª o Suntó de Cantão por Guilherme O'B. Drury, Almirante das armadas de Sua Magestade Britannica, a bordo na nau *Russell*, surta na Franquia de Ki-King, aos 19 dias do mez de Setembro do anno ou era ingleza 1808.

Anno 13.º Imperador KiáKing, 29 dias da setima lua.

Resposta do Governador de Macau ao Almirante Drury para que auctorise pessoa que possa tratar da pretensão do desembarque da tropa ingleza

(Arch. do conselho ultramarino.)

1808 Setembro 20 A S. Ex.ª Sr. W.^m O'B. Drury, Almirante e Commandante das forças navaes de Sua Magestade Britannica na India.

Senhor.— Pelos Officiaes Wm Pekanham e Pearcy me foi intimada ás oito horas da manhã a notificação de V. Ex.ª, datada de hoje, pela qual tomando V. Ex.ª como perversa a conducta deste Governo para com a admissão da guarnição que V. Ex.ª commanda, declara que o mesmo Governo será responsavel pelos resultados da sua entrada á força de bayoneta, declarando como acto de hostilidade qualquer opposição da minha parte á referida entrada, que V. Ex.ª só julgava poder modificar, quando houvesse admissão a hum destacamento que V. Ex.ª offerecia para assistencia deste Governo e das tropas Portuguezas em defeza desta colonia. 1810 Setembro 20

Ao judicioso caracter de V. Ex.ª eu me persuado faria injuria, se quizesse acreditar que V. Ex.ª, em vista das razões juridicas que tive a honra de ponderar-lhe e á Selecta Deputação da Companhia, caracterizasse esta Governança de mal intencionada no cumprimento de deveres de que não póde desligar-se, e que mais me persuado, eu tenho modificado para continuar na união que subsiste entre as nossas Corôas e me he tão recommendada. E sendo esta mesma a que mais me obriga, pelo esforço de acudir a verificar a independencia da Real Familia reinante neste estabelecimento, ponderei em pleno Conselho a intimação de V. Ex.ª, e ahi sendo bem reflexionada a ultima parte da mesma carta, em que declara cessará o desembarque da guarnição, admittindo-se a assistencia das suas tropas para se unirem ás do meu commando, me fica a idéa de que V. Ex.ª se servirá declarar aquella assistencia, commissionando pessoa que possa tratar o arranjo da mesma tropa de huma maneira que nem fique escrupulo de que as intenções britannicas são segurar o estabelecimento para Sua Alteza Real, nem haja logar a disturbio com o Governo Sinico, que tanto póde influir nos interesses da Honoravel Companhia, alem da ruina total deste estabelecimento, ameaçada hoje pelos Mandarins do districto.

Tenho a honra de ser com a maior consideração, senhor — de V. Ex.ª muito attento e obsequioso servidor — Bernardo Aleixo de Lemos e Faria.

Macau, 20 de Setembro de 1808.

Carta do Governador de Macau ao Conselho da Companhia ingleza, remettendo-lhe a carta do interprete da cidade sobre a repugnancia do Governo da China na introducção de tropas inglezas.

(Arch. do conselho ultramarino.)

1808 Setembro 20

Sr. J. Wm Roberts e mais srs. do Selecto Conselho da Honoravel Companhia Britannica na China.

Honoraveis Senhores.—Para não deixar em escuro o meu desvelo em prevenir os prejuizos indispensaveis de ambas as nações Portugueza e Britannica, tão estreitamente alliadas pelos laços da mais fiel amizade, remetto nesta, por continuação do meu protesto, a esse Selecto Conselho, que de novo repito, a propria carta do interprete da cidade, na qual em summa se conhece a repugnancia do Governo da China na introducção de tropas inglezas nesta colonia, alem da minha responsabilidade já manifestada, por falta de ordem superior que altere para isto as minhas instrucções; e porque a mesma chapa pede que seja presente ao Exmo Almirante, eu rogo que lhe seja promptamente enviada, no emtanto que passo em Conselho desta Governança a conferenciar o assumpto da inesperada intimação que acabo de receber do mesmo Exmo Almirante, a quem terei a honra de responder no tempo mais breve que me for possivel.

Tenho a honra de ser com muita consideração, honoraveis senhores—o mais attento e obsequioso servidor — Bernardo Aleixo de Lemos e Faria.

Macau, 20 de Setembro de 1808.

Carta do Almirante Drury ao Governador de Macau, participando-lhe que envia dois officiaes para tratarem do desembarque da tropa ingleza

(Arch. do conselho ultramarino.)

A S. Ex.ª o Governador de Macau.

Senhor.—Eu tenho a honra de reconhecer o recebimento da carta de V. Ex.ª de 20 de Setembro, em que me informa da sabia e leal determinação do Governo de Macau, afim de admittir hum destacamento de tropas britannicas para assistir á defeza desse estabelecimento: peço licença da asseverar a V. Ex.ª da grande felicidade que me causa o ver que a amizade que ha tanto tempo tem unido os nossos Soberanos não he quebrada, e que eu terei a satisfação de entrar em Macau como hum sincero amigo. 1808 Setembro 21

Eu peço tambem licença de congratular V. Ex.ª nesta occasião, e de asseverar que nas tropas britannicas encontrará V. Ex.ª obediencia e respeito para supportar a inclinação do serviço.

Capitão Robertson, Commandante das tropas, e Capitão Caulfield, meu Capitão, terão a honra de apresentar-se a V. Ex.ª esta manhã bem cedo, anticipando ao desembarque do destacamento das tropas britannicas, para encontrar os arranjos que V. Ex.ª possa julgar proprios fazer para a sua recepção e a conducção.

Eu tenho a honra de ser com a mais alta consideração e respeito, de V. Ex.ª o mais obediente e humilde servidor — W.ᵐ O'B. Drury, Contra-Almirante da Bandeira Branca e Commandante em chefe, etc., etc.

Navio *Russell* de Sua Magestade Britannica em Franquia de Macau, 21 de Setembro de 1808.

Primeiros artigos da Convenção feitos pelo Desembargador Ouvidor, e regeitados alguns pelos officiaes inglezes

(Arch. do conselho ultramarino.)

I

1808 Setembro

Que a policia do paiz em todos os ramos da sua extensão, tanto pelo que pertence ao seu dominante culto, como ao seu commercio, estabelecimentos religiosos, civis e da fazenda, ficará no seu antigo estado.

II

Que os crimes commettidos contra Chinas seguirão o mesmo julgado estabelecido.

III

Que as tropas britannicas não passarão do numero das que guarnecem esta cidade, até á recepção de ordem superior que possa alterar este accôrdo.

(Proposto pelo Desembargador Ouvidor e rejeitado pelos Deputados inglezes.)

IV

Que as ditas tropas se terão como unidas ás nacionaes para o effeito de serem reguladas pelo mesmo plano, debaixo das ordens do Governo, que as fará accommodar ao melhor estado de defeza, combinando com o Commandante das tropas britannicas o que fôr carecendo de nova accommodação.

V

Que as tropas britannicas não se moverão, nem terão alguma alteração, sem consentimento do Governo, apresentando-se-lhe os mappas das alterações, e devendo ser os uniformes como os da guarnição de Macau.

(Rejeitado na fórma referida.)

VI

Que as fortalezas não serão guarnecidas pelas tropas britannicas senão no momento em que os indicios de ataque se apresentem, combinando o plano de defeza e sua direcção pelo Governo da cidade. 1808 Setembro

(Rejeitado na maneira referida.)

VII

Que nenhuma outra bandeira será arvorada alem da bandeira Portugueza, ainda que as fortificações poderão ser reparadas e munidas com petrechos, segundo requer o Commandante Official das tropas britannicas, e se julgar necessario depois de hum exame de pessoas apontadas pelo Governador para este fim; comtudo as munições e petrechos trazidos pela tropa britannica ficarão guardados nos armazens publicos debaixo da direcção do Governador. O armazem será guardado por tropa nacional, porém se dará permissão a todo o tempo ás tropas britannicas para limpar e vigiar a sua preservação, não sendo permittido a cada soldado senão as munições que lhe são proprias.

(Rejeitado.)

VIII

Que a entrada e a sahida dos navios que as Constituições estabelecidas admittirem não será interrompida por alguma revista da parte das forças britannicas auxiliares, logo que tenha chegado aos limites do territorio, e que os navios britannicos se devem considerar para a sua admissão no mesmo pé em que se achavam antes desta Convenção.

IX

Assim que forem assignados estes artigos de Convenção, se fará da parte do Governo de Macau os necessarios esforços para evitar a complicação com o Governo Sinico, cooperando ambas as nações para este fim pelos laços da amizade que se julgam nesta epocha mais firmes; sendo o Governo Britannico responsavel a Sua Alteza Real pelas consequencias desta Convenção, tratada sem ordem superior de Sua Alteza Real.

Observações particulares

AO ARTIGO 3.º

1808 Setembro A proposta feita pelo Desembargador Ouvidor neste artigo, que foi rejeitado pelos Deputados inglezes, tinha o fundamento de não restringir a independencia da Soberania, como seria facil, admittida huma guarnição maior que a colonial, primeiro ponto que se lhe encarregou ter em vista pelos poderes dados para esta Convenção, cujos artigos em geral regulou debaixo do mesmo ponto.

ARTIGOS 5.º E 6.º

Que no seu conteúdo teve em vista o mesmo Desembargador o segundo ponto, e principal cuidado na sua commissão, que era evitar ciume com o Governo Sinico pela novidade tão estranha e innovadora dos seus costumes, cuja antiguidade he mais respeitada.

Observações geraes

AO 4.º ARTIGO

Tanto neste faltaram os encarregados da expedição britannica, que no dia seguinte ao do seu desembarque pediram ao Governador, antes de o consultarem e ouvirem sobre qualquer plano, e exigiram as fortalezas da Guia e Bom Parto, instando pela do Monte, a que obstando o mesmo Governador e Desembargador, pelo conhecimento de augmentar este procedimento o escrupulo dos Chinas já alvoroçados, nem por isso desistiriam de querer nesse mesmo dia as duas primeiras, dando a opposição na entrega, que alias seria mais favoravel á expedição, como hum acto contrario á boa intelligencia que devia subsistir entre as duas nações Portugueza e Ingleza, servindo-se de termos ameaçadores, e por isso lhe foi facilitada a entrada, imputando-se-lhes desde logo o resultado como não ajustado ás vistas que se tiveram nas Convenções, e compromettida cooperação para socegar os Mandarins, dos quaes com effeito logo houve pela repartição do districto a representação conteúda nas chapas N.os 10, 12, 13 e 17, documento letra C, por onde bem se collige a teme ridade daquella occupação. E alem disso tiveram destacamentos por differentes partes, como no campo, nas casas da Companhia, em alguns caes; e na residencia do primeiro Sobrecarga situada em huma das extremidades da cidade, e que a fecha para a banda do campo e Patane (povoação chineza), foram soldados espalhados pelas casas de differentes Sobrecargas e encarregados da expedição, tendo nos differentes quarteis e na mesma residencia do dito primeiro Sobrecarga, onde a guarnição se achava reforçada, parques de artilharia, abrindo na horta de S. Paulo, onde era o quartel dos sipaes, huma porta para a banda do campo, em razão da qual resultaram desordens entre os mesmos sipaes e os Chinas hortelãos, a quem iam fazer roubos, de que provieram as chapas N.os 25, 27, 29 e 32, sendo esta ultima em queixa tambem de arrancarem as pedras das sepulturas dos Chinas, objectos para elles de tanta veneração. 1808 Setembro

AO 7.º ARTIGO

Tambem faltaram, porque devendo ter munições em armazens publicos, como ajustaram, e se lhes tinham promptos, ao contrario tiveram sempre as referidas munições nos mesmos quarteis situados dentro da cidade, em seu grande risco, pela abundancia de barris de polvora que nelles guardaram, principalmente no quartel da tropa Europêa contiguo á alfandega, que então se achava cheia de fazendas, fóra a vizinhança das casas dos moradores, tudo no interior da mesma cidade, do que tambem resultaram queixas dos Chinas, alem dos clamores dos moradores, fundados no temor de qualquer incendio, até por fogo posto, como he usual em nações pouco civilisadas, e já experimentado nesta cidade em tempo de receio de piratas, posto que sem effeito, na porta do Senado e de algumas igrejas.

E finalmente faltaram ao socego promettido, porque soldados e officiaes insultavam as casas dos moradores princi-

1808 Setembro paes e de probidade, entregando-se os Europeus a vinho, e os sipaes a roubos aos chinas, andando armados de varapaus pelas ruas, motivando continuos desassocegos e imminente compromettimento com o Governo Sinico.

Convenção para a admissão das tropas inglezas em Macau

(Arch. do conselho ultramarino.)

1808 Setembro 21 S. Ex.ª o Almirante Drury, Commandante em chefe das forças navaes de Sua Magestade Britannica nos mares da Asia, e o Conselho Geral de Macau, por falta de superior auctoridade, debaixo da presidencia do seu Governador e Capitão Geral o sr. Bernardo Aleixo de Lemos e Faria, Fidalgo Cavalleiro da Real Casa, Cavalleiro da Ordem de Aviz, Capitão de mar e guerra da Real Marinha de Goa, igualmente animados do desejo de promover a segurança deste estabelecimento a Sua Alteza o Principe Regente contra o poder da França e seus partidistas, e de não dar logar a interrupção da alliança e cordeal amizade que subsiste entre as duas Corôas Britannica e Portugueza, para que durante a guerra com a França ou seus partidistas, emquanto o contrario não fôr mandado, fosse aqui admittido o auxilio de tropas britannicas, enviadas por S. Ex.ª o Ex.mo Sr. Lord Minto, Governador e Capitão General de todas as Possessões Britannicas na India, se resolveram concluir huma Convenção de amizade, que, trazendo a continuação desta o bem da segurança da Praça e seu commercio, não encontrasse a policia do paiz e as suas antigas estipulações com o Governo Sinico. E nesta consideração nomearam para seus Encarregados, a saber: S. Ex.ª o Sr. Almirante Drury ao Capitão de mar e guerra o Sr. Gordon Caulfield e ao Capitão Commandante da tropa o Sr. Thomaz Robertson; e o Conselho Geral de Macau ao seu Presidente o sr. Governador Bernardo Aleixo de Lemos e Faria já nomeado, e ao Sr. Miguel de Arriaga Brum da Silveira Cavalleiro da Ordem de Christo, Desembargador e Ouvidor Geral desta Cidade, os quaes, depois de se haverem respectivamente communicado os seus plenos poderes e conferido maduramente sobre a materia concluiram e convieram nos artigos seguintes: 1808 Setembro 21

I

Que a policia do paiz em todos os ramos da sua extensão, tanto pelo que pertence ao seu dominante culto, como ao seu commercio, estabelecimentos religiosos, civis e de fazenda, ficará no seu antigo estado.

II

Que os crimes commettidos contra chinas seguirão o mesmo julgado estabelecido.

III

Que as ditas tropas se terão como unidas ás nacionaes para o effeito de serem reguladas pelo mesmo plano, debaixo das ordens do Governo, que as fará accommodar ao melhor estado de defeza, combinando com o Commandante das tropas britannicas o que fôr carecendo de nova accommodação.

IV

Que nenhuma outra bandeira será arvorada alem da bandeira Portugueza, ainda que as fortificações poderão ser reparadas e munidas com petrechos, segundo requer o Commandante official das tropas britannicas, e se julgar necessario depois de hum exame de pessoas apontadas pelo Governador para este fim; comtudo as munições e petrechos trazidos pela tropa britannica ficarão guardados nos armazens publicos debaixo da direcção do Governador. O armazem será guardado por tropa nacional, porém se dará permissão a todo o tempo ás tropas britannicas para limpar e vigiar a sua preservação.

V

Que a entrada e sahida dos navios, que as constituições estabelecidas admittirem, não será interrompida por alguma revista da parte das forças britannicas auxiliares, logo que

1808 Setembro 21 tenham chegado aos limites do territorio, e que os navios britannicos se devem considerar para a sua admissão no mesmo pé em se achavam antes desta Convenção.

VI

Assim que forem assignados estes artigos de Convenção se fará da parte da Governança de Macau os necessarios esforços para evitar a complicação com o Governo Sinico, cooperando ambas as nações para este fim, pelos laços da amizade que se julgam n'esta epocha mais firmes, sendo o Governo Britannico responsavel a Sua Alteza Real pelas consequencias desta Convenção tratada sem ordem superior de Sua Alteza Real.

Que estes seis artigos terão o seu devido effeito para admissão do destacamento, logo que sejam assignados e ratificados pelo Contra-Almirante Drury ou seus Officiaes commissionados, Commandante da tropa britannica de huma parte, e da outra S. Ex.ª o Governador do Conselho de Macau; e elles devem continuar com o seu inteiro vigor até que instrucções se possam receber de Sua Alteza Real o Principe Regente ou do seu Logar tenente o Vice-Rey de Goa, sendo tempo limitado para esta confirmação do Brazil dois annos, e de Goa hum anno da data desta.

Em fé do que nós abaixo assignados em virtude dos nossos poderes assignâmos a presente convenção e a sellâmos com o sinete das nossas armas.

Feita em Macau, a 21 de Setembro de 1808.—(Logar dos sellos.)—Bernardo Aleixo de Lemos e Faria—Gordon Gaulfield—Miguel de Arriaga Brum da Silveira—Thomaz Robertson.

Ratificado hum por assento do Conselho Geral da cidade e outro pelo Almirante Drury.

Carta do Almirante Drury ao Governador de Macau participando-lhe que vae mandar ao Vice Rey de Cantão copia da Convenção

(Arch. do conselho ultramarino.)

Navio *Russell* de Sua Magestade Britannica, enseada de Macau, 1.º de Outubro de 1808. 1808 Outubro 1

A S. Ex.ª o Governador de Macau, etc., etc.

Senhor.— Eu peço licença de informar a V. Ex.ª de que hei de na minha replica a S. Ex.ª o Vice-Rey de Cantão mandar huma copia dos artigos da Convenção, que tive a honra de fazer com V. Ex.ª, sobre as tropas britannicas serem admittidas a desembarcar em Macau afim de se applicarem debaixo do commando de V. Ex.ª na defeza de Macau.

Eu devo pedir tambem a V. Ex.ª licença para representar as grandes vantagens que resultam tanto á Gram Bretanha, como a Portugal, de huma igual participação da parte de V. Ex.ª na sua explicação do mesmo ao Governo Sinico, sobre a urgente necessidade que havia e ha do adjutorio de tropas britannicas para precaver as ameaças que os francezes teem feito de destruir Macau, as quaes involverão na sua ruina o commercio da Gram Bretanha e Portugal com a China.

Eu tenho a honra de ser com a maior consideração e respeito, de V. Ex.ª o mais obediente creado —W.m O'B, Drury, Contra-Almirante, etc.

Resposta do Governador de Macau ao Almirante Drury dizendo-lhe que vae mandar ao Mandarim competente copia da Convenção

(Arch. do conselho ultramarino.)

A S. Ex.ª o Sr. W.m O'B. Drury, Almirante e Commandante em chefe das forças navaes de Sua Magestade Britannica nos mares da Asia, etc.

1808 Outubro 1 Senhor.—Tenho a honra de receber a carta de V. Ex.ª em data de hoje, na qual me annuncia que na sua replica ao Vice-Rey de Cantão ha de mandar huma copia dos artigos da Convenção, que houve a bem fazer commigo para admissão das tropas britannicas nesta cidade afim da melhor defeza della, pretendendo que eu haja de representar tambem ao mesmo Vice-Rey as vantagens que resultarão á Gram Bretanha e Portugal, expondo a necessidade que havia do adjutorio das ditas tropas contra o poder da França e seus dependentes. Satisfaço com promptidão a razão e exposição de V. Ex.ª na chapa que vai ser expedida ao Mandarim competente de Hiang-xam, para ser logo posta na presença do referido Vice-Rey de Cantão, na fórma mais propria a esta Governança e segundo os Tratados e costumes estabelecidos, em que, mencionando de igual modo os artigos da sobredita Convenção, passo a occorrer ao mais principal do beneficio reciproco das duas nações em resposta á antiga e firme alliança dos nossos Soberanos, e obsequio devido á pessoa de V. Ex.ª

Tenho a honra de ser com a mais alta consideração, de V. Ex.ª muito attento e obsequioso servidor—Bernardo Aleixo de Lemos e Faria.

Macau, 1 de outubro de 1808.

Carta do Almirante Drury e do Commandante da tropa ao Governador de Macau sobre a necessidade das tropas inglezas occuparem a fortaleza do Monte

(Arch. do conselho ultramarino.)

1808 Outubro 8 A S. Ex.ª Sr. Bernardo Aleixo de Lemos e Faria, Governador e Capitão Geral de Macau, etc., etc.

Senhor.—He com sentimento que nos vemos obrigados, em consequencia de desagradaveis occorrencias que teem tido logar com os chinas, de representar a V. Ex.ª a necessidade de pôr as tropas britannicas na fortaleza do Monte, como tambem afim de evitar a sua muito frequente communicação com os chinas, os quaes pilharam e roubaram hum Official inglez esta manhã e insultaram outros tão grosseiramente, que se não estivessem demoradas dentro dos limites do forte, algum desagradavel motim teria tido logar, o qual nas actuaes circumstancias se deve evitar; alem do que, se os Britannicos se estabelecerem de huma vez no forte, toda a ideia de surpreza ou perigo será finda, e Macau seguro de todos os riscos. 1808 Outubro 8

Tem chegado ao nosso conhecimento de que V. Ex.ª foi servido de promulgar a ordem recebida de Goa, e nós pedimos licença para intimar a nossa opinião, que fazendo-se publica a proclamação seguinte por S. Ex.ª o Governador de Goa, ou huma do mesmo valor, deve de ser a producção de bem. No peditorio a V. Ex.ª de nos conceder de occupar a fortaleza do Monte as tropas britannicas, nós vos rogâmos que tenhaes a bondade de crer que nós de nenhuma maneira pretendemos intrometter-nos com os arranjos de V. Ex.ª para a protecção e defensa de Macau, e por isso quaesquer tropas Portuguezas ou officiaes, que vós julgardes mais conveniente de deixar no forte, hão de ficar debaixo das mesmas circumstancias, como se as tropas britannicas não estivessem ahi. Nós rogamos de assegurar a V. Ex.ª que sentimos a maior repugnancia em fazer esta applicação, e de que somos induzidos a fazel-a afim de evitar males que podem involver ambos os nossos Governos em disputas com os chinas, os quaes nós temos ouvido estão tomando grandes medidas em Cantão.

Tenho a honra de ser com alta consideração e respeito, de V. Ex.ª muito obedientes e humildes creados—W.m O'B. Drury, Thomaz Robertson, Capitão Commandante da tropa.

Macau, 8 de Outubro de 1808.

Resposta do Governador de Macau ao Almirante Drury

(Arch. do conselho ultramarino.)

1808 Outubro 8 A S. Ex.ª Sr. W.m O'B. Drury, Almirante e Commandante em chefe das forças navaes de Magestade Britannica nos mares da Asia, etc.

Senhor.—Tive a honra de receber a carta que V. Ex.ª acaba de dirigir-me em data de hoje, pela qual V. Ex.ª houve a bem de representar-me a necessidade de pôr as tropas britannicas na fortaleza do Monte, por evitar insulto da parte dos Chinas, que V. Ex.ª accusa terem maltratado e roubado hum official inglez, podendo seguir-se motins de funestas consequencias, só evitaveis estando as tropas naquella fortaleza, unico motivo de haver esta pretenção, e não a ideia de alterar os artigos commigo convencionados, em cuja prova podia conservar alli os soldados e officiaes da minha guarnição, como se as tropas britannicas não estivessem; havendo chegado á noticia de V. Ex.ª o ter eu publicado a superior ordem de Goa, que recebi com a proclamação, que V. Ex.ª tambem deseja se publique, concluindo com a justa demonstração de evitar disputas com os chinas, que V. Ex.ª diz ter ouvido estão tomando grandes medidas em Cantão. Não teria, e nem tenho duvida alguma em annuir á representação de passarem as tropas britannicas para a fortaleza do Monte, porque, sendo necessario para a defeza contra os francezes ou seus dependentes, está nos termos da ordem que recebi e do que com V. Ex.ª tenho tratado; porém, sendo a causal daquella representação o evitar a communicação e disputas com os chinas, não me fica escrupulo de que na armação que lhe serve de quartel, observada a policia da fortaleza, se conseguirá aquelle fim, sem dar logar a ciumes da parte dos chinas, causa sem duvida de males maiores que os que se buscam evitar, e a que nos compromettemos nos artigos da Convenção, que V. Ex.ª não pretende alterar, como concernentes a vencer as naturaes opposições da parte do Governo Sinico, cujas desconfianças tendo já sido redobradas pela occupação da Guia e Bom Parto, como bem provam as perguntas que tivemos, não deixarão de augmentar-se em prejuizo do commercio de ambas as nações e principalmente da Soberania de Sua Alteza Real, que na união com os chinas tem igual parte neste estabelecimento como com a nação britannica, cujos laços pela sua firmeza e antiguidade não consentirão em plano algum destructivo daquella união, contra a qual não me seria jámais permittido entender a ordem da defeza, como opposta tambem á lealdade deste estabelecimento ás Constituições do Imperio seu protector, com direitos sobre o territorio, ao qual se chama parte do mesmo Imperio. Esta mesma razão, apezar de me encher de sentimento quando pareça falta de condescendencia alheia da minha vontade, que só he reconhecer os generosos serviços de Sua Magestade Britannica a Sua Alteza Real, espero haja de produzir em V. Ex.ª a necessidade de adherir a qualquer dilação, que nos traga a resposta das declarações que ja fizemos ao Governo Sinico dos artigos da Convenção, que por isso não podem alterar-se, poupando-se a forçosa participação de mais esta occorrencia, que sem duvida nos cortará o meio de trabalhar de commum accordo, pelo escrupulo que o publico malevolo entre os mesmos chinas tem occasionado sobre as boas intenções britannicas e concorrencias desta Governança, que aliás não deixará de cooperar como prometteu, e tanto obrigam aquellas soberanas intenções, passando-se já a pretender dos Mandarins do districto a necessaria providencia para evitar iguaes insultos e para serem castigados os seus cumplices. Lisonjeia-me o conhecimento em que V. Ex.ª se acha da publicação que fiz da superior ordem da capital; e ainda que tambem publiquei no Senado, logar competente, a proclamação, que demais tenho mostrado a moradores, facilitando-lhes copias, eu não terei duvida de a publicar de outro modo, quando V. Ex.ª assim deseje, apezar da falta de ordem que de ordinario costuma anteceder a taes publicações, que do modo expendido se acham já feitas. 1808 Outubro 8

1808 Outubro 8 Tenho a honra de ser com a mais alta consideração e respeito, senhor, de V. Ex.ª muito attento e obsequioso servidor — Bernardo Aleixo de Lemos e Faria.

Macau, 8 de Outubro de 1808.

Memorial, sem data, apresentado pelo Almirante Drury ao Governador Lucas José de Alvarenga á sua chegada, pedindo-lhe para evitar ciume e discordia entre as tropas inglezas e os habitantes de Macau.

(Arch. do conselho ultramarino.)

1808 Eu estou bastantemente pezaroso de ver que as tropas britannicas foram recebidas em Macau mais como inimigas do que amigas, e de que parece que houve hum systema de litigiosas vexações e suspeitosa dilação usada em vez de huma entrada na acceitação de huma boa amizade. Eu estou convencido que V. Ex.ª não tem parte nisto, como devo firmemente crer ser V. Ex.ª hum official leal, honrado e fiel, que tanto por seu dever, como por inclinação, fará todo o esforço possivel para unir a amizade ha tanto tempo subsistente entre a nação Britannica e Portugueza, e trabalhar com as suas sabias luzes para conciliar ao Governo Sinico com as indispensaveis medidas que a Gram Bretanha foi obrigada a adoptar, afim de preservar o estabelecimento de Macau para a Corôa de Portugal; e de que V. Ex.ª fará o possivel esforço para evitar ciume e discordia entre os habitantes e as tropas britannicas, as quaes sendo scientes da sua dignidade, não supportarão directo ou indirecto insulto, e que sendo costumadas a experimentar todo o conforto, segundo as circumstancias lhe permittem, ellas sempre o esperam, e he absolutamente necessario que ellas sejam bem alojadas e em todo o sentido bem tratadas e cuidadas, e de que fiquem juntas, sós e debaixo da immediata sindicancia de seus proprios officiaes. Como a paz e segurança de Macau he o unico objecto de ser occupado pelas tropas britannicas, eu não posso suspeitar que as sabias e leaes intenções de V. Ex.ª encontrarão opposição do Governo altamente prejudicial aos interesses da Real familia de Portugal, como tambem da Gram Bretanha: seria bom admoestar e avizar a essas pessoas de que, em caso de qualquer movimento ou convulsão no estabelecimento de Macau, occasionado por malignas e perversas machinações, eu não hei de hesitar em assistir a V. Ex.ª para fazer remover e sahir do estabelecimento semelhantes pessoas no movimento que tiver noticia. Como eu tenho communicado ao Vice-Rei de Cantão a causa por que occupei em Macau tropas britannicas, eu sou responsavel ao Governo Sinico por este passo que tenho dado, e sómente receberei avisos, ou os communicarei com o Vice-Rei de Cantão sobre hum assumpto de tanta delicadeza, e importante á China, Inglaterra e Portugal, o que eu rogarei a V. Ex.ª de fazer com que se communique aos Mandarins de Macau. —W.m O'B. Drury. 1808

Chapa do Mandarim de Hiang-xam ao Procurador da cidade, recommendando-lhe que não deixe occupar as fortalezas pelos Inglezes

(Arch. do conselho ultramarino.)

Eu o Mandarim Governador da villa de Hiang-xam, por alcunha Pong, por esta vou dizer-vos para que o saibaes: Que he constante que os Portuguezes habitarem em Macau he por hum extraordinario beneficio da Celestial Dynastia da China, que o concedeu a vós estrangeiros de longinquas regiões para neste territorio pacificamente residirdes e fazerdes o vosso contrato; mas não he terra vossa. O querermos nós que vós tomeis conta das fortalezas e mais fortificações he sómente para de mais perto vigiardes na custodia do dis- 1808 Outubro 11

1808 Outubro 11 tricto. Mas póde-se por ventura permittir a occulta entrega e recepção das mesmas? Agora nos consta que vós ousadamente emprestastes aos soldados inglezes as duas fortalezas de leste e de oeste para nellas se aquartelarem, no que tendes obrado sem nenhuma attenção ás leis. Devo pois dirigir-vos esta, recommendando-vos que de accordo com o vosso Governador e mais pessoas mandeis guarnecer com maior numero de soldados a fortaleza grande e as outras, para as guardarem com toda a vigilancia, ficando certos que, se clandestinamente admittirdes nellas como nas duas acima ditas os soldados inglezes, eu immediatamente darei parte ao Exmo Suntó, o qual vos expulsará tambem a vós de Macau para a Europa, sem vos ser licito o tornardes a habitar neste territorio. Assim o executae pois, para não terdes de que vos arrepender.

Anno 13.° de Kiá-King, aos 22 da 8.ª lua (dia 11 de Outubro de 1808.

Resposta do Procurador da cidade ao Mandarim de Hiang-xam, dizendo-lhe que a fortaleza do Monte não será entregue aos Inglezes

(Arch. do conselho ultramarino.)

1808 Outubro 12 Por esta vos faço saber que, em virtude da vossa chapa em que exigis que a fortaleza do Monte não seja entregue aos Inglezes, mas sim guarnecida com mais soldados da nossa tropa, sou a dizer-vos que continuará a mesma fortaleza a ser occupada pela tropa Portugueza, apezar da ordem que já vos communiquei se tinha recebido da capital de Goa, em que, reconhecida a alliança e boa intelligencia do nosso Principe com Sua Magestade Britannica, se determinou que se admittissem nas fortalezas os soldados britannicos para as guardarem contra os Francezes e seus dependentes; consentiram nisto mesmo os Inglezes, só para que da vossa parte e dos Mandarins grandes não haja ideia de que elles têem algum fim sinistro nesta expedição, promovendo vós com as vossas providencias dissipar a desconfiança, que julgam pouco propria ao seu caracter. Irei respondendo sobre o mais, segundo as circumstancias que forem occorrendo. 1808 Outubro 12

Macau, aos 12 de Outubro de 1808. Anno 13.° de Kiá-King, aos 23 da 8.ª lua.

Resposta do Mandarim de Hiang-xam á chapa do Procurador da cidade, dizendo-lhe que mande intimar o Almirante inglez para fazer embarcar os seus soldados.

(Arch. do conselho ultramarino.)

Recebi a vossa chapa, em que me participaes que, havendo intimado aos Inglezes a minha ordem para se retirarem aos seus navios, elles deram em resposta: Que a sua vinda a Macau fôra pactuada de commum accordo entre o seu Governo e o dos Portuguezes por serem perpetuos alliados, para ajudarem a defender a cidade contra qualquer tentativa dos Francezes, visto não estar o Rei de Portugal em circumstancias de vos prestar soccorro algum; e que agora para elles sahirem de Macau se fazia preciso esperar que o vosso Soberano vos enviasse primeiro soldados da vossa propria nação; então elles se retirariam de volta para o seu reino. 1808 Outubro 16

He constante que Macau he territorio da China, cuja Celestial Dynastia vol-o concedeu, attendendo a terdes vindo de tão remota distancia negociar a este Imperio, para nelle repousardes; por espaço de mais de 260 annos vos tem cumulado de avultados beneficios, tratando-vos como filhos e sem differença alguma dos seus proprios povos. Os Francezes habitam alem dos mares, e como se atreverão elles a vir de tão longe commetter o crime de introduzir tropas no territorio da Celestial Dynastia da China? Actualmente os

1808 Outubro 16 Inglezes são vossos alliados e como parentes, e por este motivo têem destacado soldados da sua nação para vos auxiliarem. Mas elles deviam lembrar-se de que dentro dos limites da Celestial Dynastia Chineza ha Mandarins de letras e de armas e muitas tropas; e que se as forças de Macau por debeis fossem insufficientes para defender a cidade, eu requereria aos Ex.^{mos} Mandarins grandes da provincia enviassem algumas centenas de soldados para vos ajudarem a defender, até que de Portugal chegassem soldados da vossa nação, a cujo tempo se retirariam. Exponde pois estas razões ao Almirante e Sobrecarga inglez, intimando-lhes a ordem para que logo façam embarcar os seus soldados para os seus navios. E que não continuem a insistir na sua contumacia.

Anno 13.º do Imperador Kiá-King, aos 23 da 8.ª lua (16 de Outubro de 1808).

Chapa do Mandarim de Hiang-xam ao Procurador da cidade offerecendo-lhe tropas chinezas para a fortaleza do Monte

(Arch. do conselho ultramarino.)

1808 Outubro 17 Constando-me que os moradores chinas de Macau successivamente se vão transportando para fóra, apezar das minhas ordens prohibitivas, que não têem podido desterrar o susto dos seus corações, he para recear que venham para o futuro a faltar-vos os alimentos, Eu attendendo a vós os Portuguezes, que de tão remotos paizes viestes commerciar á China, aonde tendes recebido avultados beneficios da Celestial Dynastia, que vos trata como filhos sem differença dos seus proprios povos, não posso deixar de me magoar com apparencia dos trabalhos que vos ameaçam. Porém, como na grande fortaleza não ha tropas auxiliares chinezas, e receio de que hajaes de a ceder aos soldados inglezes, por este motivo os corações do povo suspeitam e temem. Agora se da nossa tropa chineza se destacarem robustos soldados para ajudarem os vossos a guardar a dita fortaleza, os Chinas de Macau vendo-a assim guarnecida, ficarão sem suspeita e sem susto e mudarão de systema e continuarão como dantes na sua communicação commercial. Dizei-me com brevidade se assentis ou não a esta proposta. E de como não haveis de ceder a dita grande fortaleza aos Inglezes me assignae hum termo, como primeiro, para se entregar e poder constar. Sem contravenção. He o fim especial a que esta se dirige. 1808 Outubro 17

Anno 13.º de Kiá-King, aos 28 dias da 8.ª lua (17 de Outubro de 1808).

Resposta do Procurador da cidade ao Mandarim de Hiang-xam, participando-lhe que a fortaleza do Monte continua a ser guarnecida por soldados Portuguezes

(Arch. do conselho ultramarino.)

Faço saber a V. M.cê, Sr. Mandarim de Hiang-xam, que recebi as suas duas chapas, huma em resposta á minha, pela qual V. M.cê offerece soldados do Imperio emquanto Sua Alteza Real os não manda, outra pela qual pede que a fortaleza do Monte seja guarnecida com soldados chinas, unidos aos de Macau, porque deste modo se evitará ao povo chinez o medo que os obriga a retirar da cidade em prejuizo do trafico publico e venda de alimentos, etc. Fez-se saber aos Inglezes a exigencia de V. M.cê para a sua retirada; e porque não pretendem praticar acto algum que perturbe as Constituições Imperiaes, mas assentir a ellas sem faltar ao auxilio que vieram dar a esta cidade contra os Francezes, passa o Ex.mo Almirante a Cantão para ver se trata com o Ex.mo Suntó esta dependencia; e na certeza de ser este o meio mais prudente de evitar complicações, o que já mesmo V. M.cê teve em vista, quando nos intimou de que o Ex.mo Suntó trataria este assumpto, que tanto interessa ao particular e publico, espero que V. M.cê se esforce para que o mesmo Ex.mo Almirante 1808 Outubro 18

1808 Outubro 18 seja recebido com a politica propria dos grandes do Imperio para com hum empregado de tanta consideração, e que vai tratar negocios da parte do seu Soberano pela alliança tão estreita com o nosso. Quanto á fortaleza do Monte, já fiz saber a V. M.cê que ella continuaria a ser guarnecida pelos soldados de Macau, apesar da ordem do nosso superior de Goa para ter os Inglezes como alliados e guarnecer com as suas tropas as fortalezas contra os Francezes, no que consentiram os mesmos Inglezes só por tirar ao Governo e povo sinico qualquer escrupulo contra as suas intenções; sendo certo que o receio de serem atacados ou assaltados por alguns malfeitores, que os incendeiem na armação onde se acham, que por contigua á alfandega, deposito das mercadorias particulares e vendas publicas e ás casas dos principaes moradores, apresenta effeitos mais funestos, he o motivo que os obriga a querer por ora resguardar-se nas fortalezas até ás finaes decisões. E assim dando V. M.cê, como espero, as suas providencias para evitar aquelle receio, ainda sustando qualquer deliberação que apparente ataque desnecessario, porque da conferencia em Cantão pende a decisão com resultados menos horriveis, cessarão os esforços da parte dos Inglezes, que olham as fortalezas como necessario abrigo; quanto mais que continuando a do Monte a ser guardada pelos nossos soldados, não podem ter os moradores chinas algum temor para que deixem de tornar para as suas casas. e renovarem o seu giro a bem do nosso e delles, que sem duvida muito tambem tem soffrido assim este publico, que continúa grato á contemplação que a sua fidelidade lhe tem merecido para com o Soberano Imperial; restando-me a dizer a V. M.cê que, pendendo da conferencia em Cantão este importante negocio, não ha motivo para que em logar dos bons moradores que se têem retirado, tenham descido ociosos e vadios, que sem duvida serão causa de grandes disturbios, que espero V. M.cê buscará pela sua actividade evitar, sacudindo sem demora fóra da cidade huma tão grande peste da republica.

Macau, 18 de Outubro de 1808.

Carta do Conselho da Companhia ingleza ao Governador de Macau, participando-lhe a chegada de outro reforço inglez

(Arch. do conselho ultramarino.)

A S. Ex.ª o Sr. Bernardo Aleixo de Lemos e Faria, Governador e Capitão Geral de Macau. 1808 Outubro 21

Senhor. — Por cartas recebidas esta manhã do Almirante Drury nós somos informados de que os navios que chegaram hontem, têem a seu bordo o destacamento de tropas que se esperava; o Almirante tambem estabelece de que he necessario que ellas desembarquem immediatamente, e por isso temos de rogar a V. Ex.ª queira fazer taes arranjos que forem requisitados para o seu desembarque e recepção. Parece-nos que as maiores vantagens se poderiam alcançar em trazer a presente discussão a huma conclusão, se os Chinas fossem persuadidos de que as tropas chegadas agora são expressamente mandadas por ordem ou ajuste com o vosso Supremo Governo, e de que na sua chegada a grande parte daquelles ao presente aqui se retirariam.

Para dar força a qualquer declaração desta natureza, foi suggerido que V. Ex.ª podia receber os navios na Taipa com bandeira Portugueza, ao que comtudo objecções foram feitas, porém, não de natureza forte, segundo a nossa opinião; e V. Ex.ª julgou que seria melhor de as representar como parte das tropas que tinham formado a guarnição de Goa e mandadas dalli.

Se esta ou outra qualquer semelhante declaração fôr clara e com vigor representada aos Chinas, nós não temos a mais minima duvida de que ha de responder aos fins em vista; nós devemos mais particularmente recommendar de que a permissão dos Chinas para desembarcar estas tropas não he solicitada, porém de que, se alguma cousa se disser sobre este assumpto, se lhe deve dizer que ellas serão desembarcadas logo que logares possam apromptar-se para a sua re-

1808 Outubro 21 cepção, como na verdade deve ser o caso, como tambem em condescendencia com a recommendação do Almirante, visto que semelhante numero de gente não póde por longo tempo ficar reprimida a bordo em embarcações pequenas, e mais particularmente os nativos da India, de cujos he composta a maior parte da força chegada agora.

Nós rogâmos muito particularmente de apontar a V. Ex.ª a necessidade que ha de fazer parar o escandaloso comportamento de muitos dos habitantes deste logar, os quaes, contra os seus deveres para com o seu Principe e todos os principios da honra e da justiça, exprimem com alguns mercadores chinas de Macau as mais desfavoraveis representações das vistas do Governo Britannico, as quaes por via delles mercadores são conduzidas aos Mandarins.

Desta injustificante conducta he a nossa firme convicção de que todos os inconvenientes que temos experimentado da opinião dos Chinas, têem nascido, e não he questão senão de huma representação ao seu Governo Superior: os auctores hão de ser contados e chamados a contas severas; isto não satisfará pelo que tem passado, porém nós devemos applicarnos a V. Ex.ª pelas mais decisivas medidas para refrear e corrigir qualquer causa dessa natureza na presente occasião; no caso da fallencia de outro qualquer methodo, nós somos determinados pelo Almirante Drury de pôr na lembrança de V. Ex.ª de que elle está prompto de mandar directamente para o Brazil qualquer pessoa de que haja suspeita de proceder sem lealdade ao seu Soberano; e como estes procedimentos involvem os melhores interesses desta cidade, nós confiamos de que a vigilancia e exemplo de V. Ex.ª ha de effectivamente refreal-os.

Nós temos a honra de ser com respeito — Senhor, De V. Ex.ª mais obedientes e humildes creados — J. W. Roberts — W. Bramston — J. Helphignstone — W. Baring.

Macau, 21 de Outubro de 1808.

Resposta do Governador de Macau á carta do conselho da Companhia ingleza sobre a inconveniencia do desembarque do novo reforço

(Arch. do conselho ultramarino.)

Sr. J. W. Roberts e mais Senhores do Selecto Conselho da Honoravel Companhia Britannica na China. 1808 Outubro 21

Honoraveis Senhores.—Recebi a carta que esse Selecto Conselho acaba de dirigir-me, em data de hoje, pela qual declara ter recebido officio do Exmo Almirante Drury, participando a chegada de mais tropa britannica com ordens para que seja desembarcada immediatamente, parecendo a esse Selecto Conselho necessario, para o bom exito desta expedição, se façam entender aos Chinas as ordens do Superior do Governo, etc., etc.

Com effeito, em vista destas nenhuma duvida posso ter no desembarque de hum destacamento, que faz parte da guarnição já desembarcada; mas as circumstancias decorridas (sejam quaes forem as causas) desde aquella epocha, fazendo de dia a dia o assumpto mais complicado para com os Mandarins, pela sua opposição, obrigam a que se leve huma mais séria reflexão aos resultados do desembarque, antes da conclusão da conferencia do Exmo Almirante com o Suntó de Cantão, cuja marcha temo se atropelle em prejuizo da mesma expedição, em tempo que as cousas principiavam a socegar-se, a qual tendo-se esta Governança compromettido coadjuvar nos justos fundamentos de alliança, não parece conforme se dê algum passo, que mais concorra para o dessassocego que para tranquillidade publica e melhor bem do commercio tambem britannico, já suspenso em Cantão com ameaços pouco favoraveis.

Accresce haver recebido ás duas horas da tarde huma chapa, que agora se me apresenta, sobre a chegada do novo destacamento, em opposição, com protestos ameaçadores; e ainda que se passa a responder, segundo deseja esse Sele-

1808 Outubro 21 cto Conselho, comtudo, em consequencia della e do melhor exito da expedição, cumpre que antes do desembarque eu tenha huma conferencia com o sr. J. W. Roberts, bem persuadido de que a tropa, transportada com huma viagem curta, não soffrerá tão grande damno na sua demora a bordo como o que póde resultar do seu desembarque antes de huma séria combinação, que exigem as tristes circumstancias, já abandonado dos moradores chinas, dos vivandeiros, dos artifies, e emfim exposto á sua total ruina pela falta do giro que a mantem, e em que comprehende a Real Fazenda, cujos interesses me são muito a cargo.

Não me consta de que haja moradores que não reconheçam a Soberania de S. A. R., e que como taes se possam chamar rebeldes, mas tratarei de o examinar, por ser esse o meu dever.

Tenho a honra de ser com a maior consideração, Honoraveis Senhores—Muito att.° e obsequioso servidor.—Bernardo Aleixo de Lemos e Faria.

Macau, 21 de Outubro de 1808.

Admoestação do Suntó de Cantão aos Inglezes para se retirarem

(Arch. do conselho ultramarino.)

Fazemos saber aos Sobrecargas inglezes, que a Santa Virtude do nosso grande Imperador se manifesta como o Céo, que abrange tudo debaixo de si, e não ha região mais remota a que não tenha chegado a sua fama. Elle mesmo na consideração de que os vossos reinos da Europa de muito tempo se têem mostrado obedientes e politicos, vos tinha concedido por especial favor a mais ampla licença, com que vós os Europeus podesseis vir negociar em Cantão, e para esse fim vos foi concedida a faculdade de fazer ancorar os vossos navios em Huam-pú, reputando-vos por este modo como gente ou individuos de huma mesma casa e familia. Porém vós, que já ha annos tendes estado em Cantão, bem sabeis que a todos os estrangeiros Europeus era tão sómente permittido o ir e vir a este paiz para negociarem, mas nunca lhes foi concedido o ficarem aqui permanentes. Portanto em o presente tempo chegaram de improviso naus inglezas cheias de soldados, os quaes desembarcando, vieram para terra contra o costume e leis do Imperio. Macau he colonia situada dentro dos limites do Imperio; tem ella seus Governadores e Magistrados (Mandarins); nenhuma connexão tem ella com a Europa, e à mesma em nada pertence. Em a dynastia passada começaram a vir para a sobredita colonia (Macau) os Europeus Portuguezes, e a dynastia presente os deixou ficar nella como dantes, por especial favor, na consideração de que elles teem estado já nessa colonia muitos annos e teem juntamente suas moradas de casas, as quaes, se não mandou destruir, foi por motivo de querer usar com elles de muita benignidade; porém foram advertidos pelo decreto, que continha esta condição, a saber: que as casas arruinadas se podessem refabricar, mas que não deveriam fabricar-se outras de novo; de mais que os seus navios deveriam ter numero fixamente determinado: tudo isso está tão rigorosamente determinado, que de nenhuma sorte se deve quebrantar. Os mais estrangeiros Europeus, como são os Francezes, Hollandezes, Hespanhoes e outros, nunca se atreveram a seguir ou usar dos direitos e privilegios de que gosam os Portuguezes, para ficarem permanentes em Macau; logo por consequencia não devem tambem os Inglezes estar em Macau com subsistencia permanente. Vós (Inglezes) dizeis que tendes receio venham os Francezes para insultarem aos Portuguezes em Macau; pois deveis saber que os Francezes só pelejam contra os Portuguezes lá na Europa, e não se atreverão a vir a estas partes com intentos de perturbarem as terras do Imperio; porém se no caso pretenderem vir aqui contra o Céo e toda a razão, procurando a sua propria ruina, nós então faremos aprompter os nossos soldados, e os ajuntaremos nos logares que ameaçam maior perigo, para os guarda-

1808 Outubro 21

1808 Outubro 21 rem; então com muito descanço esperaremos os Francezes desfallecidos, que sendo poucos contra muitos, sem batalha alguma ficarão vencidos como peixe na frigideira e carne na banca do cosinheiro; neste caso que poderão fazer? E assim não he necessario que vós tenhaes receio da parte dos Francezes. Se dizeis tambem que pela alliança sois amigos dos Portuguezes, e que por isso viestes para os ajudar contra os Francezes, parece-nos antes mais acertado que em vossos navios andeis lá fora por esses mares á espera dos Francezes, contra os quaes devereis ir ao encontro logo que elles chegarem; porém não he justo que façaes vossa assistencia em Macau contra os costumes, prohibição e leis do Imperio, dissolvendo por este modo a união mutua que deve subsistir entre todos, perdendo da mesma sorte o direito dos negocios que podereis ter aqui: vêde agora que em hum obrar fóra dos seus termos commettestes tres erros juntos. Vós Sobrecargas inglezes, que por ordem do vosso Rei trataes os negocios do contrato, bem sabeis o que se deve e o que se não deve obrar; sabeis tambem qual he o proveito, qual o damno; qual he o favoravel, qual o contrario; qual é o pacifico, qual o perigoso. Vós sem negocios não podeis subsistir. Se hum dia mais cedo sahirem de Macau os vossos navios levando os soldados comsigo, tambem hum dia mais cedo se abrirão as alfandegas; os vossos negocios adiantar-se-hão tambem. Se porém retardaes no que acima se disse, tudo ficará tambem retardado. Vós com os vossos cabeças (Almirante e os mais) ponderae bem nas sobreditas propostas, e não he necessario pedir mais cousa alguma. Eu o Vice-Rei que por veneravel ordem do nosso grande Imperador governo toda a provincia de Cantão, cujo povo e soldadesca subordinados á minha jurisdição; Eu digo, o Suntó com o Kuam-pu, tribunal das alfandegas que governa sobre os tributos e direitos imperiaes, fazemos saber aos Inglezes que não estamos já para repetidas admoestações e avisos, porque a nossa obrigação é seguir a rasão e observar as leis do Imperio, procurando por este meio o socego dos limites e portos maritimos, fazendo tambem publicar aos internos e externos os decretos imperiaes. Portanto, conformando-nos com o generoso animo do nosso grande Imperador, que sempre trata aos estrangeiros com benignidade, fazemos este aviso e exhortação a vós Sobrecargas, advertindo-vos que ouçam o nosso aviso e obedeçam com respeito. Se porém depois deste aviso não quizerdes arrepender-vos do que até agora tendes obrado, sereis reputados como quem por si mesmo quer procurar o seu proprio damno, despresando ao mesmo tempo o especial beneficio do nosso grande Imperador. Nós tambem não nos dignaremos exhortar-vos outra vez. 1808 Outubro 21

Dado em o dia 2 da lua 9.ª do Imperador Kiá-King (21 de Outubro de 1808).

Aviso feito ao Imperador da China pelo Suntó de Cantão sobre a entrada dos Inglezes em Macau

(Arch. do conselho ultramarino.)

Uxuim-Kuam (nome do Suntó) e os mais Mandarins vassallos dirigimos com todo o respeito a Vossa Magestade este aviso, que consiste nisto: 1808 Outubro 23

Os soldados inglezes, sem licença, entraram na cidade de Macau: pedimos e esperâmos a determinação de Vossa Magestade sobre isso, e juntamente huma declaração, pela qual sejam suspensos interinamente os negocios dos Inglezes até o praso em que Vossa Magestade queira dignar-se mandar o contrario. O mercador Hanista, por nome Lú-Kuan-hem, a quem pedira o cabeça dos Inglezes (o Almirante) chamado Vi-lien-pi-li-tu-tu-la, veiu para o Tribunal do vassallo de Vossa Magestade e nelle apresentou dois memoriaes, hum escripto em idioma sinico, e outro em europeu, cujo conteúdo he este:

«Que Portugal presentemente se acha occupado pelos Francezes; que o mesmo Rei Portuguez se mudou para ou-

1808 Outubro 23 tro logar; que os dois reinos de Inglaterra e Portugal, por serem alliados, enviaram soldados os seus superiores para a defeza de Macau contra os Francezes; que elles Inglezes, por verem sem forças os Portuguezes de Macau, teem receio venham os Francezes a perturbar o socego dos Portuguezes, embaraçando os seus negocios; finalmente, que pelos sobreditos motivos fôra enviado á cidade de Macau o Capitão dos soldados (o Almirante) com os navios guarnecidos de soldados para auxiliarem aos Portuguezes a defenderem a mesma cidade.»

Os ditos memoriaes são uniformes, concordam-se no assumpto. Fomos avisados pelo Mandarim da villa de Siamxam, vulgó Hiang-xam, que chegaram primeiramente á vista de Macau tres naus inglezas guarnecidas de soldados, e ao depois chegaram mais seis, todas ellas bem guarnecidas de soldados, bombardas, armas, polvora e outros petrechos de guerra; que as ditas naus ficaram ancoradas em Ka-Kiam e Franquia; que trezentos soldados foram enviados para terra; sendo elles desembarcados em Macau, foram fazer a sua assistencia em duas igrejas, S. Paulo e Santo Agostinho, e ao depois se dividiram para as fortalezas de leste e oeste (Guia e Bom Parto). Nós os vassallos de Vossa Magestade, examinando as chronicas, achâmos que desde o tempo de *Mim-Cháo*, dynastia passada, até o presente teem estado em Macau os Portuguezes, estes ha mais de duzentos annos se comportaram bem, mostrando-se pacificos, e não nos consta que da parte delles houvesse desordens e maus intentos. O Capitão inglez (Almirante) diz que Portugal fôra occupado pelos Francezes, porém o Procurador da cidade de Macau não nos deu parte disso, e agora não se póde saber se he verdadeira ou falsa semelhante noticia; mas dado que fosse verdadeira a dita noticia, deviam os Inglezes pensar que os Francezes só pelejam lá na Europa, e nunca se atreverão a vir para estas partes afim de perturbarem as terras pertencentes ao Imperio; alem disso se a esquadra franceza tomar a resolução de vir a Macau, certamente lhe será necessario entrar primeiramente pelo canal da Taipa e *Ka-Kiam*, logo pelo conseguinte não deviam os soldados inglezes desembarcar e saltar em terra sem licença, antes deviam elles estar a bordo dos seus navios, navegando lá fóra por esses mares e guardando ao mesmo tempo os ditos canaes para combaterem contra os Francezes, se na realidade querem auxiliar aos Portuguezes por serem seus amigos ou alliados, como dizem. Mas he de notar que os Inglezes entre os mais Europeus de todas as nações são individuos na verdade mais soberbos e cheios de cavillações; e como são taes, vendo agora que os Portuguezes teem poucas forças, tomam elles occasião com vãs apparencias para lançarem os olhos nos logares que a sua ambição lhes insinua, afim de que possam abranger para si todos os lucros possiveis e imaginativos. Conforme o antigo costume nunca foi permittido aos estrangeiros entrar na cidade sem licença, pela qual razão, tanto que tivemos noticia do desembarque dos soldados inglezes em Macau, fizemos junta no Conselho, e de commum accordo enviámos a Macau mercadores Hanistas, a elles recommendámos que fossem logo perguntar ao Procurador da dita cidade sobre o desembarque dos ditos soldados, e juntamente avisassem aos Sobrecargas inglezes para que fizessem aviso ao cabeça delles (Almirante) que se fosse embora de Macau com os seus soldados logo sem demora, e voltassem todos para o seu reino. O Procurador de Macau sendo perguntado pelos Hanistas, respondeu-lhes que na realidade são alliados os dois reinos, Inglaterra e Portugal, que os ditos soldados sendo enviados para auxiliarem aos Portuguezes de Macau, não teem outros intentos; que o reino de Portugal, como he pequeno, e sendo poucos os Portuguezes, não se atreveram elles a contender com os ditos Inglezes resistindo-lhes. Depois disso enviámos outra vez hum Mandarim Chi-fu e outro militar, e estes sendo por nós escolhidos por serem sujeitos mais intelligentes e versados nos negocios dos Europeus, muito lhes recommendámos fossem exhortar aos ditos Inglezes com efficacia possivel, para que os mesmos sahissem de Macau, porém os ditos enviados não tiveram outra resposta desses Inglezes senão esta: «Que elles vieram para auxiliar aos Por-

1808 Outubro 23

1808 Outubro 23 tuguezes e defender a cidade;» e nisto persistindo elles sempre teimosos, não se querem ir embora. Nós vassallos, examinando tambem as chronicas, achâmos que no anno 58 do Governo do nosso grande Imperador Kien-Lun a embaixada ingleza apresentára aos Magnates da Secretaria de Pekim, Mandarins do Conselho, hum memorial, em que se manifestavam os desejos dos Inglezes em quererem obter os seguintes logares: *Fiem-chim, Nem-pó,* etc., portos maritimos, pedindo ao mesmo tempo se lhes concedesse huma ilha perto de Chu-xam, ou algum logar junto de Cantão; mas o grande Imperador *Kien-Lun* lhes mandou intimar hum decreto, em que foram refutadas e rejeitadas todas as razões que allegaram huma por huma. Deste modo despachados, o mesmo Imperador mandou ao depois expedir decretos para todas as provincias maritimas, advertindo aos Governadores dellas tivessem cautela e vigilancia de impedirem todo e qualquer intento estrangeiro, que encerra em si cavillação. Lemos na verdade aquelles veneraveis decretos, e nelles vemos a mais santa doutrina, que alem de ser tão clara e forte nos insinuava tambem aquellas medidas, cautelas e prevenções lançadas já de muito longe e bem profundas. Tambem nos consta que no anno 7.º do Governo de Vossa Magestade *(Kiá-King)* tinham vindo alguns navios inglezes guarnecidos de soldados; ficaram os ditos navios ancorados primeiramente em Franquia, e ao depois quizeram estar no canal de *Van-xan,* foram então lançados fóra pelo Suntó passado, chamado *Ki-Kim,* e Governador *Fu-yuen,* por nome *Hu-tu-li:* estes naquella occasião puzeram huma estreita prohibição que se não vendessem mantimentos aos Inglezes dos navios de guerra; então elles se foram embora. Naquella occasião ainda ficavam elles a bordo dos seus navios ancorados em o mar da Franquia; porém, nesta occasião já se atreveram a vir para terra com seus soldados, donde se vê que o animo delles, sempre propenso a procurar os seus proprios interesses e todos os lucros imaginaveis, não he já de hum só dia, mas sim de muito tempo. Presentemente não fazem elles perturbação alguma em Macau. Como o reino delles dista muito deste Imperio, parece que não se atreveram a fazer desordem alguma, por considerarem as vantagens recebidas nos tempos passados. Todavia, este modo de obrar dos Inglezes não parece ser da intenção do seu Rei, antes sim parece ser da intenção dos mesmos cabeças dos Inglezes, que querem abranger para si todos os lucros possiveis. Mas os Portuguezes enganados acreditaram os ditos ou palavras dos Inglezes. Macau não produz arroz, espera todo o mantimento da terra interior, pela qual razão nós vassallos, conforme a determinação antiga, permittimos aos individuos das outras nações o comprar e vender os generos do contrato, fazendo assim o seu negocio, á excepção dos Inglezes, a quem interinamente prohibimos: se os mesmos Inglezes não quizerem estar pela nosso aviso, então lhes tiraremos os compradores, ficando elles assim sem mantimentos; e não havendo já esperanças de lucros, certamente não poderão subsistir por muito tempo. Esperâmos que elles hão de voltar com seus soldados; se assim o fizerem, lhes concederemos então o direito dos negocios para que possam fazer o seu contrato, e desta sorte não terão prejuizo as alfandegas a respeito dos direitos e tributos. Concluiremos esta dependencia sem muito rumor; não nos atrevemos deixar que os Inglezes estejam aqui por muito tempo; não faremos tambem muito estrondo, que cause perturbações; se nisto fazemos bem ou não, pedimos a Vossa Magestade se digne insinuar-nos o melhor. Alem disto avisâmos a Vossa Magestade que nesta cidade de Cantão, assim dentro como fóra della, tudo está em paz e o povo se acha em socego. Apresentâmos a Vossa Magestade o memorial que nos remetteram os Inglezes com a sua traducção, para que Vossa Magestade o veja e se digne determinar o que fôr servido. Nós vassallos ouvimos dizer que o reino de Portugal ficára occupado pelos Francezes; que o seu Rei se mudara para o Brazil; que a esquadra dos Inglezes e todos os portos vizinhos a Manilla ficaram tambem apoderados pelos Francezes. Alguns annos a esta parte não têem apparecido navios francezes, e os de Manilla tambem muito poucos teem apparecido, porque os Inglezes com a sua es-

1808 Outubro 23

1808 Outubro 23 quadra pilham-os, roubam-lhes tudo, e querem abarcar tudo para si; porém, agora os Inglezes sendo vencidos pelos Francezes, vieram para Macau; parece que elles querem embaraçar o caminho aos Francezes e juntamente aos naturaes de Manilla: fazem elles entre si a guerra, não por outra couza senão pela rasão de lucros: estas são as noticias que ouvimos falar, mas como ellas são vindas de longe, não se podem totalmente acreditar. Com segredo examinaremos tudo isto; se acharmos ser tudo verdade, daremos parte a Vossa Magestade.

Anno 13.º do Imperador Kiá-King, aos 4 da lua 9.ª (23 de Outubro de 1808).

Carta do Conselho da Companhia ingleza ao Governador de Macau, pedindo copias da correspondencia

(Arch. do conselho ultramarino.)

1808 Outubro 29 A S. Ex.ª Sr. Bernardo Aleixo de Lemos e Faria, Governador e Capitão Geral de Macau.

Senhor.—Nós pedimos de estabelecer a V. Ex.ª, que pelos avisos que temos recebido de Cantão se vê de certo, que as representações feitas por V. Ex.ª, respectivas ao objecto do Governo Britannico em mandar hum destacamento de tropas para a protecção de Macau, não têem sido jámais communicadas ao Governo de Cantão, mas sim pelo contrario, que os Mandarins do districto têem feito declarações as mais oppostas ao que se trata. Por isso he do nosso dever de nos apresentar a V. Ex.ª, afim de que se applique ao Vice-Rei de Cantão, com as mais inequivocas representações das justas e necessarias medidas que têem sido adoptadas pelo nosso Governo; e como nós não podemos pôr confiança sobre informações desta natureza, sendo entregues por hum homem que se tem comportado tão fraudulentamente, nós julgâmos absolutamente necessario que huma copia de taes representações se haja de mandar ao Almirante Drury, para ser seguida com qualquer communicação que elle tenha a fazer ao Governo de Cantão em huma occasião tão interessante á nação portugueza e ingleza, pois huma estricta observancia de formalidades de costume he na nossa opinião desnecessaria. Nós sentimos hum detrimento para contar a repugnancia que V. Ex.ª tem mostrado em seguir o exemplo de S. Ex.ª o Vice-Rei de Goa, não chamando a todos os leaes Portuguezes, para que se esforcem no maior grau possivel na opinião das vistas dos nossos inimigos; e deve ser evidente de que sem a ajuda de tropas britannicas Macau deve cahir na primeira força que se apresente contra elle; por isso nós não podemos suppôr senão de que publicamente se chamassem os habitantes do logar, e então elles não se achariam tão esquecidos dos seus deveres para com o seu Principe no empenho de se esforçarem a manter as tropas britannicas na sua posição, já que em vez de praticarem todos os seus esforços para este effeito, elles trabalham para as remover, e temos muita razão de nos persuadir que muitos agora o estão fazendo; mas podem ser promptamente advertidos por V. Ex.ª 1808 Outubro 29

Nós temos a honra de ser — De V. Ex.ª mais obedientes e humildes creados — J. W. Roberts — J. Helphingstone — W. Bramston — W. Baring.

Macau, 29 de Outubro de 1808.

Resposta do Governador de Macau ao Conselho da Companhia Ingleza

(Arch. do conselho ultramarino.)

Senhor J. W. Roberts e mais Senhores do Selecto Conselho da Honoravel Companhia Britannica na China. 1808 Outubro 30

Honoraveis Senhores. — Recebi a carta que esse Selecto Conselho me dirigiu em data de hontem, pela qual vejo, com não pequena admiração e sentimento, que esse Selecto Con-

1808 Outubro 30 selho me representa que os Mandarins do districto não têem apresentado ao Governo de Cantão as chapas que por esta cidade tem sido enviadas sobre a expedição britannica, antes dando informações fraudulentas, obrigam a que esse Selecto Conselho me requeira, se façam ao mesmo Governo immediatas representações, dando copia para que o Exmo Almirante Drury a possa fazer chegar em communicação que haja de ter com aquelle Governo; concluindo com demonstrações de desprazer pela persuasão de ter sido em mim voluntaria a falta de chamar em publico os moradores da cidade, para que a exemplo da capital de Goa ficassem sabendo a actual crise da Europa, e esforços de Sua Magestade Britannica a bem de Sua Alteza Real e seus estabelecimentos. Entre as difficuldades que apontei ao Exmo Almirante e aos primeiros membros desse Selecto Conselho, desde a chegada das forças britannicas, foi a complicação com o Governo Sinico, para que o conhecimento adquirido pela experiencia de dois Governos em hum paiz cujos costumes só a pratica póde fazer entender, tendo-me em alguma maneira deixado inteirar do systema daquelle Governo, e muito principalmente sendo-me patentes os vinculos que o enlaçam com esta cidade, não me deixava esperanças de hum resultado feliz, ou ao menos destituido de perigos e trabalhos só a vencer, quando huma constancia assidua e soffredora fosse compativel com os interesses das duas nações, na epocha do seu maior giro. Taes principios, apesar da solidez que deixo ao publico ajuizar, foram reputados como pretextos em desabono da expedição e das intenções dos seus directores; e querendo-se de qualquer modo as tropas em terra, me assegurou esse Selecto Conselho em officio de 20 do mez passado e o mesmo Exmo Almirante de bôca e até em huma declaração por escripto, pouco favoravel ao exercicio do meu emprego, que qualquer opposição da parte do Governo Sinico se concluiria entre S. Ex.ª e o Vice-Rei de Cantão. Esta segurança me deixou tanto em socego, quanto, julgando teria fim a coalisão, me admira ver agora que ella ainda depende das representações desta Governança, quando esse Selecto Conselho já em 1802, e ao depois em officios dirigidos a Cantão e a Pekim, só reconhecia pender a entrada e existencia de suas tropas nesta cidade das imperiaes deliberações. 1808 Outubro 30

Apesar de tudo fiz e a cidade todos os esforços para que a expedição não fosse reputada de fins sinistros, dirigindo-me por isso pelo meio ordinario aos Mandarins do districto, como competentes nos negocios da cidade; e se da parte delles tem havido algum dólo, não me sendo a cargo a imputação, me fica só livre hum novo recurso, em que exporei as justas queixas que esse Selecto Conselho me aponta, de que se facilitará copia; sem faltar ao expediente do estylo darei campo para que se conheça qualquer falta da parte dos mesmos Mandarins.

Já fiz saber a esse Selecto Conselho, que entre os moradores que têem a honra de viver á sombra da bandeira Portugueza não divisava hum que deixasse de reconhecer a Real Familia de Bragança, com tanto maior respeito quanto maiores têem sido os beneficios recebidos em honra da cidade de Macau, sua Governança e gloria de seus moradores; porém, como a todos os habitantes não seja vedada a má tranquillidade publica do seu paiz, não he estranho que cada hum lastime o seu estado, segundo nelle influam as actuaes circumstancias, sem comtudo blasphemar a sua origem, mas só os seus effeitos, que em todos são differentes.

Os paes de familia lastimam o abandono dos seus tenros filhos nos braços de suas esposas, esperando em commum pranto o seu desfallecimento por falta das amas chinas que se retiraram. Os miseraveis infelizes que têem no mercado diario o seu recurso, segundo a agencia do dia, choram a carestia e escacez dos alimentos e receiam a usual prohibição da sua venda.

Os mais abastados observam chegado o tempo das suas novas especulações, e ainda têem empatados os seus generos, pela falta do giro desde cincoenta e tantos dias, e alguns dos navios ainda continuam sem fabrico pela fugida dos artifices chinas.

Os encarregados da publica administração, que julgam

1838 Outubro 30 não ter maior auctoridade, que a que lhes dá a lei e seus regimentos, vacillam, divisando que os fundos que lhes são confiados, seja para manutenção de orphãos e de sua propriedade, seja para obras pias, seja emfim para as despezas publicas, se acham ainda em hypothecas susceptiveis de qualquer estrago que a malevolencia possa produzir, e por consequencia ainda incerta a sua realisação, para que, ordenado o novo giro, se continue na fortificação do unico conducto, por onde recebem as caixas particulares e publicas; os mananciaes da geral subsistencia receiam que esforços que possam alterar a marcha que lhes he ordenada, sejam maiores que aquella auctoridade, apesar do seu particular desejo.

Os mesmos habitantes chinas dados ao trafico e officios têem evacuado as suas habitações, levando o mais inferior de seus trastes para as aldeias vizinhas, cuja causal, sendo desconhecida, faz temer resultados não desusados em paizes asiaticos, a que toda a vigilancia, pela multiplicidade de povo, será sem duvida frustrada e inutil.

Portanto, apresentando-se a hum publico, a maior parte pusilanime ou sem uso de observar disposições bellicas e seus effeitos, por hum lado estes acontecimentos e reflexões, e por outro ameaças dos Mandarins, insultos dos da populaça sempre temidos pelos moradores desta cidade, por antigos factos bem demonstrativos da opposição dos primeiros á contravenção das constituições imperiaes, e do seguimento dos segundos, por adulação aos seus, sem attenção aos estranhos de qualquer classe; não he de admirar lastime a sua situação e aspire á conclusão de assumptos tão importantes, sem cairem na ruina total do seu estabelecimento, que julgam mais imminente por aquellas ameaças em comminação do rompimento de Convenções, que sem faltar á fidelidade do Soberano, antes indo conforme ás suas recommendações, têem buscado respeitar e cumprir desde duzentos e tantos annos.

Devo, pois, assegurar a esse Selecto Conselho, que não me ficando escrupulo da lealdade dos moradores e seu reconhecimento ás boas intenções e particulares disvelos de Sua

Magestade Britannica pela melhor guarda e conservação dos estabelecimentos Portuguezes, como estes mais unidos aos do mesmo Soberano pelos vinculos mercantis que os enlaçam, demorei, alem de outras razões politicas de que não descobri modelo na proclamação de Sua Alteza Real, a publicação da de Goa dada em differente paiz e differentes datas e circumstancias, que por me não serem declaradas, nem aquella ordenada, julguei ter excedido em fazer da mesma proclamação hum publico registo, e facilitar copias a todos os moradores; mas para que não ficasse sendo tomado como pretexto, o que aliás he conforme a hum Governo subalterno, mandei já hontem fazer a publicação a toque de caixa, apesar de qualquer confusão entre os mesmos Chinas que possa parecer em opposição ás suas reiteradas repugnancias da existencia das tropas britannicas, cujos effeitos sendo bem conhecidos aos judiciosos membros desse Selecto Conselho, me deixam na intelligencia de que a coalisão não chegará ao extremo de arrastar após si a ruina de hum estabelecimento tão amado de Sua Alteza Real, estando por isso na necessidade, emquanto aquella se não fizer mais proxima e irremediavel, de cooperar, como prometti pela Convenção, que até agora tenho buscado cumprir, bem como a ordem que recebi ao mesmo respeito, cuja intelligencia assim como a mente daquelle Soberano jámais poderá entender-se de outro modo. 1808 Outubro 30

Tenho a honra de ser com muita consideração — Honoraveis Senhores, o mais attento e obsequioso servidor — Bernardo Aleixo de Lemos e Faria.

Macau, 30 de Outubro de 1808.

Resposta do Conselho da Companhia Ingleza ao Governador de Macau, queixando-se da opposição feita á expedição ingleza

(Arch. do conselho ultramarino.)

1808 Novembro 3 A S. Ex.ª Sr. Bernardo Aleixo de Lemos e Faria, Governador e Capitão Geral de Macau, etc., etc.

Senhor. — Nós temos a honra de accusar a recepção da carta de V. Ex.ª de 30 do ultimo, e profundamente, como devemos, de lamentar a situação na qual V. Ex.ª descreve os habitantes de Macau, vassallos de Sua Magestade Fidelissima; nós não a podemos considerar senão como nascente da linha de conducta que V. Ex.ª e o Governo de Macau pensou a proposito de adoptar na intimação dada da chegada do Almirante Drury com tropas para a protecção de Macau.

V. Ex.ª e o Governo de Macau julgou necessario tomar todas as medidas para destruir os designios da expedição, e em consequencia repetidas declarações foram feitas ao Governo Sinico das hostis vistas e intenções dos Britannicos, e ao mesmo requerida e pedida assistencia e protecção,

Nós estamos de mais certos de que estes esforços de V. Ex.ª e do Governo de Macau foram com o maior ciume segundados de muitos outros particulares partidos, e de que depois do periodo no qual V. Ex.ª e o Governo de Macau tinha officialmente desistido (como vós nos tendes informado), as suas particulares representações, comtudo, se não mudaram e persistiram, como nós temos já sido obrigados de noticiar a V. Ex.ª outra da mais injusta e infundamental natureza das cousas tendentes, que foram circuladas com muita actividade e industria.

Semelhante conducta nos pareceu não só extraordinaria, como tambem inexplicavel, como devia de ser obvio a qualquer em algum grau informado com o caracter sinico de que as consequencias seriam mera e grandemente prejudiciaes, e que podiam tender á ruina dos melhores e queridos interesses deste estabelecimento.

A total ignorancia do Governo Sinico nos negocios estrangeiros, junta a hum excessivo ciume e suspeição de estranhas communicações, fabricaram huma facil tarefa para os inimigos dos alliados da Augusta Casa de Bragança, para animar o estabelecimento que nós temos descripto; desconfiança e espanto he o que produziram os mandatos, dos quaes têem nascido as difficuldades e calamidades representadas por V. Ex.ª

1808 Novembro 3

Quando V. Ex.ª nos noticia o aperto e necessidade do commercio experimentado em Macau, deve de estar persuadido de que nós não soffremos menos as consequencias e perdas que tendem da interrupção do commercio, que molestam não sómente os extensos interesses da nossa Honoravel Companhia, como mais se estendem a huma grande parte do commercio da India; porém, bem longe de assegurar o Contra-Almirante Drury ou nós outros como causadores disso, nós somos compellidos de attribuir tudo aos actos de V. Ex.ª e do Governo de Macau.

V. Ex.ª nos aponta a falta de attendencia do Contra-Almirante Drury e a nossa deputação a huma estipulação estabelecida para se ajustar, nomeando que nenhuma inconveniencia deveria produzir ao Governo de V. Ex.ª do desembarque das tropas, e de que tudo e qualquer cousa relativa a isso seria arranjada pelo Almirante Drury e o Vice-Rei de Cantão.

Nós entendemos que o que temos já dito he huma sufficiente réplica a nos desobrigar; nós temos mais a observar de que este ajuste meramente teria logar na hypothese e convicção de que era a intenção de V. Ex.ª e do Governo de Macau de unir-se firme e cordealmente, para cooperar com o Contra-Almirante Drury em todos estes negocios; isto, como nos primeiros estabelecimentos a V. Ex.ª, não podemos pensar ter sido executado.

Os medos que V. Ex.ª estabelece de terem sido excitados pela mudança dos habitantes chinas e conjunctos seus effeitos, nós os considerâmos totalmente sem fundamento, visto os vassallos de Sua Magestade Fidelissima possuirem, como V. Ex.ª crê o fazem, aquelles sentimentos de lealdade e affe-

1808 Novembro 3 cto pela Augusta Casa de Bragança e seus alliados, e estão resolvidos a adoptar aquella conducta tão fortemente recommendada e declarada na proclamação que nós tivemos a honra de entregar a V. Ex.ª de S. Ex.ª o Vice-Rey de Goa.

Nós devemos outra vez expressar o nosso pezar de que a proclamação se não fez publica na maneira do estylo immediatamente á sua recepção, e devemos observar que as razões por que V. Ex.ª assim obrou, em nada convencem as nossas imaginações, porquanto nós não podemos suppôr de que esta proclamação teria sido transmittida, como foi por nós, ou de que a carta que acompanhava do Vice-Rei a V. Ex.ª teria sido escripta, menos para o expresso fim de auctorisar a proclamação á sua publicação, do que para segurar com ella hum decisivo supporte e influencia.

As applicações de que V. Ex.ª nos informa ter transmittido ao Governo Sinico, são satisfactorias, e nós confiâmos que produzirão beneficiosos effeitos, pois estamos inteiramente persuadidos de que nada póde commover as presentes difficuldades e miserias, alem da firme e cordeal cooperação da parte de V. Ex.ª e do Governo de Macau.

Tal e unica direcção de conducta he que póde restaurar aos vassallos de Sua Magestade Fidelissima o commercio e beneficio, que ao presente se acham suspensos; e por huma preservação em sentimentos de lealdade, fidelidade e affeição á Augusta Casa de Bragança, he que se poderão unicamente preservar os habitantes de Macau.

Nós temos a honra de ser—Senhor, seus mais obedientes e humildes creados—William Bramston—J. Helphingstone—W. Baring.

Macau, 3 de Novembro de 1808.

Carta do Conselho da Companhia ingleza ao Governador de Macau pedindo-lhe armazens para desembarcar valiosas cargas de fazendas da Companhia das Indias.

(Arch. do conselho ultramarino.)

A S. Ex.ª Sr. Bernardo Aleixo de Lemos e Faria, Governador e Capitão Geral de Macau, etc., etc. 1808 Novembro 27

Em consequencia da determinação do Almirante Drury ao sr. Roberts para descarregar alguns ou todos os navios da Honoravel Companhia ao presente em Vampu, nós somos determinados de fazer applicação a V. Ex.ª para armazens ou gudões de recebimento dentro da cidade de Macau, para depositar as valiosas cargas pertencentes á Honoravel Companhia das Indias de leste.

Ha de ser obvio a V. Ex.ª que a necessidade da medida proposta nasce da opposição que os chinas ainda continuam á protecção e ajuda que o nosso Governo concedeu a este estabelecimento, e de que debaixo das presentes e todas outras mais difficuldades que possam oppôr, V. Ex.ª não falhará em usar seus mais extremosos esforços e prompta cooperação comnosco, e de que ha de devidamente considerar de que os sacrificios que possam ser requeridos ou feitos pelo vosso Governo ou dos habitantes de Macau, não podem ser mais do que huma bagatela, em proporção ao que nós temos soffrido pelo embaraço e total suspensão do nosso tão valioso commercio, e huma consideravel despeza, com innumeraveis pezares e inconveniencias, afim de obter o objecto de huma perfeita segurança a esta colonia. Nós, portanto, confiadamente esperâmos de que V. Ex.ª ha de immediatamente mandar as necessarias ordens para assegurar as accommodações procuraveis para o assumpto que se requer e de que he questão, e de que vos dignareis de nos habilitar o mais breve que fôr possivel, afim de que possâmos transmittir contas das favoraveis considerações de V. Ex.ª ao Contra Almirante Drury e ao Sr. Roberts sobre este assumpto.

1808 Novembro 27 Nós temos a honra de ser, de V. Ex.ª muito obedientes e humildes creados — J. Charles Pattle — W. Bramston — J. Helphingstone — W. Baring.

Macau, 27 de Novembro de 1808.

Resposta do Governador de Macau ao Conselho da Companhia ingleza

(Arch. do conselho ultramarino.)

1808 Novembro 28 Senhores do Selecto Conselho da Honoravel Companhia Britannica na China.

Honoraveis Senhores.—Recebi a carta dirigida por esse Selecto Conselho em data de hontem, pela qual me faz saber, que havendo o Exmo Almirante Drury determinado ao Sr. Roberts a descarga de alguns ou todos os navios da Honoravel Companhia ao presente em Vampu, me requeria fizesse apromptar os precisos armazens para depositar nesta Cidade as importantes fazendas de propriedade da Honoravel Companhia, dando por fundamento desta inesperada medida a opposição dos chinas ao auxilio que o Governo Britannico enviou a este estabelecimento, pelo qual esse Selecto Conselho espera da minha parte os mais estremosos esforços a tantos prejuizos e despezas que tem soffrido, e declaram maiores que os que possa apontar este publico.

Não tenho a menor duvida em prestar a minha condescendencia ás deliberações do Exmo Almirante a bem da expedição e desta cidade, sou comtudo forçado a repetir o que, sendo a todos publico, me admira deixe de ser reconhecido pelo sr. Roberts de antiga existencia na China.

A policia deste paiz, alem das suas particulares Convenções com os chinas, não admitte navio algum estrangeiro senão nos casos da mera hospitalidade recommendada pelo mesmo direito das gentes, e aqui só aos navios dá entrada ou sahida de Cantão, para se habilitarem até poderem con seguir a continuação do seu destino, isto depois de se verificar por meios juridicos e competentes a veracidade de suas allegações; e nestes termos estando algum dos pertencentes á Honoravel Companhia, não haveria difficuldade na sua admissão, porém se ao depois nascer da opposição dos chinas ao commercio em Cantão, sem outras algumas vistas, assim mesmo descubro embaraços para fazer verificar o que aliás he conforme aos meus desejos. 1808 Novembro 28

Teem aquellas Convenções ligada esta Governança tão sómente á importação dos generos conduzidos em os navios comprehendidos no numero estabelecido pelo mesmo Governo Sinico, a quem se faz saber a entrada e saída com declarações demonstrativas das especies carregadas; e portanto, vê-se que a entrada ou admissão neste porto para aquelle effeito se torna frustrada, alem de prejudicial, porque se o Governo de Cantão tem deliberado a exclusão, a mesma praticará nesta cidade; cujas circumstancias fazendo ter na protecção imperial a sua primeira existencia, não offerecem meio para illusão, que não traga a sua total ruina, em prejuizo da mesma Soberania que tanto buscam auxiliar.

Reconheço terem sido grandes os seus sacrificios, e que estes na amplitude do giro da sua Honoravel Companhia tenham excessos illimitados sobre os que faz esta praça; mas a sua mesma pequenez não lhe sendo a cargo, lhe faz mais insupportavel hum pezo, que tive occasião de lembrar muitas vezes a esse Selecto Conselho seria consequencia infallivel das medidas que projectavam para soccorro de hum estabelecimento que os chinas porfiam em declarar parte do seu dominio, circumstancias que só bastam para tornar senão arriscados os meus esforços pelo ciume e escrupulos proprios da nação, ao menos inuteis e sem effeito.

Accresce que, alem de serem poucos e pequenos os armazens do publico e particular, todos insufficientes para a arrecadação segura de cargas tão apreciaveis e volumosas, estes mesmos, por falta do giro occasionado pela expedição se acham ainda cheios e embaraçados, como a todos he notorio.

1808 Novembro 28 Portanto, se apezar de tudo, em continuação do meu disvelo mais de huma vez patenteado, algum navio ou seu carregamento estiver em estado de tornar exigivel a protecção dos innocentes soccorros facilitados pelos principios estabelecidos entre nações civilisadas no solido apoio da mais inteira reciprocidade, sem offensa de laços domiciliarios e privativos sustentados em gloria da nação e do Soberano; e se demais descobrem na cidade abundantes accommodações, não terei duvida facilitar a descarga nos referidos termos, deixando a cargo desse Selecto Conselho os obstaculos para com os chinas, que as minhas forças e costume estabelecido não possam fazer venciveis sem maior e mais imminente damno deste mesmo estabelecimento.

Tenho a honra de ser, Honoraveis Senhores, muito attento e obsequioso servidor — Bernardo Aleixo de Lemos e Faria.

Macau, 28 de Novembro de 1808.

Chapa do Procurador da cidade ao Mandarim de Hiang-xam, sobre a pretenção da Companhia ingleza para desembarcar as fazendas

(Arch. do conselho ultramarino.)

Eu o Procurador da cidade faço saber a V. M.[ce] Sr. Mandarim de Hiang-xam, que recebi a sua chapa, pela qual pergunta se recebemos carta dos Inglezes para o desembarque das suas fazendas, declarando-nos não devermos consentir em taes propostas, como prohibidas pelas Constituições imperiaes e costumes estabelecidos.

Com effeito, recebeu o Sr. Governador huma carta datada de 27 de Novembro do Conselho da Companhia Britannica, pela qual lhe participava que em consequencia da ordem do Exmo Almirante ao primeiro Sobrecarga da mesma Companhia para descarregar alguns ou todos os navios que lhe pertencem, se viam na necessidade de recorrer ao referido Senhor para que em Macau fizesse apromptar armazens sufficientes a este fim, isto he, no fundamento da opposição que teem experimentado da parte do Exmo Suntó de Cantão ao auxilio que vieram prestar a esta cidade, de que lhe tendo resultado não pequenos prejuizos, lhes convinha verificar este desembarque como em deposito. Mas porque a policia deste paiz, alem das particulares Convenções com o Governo Sinico e costumes estabelecidos apontados por V. M.^cê^, não admitte navio algum de nação estrangeira senão nos casos de mera hospitalidade recommendados pelo direito das nações civilisadas e amigas para prestação dos innocentes soccorros de que possam carecer para melhor chegar a Cantão, ou dalli sairem; accrescendo não haver armazens proprios, nem tão pouco sendo util tal desembarque, porque não havendo importação para o interior do Imperio sem ser por meio das alfandegas sinicas, se verificaria do mesmo modo o empate, sem utilidade, antes complicação com o mesmo superior Governo de Cantão, que havendo determinado a exclusão, não nos convinha involver-nos em maior damno, etc.; nestes termos se lhe negou em respostas o desembarque pedido, salvo se, sem offensa dos costumes estabelecidos e Constituições imperiaes, se verificasse em algum a necessidade de receber qualquer dos ditos innocentes soccorros nos termos referidos. 1808 Novembro 28

Depois desta resposta não tem havido nova instancia, que havendo, ou qualquer outro acontecimento, darei immediatamente parte certa, no que V. M.^cê^ me recommenda.

Macau, 28 de Novembro de 1808.

Chapa do Mandarim de Hiang-xam ao Procurador da cidade, para que não permitta o desembarque de fazendas

(Arch. do conselho ultramarino.)

1808 Novembro 30 Faço saber a V. M.ce, Sr. Procurador da cidade, que a respeito do desembarque das fazendas dos navios Europeus, cada hum desses navios tem o seu logar determinado; em Macau se concede tão sómente a vós Europeus Portuguezes, e não aos mais individuos de outros reinos, o permanecerdes ahi para que possaes negociar. Emquanto aos mais navios estrangeiros de outros reinos, devem os ditos entrar em Huam-pu, e ao depois devem mandar avisar primeiramente ao Ex.mo Suntó; este mandará aos Hanistas que sejam fiadores delles e tomem sobre si a responsabilidade; então se lhes ha de permittir que se abra o porão para fazer a descarga das fazendas; isto he o costume antigo, sempre observado e praticado. Presentemente ouvi dizer que o Capitão dos soldados inglezes (o Almirante) tinha escripto ao Sr. Governador de Macau e a V. M.ce que procurassem e escolhessem mais de dez moradas de casas, ou sejam grandes ou pequenas, para se depositarem nellas as fazendas dos navios chegados de Huam-pu, etc, etc. Na verdade he demasiada ousadia. Por isso lhe envio esta chapa, para que sendo ella vista e lida, haja V. M.ce de observar as leis imperiaes, e conforme as ditas leis deve com todo o esforço prohibir ou impedir o desembarque das fazendas desses individuos; porém, se elles quizerem fazel-as desembarcar por força, vos permittimos que façaes tiros de bombardas sobre elles; mas se vós vos atreverdes occultamente a permittir-lhes o desembarque, então avisarei logo sem demora ao Ex.mo Suntó para que sejaes punidos como socios desses individuos no crime ou culpa, e reputados como cooperadores na mesma culpa. Alem disso espero que V. M.ce, Sr. Procurador, me faça saber em que dia tinha chegado a dita carta, se na realidade a recebera; deve V. M.[cê] dizer a verdade, e não queira occultar o que se deve dizer com sinceridade, etc. 1808 Novembro 30

Anno 13.º do Imperador Kia King, aos 13 da lua 10.ª

Edital que o Mandarim Nan-hai, por ordem do Suntó de Cantão mandou publicar e affixar nas ruas publicas contra a nação Britannica

(Arch. do conselho ultramarino.)

Eu, por especial nomeação, Mandarim Governador da villa de Nan-hai (districto de Cantão), com accrescentamento de doze graus de beneficio, e mais dois por serviços militares, por appellido *Sié*:

Faço saber a todos os que este edital virem, que ao presente me foi intimada huma chapa do Tribunal do Exmo Suntó destas duas provincias *Vu-ta-jim*, na qual elle diz, que constando-lhe haverem os inglezes, de seu motu-proprio e sem permissão, introduzido soldados em Macau, elle Suntó de unanime accôrdo com o Exmo *Fu-yuen* deram parte ao Imperador e que Sua Magestade Imperial lhe dirigíra hum decreto, ordenando-lhe que, se os ditos inglezes continuarem a demorar-se com pertinacia, mande logo destacar soldados para os extinguir. Pelo que antes de muitos dias sendo, e serão, chamados todos os soldados para se encorporarem, se determinará o dia em que hão de entrar a extinguir os ditos maus estrangeiros, que estão unidos cercando hum pequeno espaço, e não teem capacidade nem astucia alguma; mas quando elles virem que os nossos innumeraveis soldados os vão accommetter e destruir, talvez elles vão introduzir-se nas bôcas do mar e dos rios desta costa para procurarem o soccorro de comestiveis e fazer revoluções. E portanto devia S. Ex.ª rapidamente mandar expedir esta chapa, a qual logo

1808 Novembro 30 que fosse recebida, eu, o Governador desta villa, conformando-me ao nella ordenado, mandasse immediatamente destacar soldados escolhidos dos mais robustos desta repartição, e com elles guarnecesse todas em embocaduras do mar e rios desta costa, e com estricta vigilancia e cautela estejam prevenidos guardando os muros e logares. E que se os ditos maus estrangeiros fugirem para junto daquellas visinhanças, sem demora os prendam e amarrados os conduzam, etc.

Em virtude desta ordem tenho já expedido ordens a todos os Mandarins de letras e de armas deste meu districto para destacarem e enviarem soldados e meirinhos, para que estejam postados pelas margens dos rios e costas, estreitamente vigiando e investigando; alem do que, considerando tambem que no suburbio occidental desta villa ha huma grande confluencia de mercadores, espessos como o fumo, e tambem he o sitio onde concorrem os Hanistas dos treze Hans a fazer o seu commercio com os estrangeiros, e que por ser logar onde tem havido desordens, se faz preciso guarnecel-o em estado de segurança; alem de ter já segurado o dito sitio com as tropas e Mandarins que o Exmo Suntó para este fim tem destinado, recommendando duplicada vigilancia e prevenção até o ultimo extremo para lhes impedir todos os caminhos, sómente receiando que não baste a vigilância daquelles para este fim, assento que se vós os mercadores, botiqueiros e mais gente da plebe de todas as classes vos preparardes, ajudando a guarnecer todas as aldeias e logares com os homens mais valorosos, para assim as diligencias dos outros ajudarem tambem as vossas e se tratar melhor este negocio: He o motivo por que devo mandar publicar esta chapa dirigida a vós os Hanistas, botiqueiros e mais gente do povo, ordenando-vos que em commum determineis e resolvaes, distribuindo entre vós a defensa de cada hum dos logares dos vossos respectivos districtos. Em vós me dando os nomes, eu vos distribuirei armas para vos guarnecer, e assim com a pureza das vossas intenções vós lhe resistireis. Dentro do prazo de tres dias, se tiverdes completado hum sufficiente numero e o enviardes á minha presença para eu lhe passar revista, nisto dareis huma prova de cada um de vós ter cuidado em conservar as vossas pessoas e casas; e fareis conhecer que não quereis demorar, antes vos apressaes, para não frustar os vossos proprios interesses. 1808 Novembro 30

Álem disto, se os ditos estrangeiros com o adjutorio dos mares ainda tornarem a vir com a modica confiança nas suas bombardas, e elles não succumbirem todos á multidão dos soldados que os Mandarins grandes destacarem para os destruir, então ou por falta de alimentos, ou cançados da demora, ou pelas de que todos e cada um de vós estaes prevenidos, não vos será difficil o destruil-os em breve tempo.

Não convem aos primeiros encontros desanimar. As turmas da gente marchem em boa ordem e com o coração socegado. De todas as palavras e desordens que a gente disser e fizer, se dará parte, afim de se darem providencias e socegar o povo.

Se vós os que produzis, guiardes o povo segundo as regras, e o animardes com o vosso exemplo, sereis o abrigo e esperança dos povos. Acontecendo, porém, que algum ignorante do povo das aldeias tiver susto, e temer em adiantarse, vós o deveis ajudar e animar; mas se vos atreverdes a temer e ser os primeiros a esconder os vossos corpos, dando mau exemplo ao povo rude para tambem vos imitar no temor, logo que este vosso procedimento chegar á noticia dos superiores, talvez vós não podereis supportar o peso das suas consequencias.

E para que nisto não haja contravenção se mandou com especialidade publicar este edital.

Anno 13.° do Imperador Kiá King, aos treze dias da nona lua. (Dia 30 de Novembro de 1808.)

Chapa do Suntó de Cantão ao Almirante Drury e ao primeiro Sobrecarga da Companhia ingleza, intimando-lhes o decreto do Imperador para fazer evacuar as tropas inglezas de Macau

(Arch. do conselho ultramarino.)

1808 Dezembro 4

Eu o Mandarim *Vu*, por mercê do meu Principe Suntó (Vice-Rei) das duas provincias de *Kuang-ton* e *Kuang-Si*, membro deputado do Tribunal da guerra, etc.

Por esta declaro e faço saber a todos: Que constando-me haverem as tropas inglezas entrado absolutamente em Macau, eu de commum conselho dei parte por huma chapa official ao Imperador, cujo despacho ou decreto, que ao presente recebi, he do teor seguinte;

Despacho do Imperador

O Suntó *Vu-Shiung-Kuang* e Mandarins de Cantão deram parte de haverem as tropas inglezas entrado absolutamente e sem permissão em Macau, etc.

Estes Inglezes pretextando o haverem os Francezes invadido e senhoriado o reino de Portugal, seu intimo alliado, dizem que receiando que os Portuguezes residentes em Macau sejam atacados pelos Francezes, e que o seu commercio seja interceptado, enviaram hum chefe conduzindo soldados da sua nação e navios de guerra para os ajudarem e defender, e tambem para protegerem o seu proprio commercio, etc.

Nenhuma destas palavras se póde acreditar, pois nunca houve tal costume. A este respeito, pois, ordeno que se os ditos soldados e navios estrangeiros ao presente tiverem evacuado Macau, esta dependencia se haja por finda; mas se ainda não tiverem saído, logo se faça expedir ordem ao Suntó *Vu-Shiung-Kuang* e Mandarins de Cantão para que me mandem escolhidos Mandarins de letras e de armas, que vão como delegados a Macau intimar este decreto, os quaes rigorosamente reprehendam e castiguem, segundo as leis prohibitivas da Celestial Dynastia, com summa severidade e sem indulgencia, para com este exemplo se evitarem semelhantes attentados. 1808 Dezembro 4

Na occorrencia da inimizade que os Portuguezes e Francezes teem entre si, ainda que elles se combatam e matem, como isto acontece fóra dos limites deste Imperio, este se não intromette nas suas contendas, nem lhes vai lá perguntar o motivo das mesmas. Como porém nestes proximos annos os estrangeiros de remotas regiões andam em contenções, se dois reinos entre si inimigos, combatendo-se e matando-se reciprocamente, chegarem ás portas deste Imperio a solicitar algum adjutorio ou allivio, o Grande Imperador lho prestará sem duvida, conforme a sua solida piedade, mas sem a minima paixão por nenhuma das partes contendentes.

Assim o Imperio da China como os demais reinos estrangeiros todos teem seus certos limites territoriaes. Devem lembrar-se de que os navios da China jámais nunca, sulcando a immensidade dos mares, foram até aos paizes estrangeiros occupar ou delinear os seus respectivos territorios; mas os vossos navios de guerra teem ousado aproximar-se a Macau e lançar soldados em terra e nella fazerem sua residencia, o que he contra a razão, e huma ambição e cegueira extrema.

Emquanto ao allegardes vós que tendes vindo para auxiliar os Portuguezes de Macau, reciando que elles sejam atacados pelos Francezes, porventura ignoraes vós que estando os Portuguezes habitando no territorio deste Imperio, nunca os Francezes se hão de atrever a vir incommodal-os? E que se elles, infringindo as leis da Celestial Dynastia, o intentassem fazer, estas mesmas leis sempre existentes nunca tal consentiriam? E que não haveria condescendencia alguma para com elles, antes pelo contrario se deveriam immediatamente destacar robustos e valorosos soldados para os combater, devastar e matar? Sabendo pois vós estas prohibições por que razão tendes enviado soldados para vir prestar este auxilio e protecção?

1808 Dezembro 4 Pelo que respeita ao outro motivo que allegaes de se achar a costa destes mares infestada de piratas, e que nesta consideração vós desejaes com as vossas forças fazer serviços a este Imperio, deveis saber que a Celestial Dynastia não tem necessidade do vosso adjutorio. Os piratas maritimos repetidas vezes teem sido destroçados pelas nossas proprias forças; actualmente apenas restam alguns poucos d'elles, dos quaes huns andam errantes para a parte de leste, outros fugitivos e escondidos para oeste, porque os nossos navios de guerra por todos os quatro lados os perseguem e prendem; de sorte que dentro de bem pouco tempo serão extinctos e totalmente dissipados estes ultimos restos dos ditos piratas maritimos. Que necessidade, pois, temos do vosso pretendido adjutorio? He manifesto que o motivo da vossa vinda he certamente porque, vendo vós o commercio que fazem os Portuguezes residentes em Macau, aproveitando-vos da opportunidade que vos offerecem as suas debeis forças, pretendeis a titulo de adjutorio apoderar-vos daquelle territorio, o que he directamente contra as leis prohibitivas da Celeste Dynastia.

Os Embaixadores do vosso reino que teem vindo e conduzido presentes ao Imperador Celestial, sempre se teem portado com todo o respeito e veneração; mas vós desta vez tendes-vos comportado nesciamente e infringido gravemente as ordenações. Na verdade tendes excedido todos os termos da razão. Portanto, deve antecipadamente fazer-se-vos saber que, se vós arrependidos souberdes temer, e mandardes saír com toda a brevidade os vossos soldados e os enviardes para a sua terra, sem que se atrevam a demorar-se nem o minimo intervallo de tempo neste territorio, ainda poderá ser relaxada a vossa culpa, e tambem se vos concederá a continuação do vosso commercio. Porém, se persistirdes na demora sem obediencia ás leis, não sómente continuarão a ficar fechadas as escotilhas dos vossos navios, mas tambem se vos mandará fechar a entrada maritima de Macau para vos cortar os mantimentos; e alem disto se enviarão numerosas tropas de soldados para vos cercar e prender. Então vos arrependereis sem remedio.

Em observancia deste imperial decreto, duvidando eu que os linguas e outras pessoas o podessem com a devida clareza intimar, julguei dever mandal-o copiar, e delegando dirigidamente para este fim grandes Mandarins de armas e de letras, por elles o envio para que vol-o participem e intimem. Agora, se vós os superiores dos ditos estrangeiros e mais pessoas souberdes temer e arrepender-vos, mandando immediatamente sair os soldados de volta para o seu paiz, eu então poderei dar parte ao meu grande Imperador, rogando-lhe que por huma extraordinaria graça vos conceda a continuação do vosso commercio, bem como dantes. Mas se pertinazes e obsecados não mudardes de sentimentos, antes insistirdes na demora e vã expectação, então não me restará outro expediente senão, obedecendo ao imperial decreto, dispôr e ajuntar hum numeroso exercito, com o qual vos mandarei cercar e prender a todos. Obedecei, pois, promptamente, para não terdes ao depois de que vos arrepender. 1808 Dezembro 4

Anno 13.º do Imperador Kiá-King, aos 17 dias da decima lua. (Dia 4 de Dezembro de 1808.)

Esta chapa foi em mão propria entregue ao primeiro Sobrecarga Roberts, no mesmo dia 4 de Dezembro, pelos Mandarins a este fim delegados, que foram *Kuang Choufu* (Governador da cidade de Cantão, por alcunha *Fú)* e o Brigadeiro militar do presidio da mesma capital denominado Chang, estando ambos em huma tenda de campanha sobre huma ilha visinha a *Hoang-pu*, onde foi o dito Sobrecarga com todos os Capitães dos navios da Companhia para receber a dita chapa e decreto.

Chapa de Hópú ao Procurador da cidade, restabelecendo a navegação e commercio Portuguez de Macau

(Arch. do conselho ultramarino.)

1808 Dezembro 6

Eu o Mandarim por nome Liú, que governo a alfandega do principal porto de Macau, faço saber a V. M.[cê], Sr. Procurador da cidade, que recebi a determinação do Tribunal de Kuam-pu Cham, que governa alfandegas, o qual me mandou dizer que tinha recebido o aviso de que o Procurador de Macau pedira se concedesse aos navios da mesma cidade a permissão de poderem receber cargas de suas fazendas para sairem do porto a negociar no tempo proprio e costumado; demais, que por causa da entrada dos soldados inglezes em Macau houve prohibição de commercio para todos os Europeus em geral. Mas fazendo-se ao depois a averiguação sobre a mesma entrada dos Inglezes, vieram no conhecimento de que os Portuguezes, ainda que tivessem culpa em consentir aos soldados inglezes entrar na cidade sem licença, comtudo, não são reputados totalmente transgressores das leis do Imperio, porque a dita entrada não foi totalmente da propria vontade delles, nem ainda se renderam elles á obediencia dos mesmos Inglezes.

Portanto, para mostrarmos a nossa benignidade com que se costumam tratar os estrangeiros, vos permittimos que façaes vossa negociação como dantes, segundo o costume, etc.

Pelo que faço este aviso, o qual recebido, V. M.[cê], Sr. Procurador, poderá observar o que he de costume, fazendo carregar os navios de fazendas costumadas, para que possam sair deste porto para aquelles que lhes forem destinados, fazendo tambem o aviso pelo Paó-tam, como he de costume, etc.

Anno 13.º do Imperador Kiá-King, aos 19 da lua decima. (6 de Dezembro de 1808).

Chapa do Mandarim de Hiang-xam ao Procurador da cidade para que intime os Inglezes a sairem de Macau

(Arch. do conselho ultramarino.)

Eu o Mandarim de Hiang-xam faço saber a V. M.cê Sr. Procurador da cidade, como tambem aos Srs. Governadores actual e seu successor, e juntamente aos mais Senhores do Senado, que os Inglezes que entraram nessa cidade de Macau, debaixo do pretexto de defenderem a mesma cidade contra os Francezes, não consideram que Macau he colonia pertencente ao Imperio, concedida aos Portuguezes pelo nosso grande Imperador por especial graça para morarem nella e tratarem do giro do seu commercio. Tantos seculos têem passado em que os Francezes nunca se atreveram a chegar a este paiz para perturbar o socego do povo; mas no caso que agora pretendam vir, o Ex.mo Suntó de Cantão enviará as nossas tropas para os expulsar.

1808 Dezembro 7

Se os Inglezes são amigos antigos ou alliados dos Portuguezes, como dizem, deviam elles observar as leis do Imperio, seguindo o exemplo dos Portuguezes; alem disso deviam na sua chegada avisar-me primeiramente o motivo da sua vinda, para eu então dar parte ao Ex.mo Suntó, cuja determinação se havia de executar conforme o seu mandado. Pois elles não fizeram o que deviam, antes se atreveram logo a desembarcar, entrando na cidade armados, trazendo comsigo bombardas e outros petrechos de guerra, e ainda mais occupando tambem as igrejas e fortalezas, declaram certamente por este modo de obrar, que elles fazem pouco caso da prohibição e leis do Imperio.

Vós os Portuguezes não tendes em Macau senão 200 ou 300 soldados, e elles têem mais de 1:000; vê-se claramente que pretendem constranger-vos de tal sorte, que não tenhaes o logar para a vossa morada. Se as vossas igrejas e fortalezas e moradas de casas, possuidas pacificamente por tantos

1808 Dezembro 7 seculos, ficam sujeitas á jurisdicção delles, podeis persuadir-vos que os vossos bens, mulheres e filhos não poderão jámais estar seguros. Vós supportaes tudo isso com muita paciencia; não sei com que intentos estaes vós, ou se na realidade vos communicaes tambem com elles, fazendo-vos réus da culpa e socios dos maus designios.

O Exmo Suntó de Cantão, conforme a ordem intimada no decreto imperial, tem já tropas promptas, que brevemente para lá irão; se os Inglezes resistirem, serão elles totalmente destruidos; e vós Portuguezes, se não quizerdes declarar a verdade a seu tempo, ou mais cedo, chegadas que forem as nossas tropas, não farão distincção de pessoas; então tereis arrependimento, porém já tarde.

Eu compadecendo-me de vós Portuguezes, desejo sinceramente tratar-vos como membros do meu proprio povo e filhos verdadeiros, não tendo coração de ver-vos destruidos juntamente com os Inglezes; por isso vos dirijo este aviso, o qual visto e entendido, se na realidade não tendes communicação com elles nos maus designios, ide vós instar com elles que saiam de Macau e voltem para o seu proprio reino; exhortae-os com efficacia, e ao depois me dareis aviso para eu fazer sciente ao Exmo Suntó, para que elle não faça mover os soldados e envial-os a Macau, e desta sorte ficarão sem lesão os Inglezes, e vós livres de ruinas e infelicidades; mas se assim não fizerdes, chegadas as tropas, como já disse, lhes será muito difficultoso o distinguirem huns dos outros.

Ora pois, tende cuidado e não deixeis de fazer o que vos recommendo por meio deste aviso, etc.

Anno 13.° do Imperador Kiá-King, aos 20 da lua decima. (7 de Dezembro de 1808.)

Carta do Governador de Macau ao Conselho da Companhia ingleza remettendo-lhe as chapas dos Mandarins

(Arch. do conselho ultramarino.)

Senhores do Selecto Conselho da Honoravel Companhia Britannica na China. 1808 Dezembro 10

Honoraveis Senhores.—Tendo dilatado communicar a esse Selecto Conselho a infausta intimação recebida por amiudadas e differentes chapas da parte dos Mandārins do districto, em opposição á permanencia das tropas britannicas nesta cidade, porque continuando a inteiral-os dos fins da expedição, julguei abrandariam as suas rigorosas medidas, chega emfim o momento de ver illudidas as minhas esperanças, e por consequencia, sendo o silencio hum crime, me põe na forçosa necessidade de remetter-lhe, bem a meu pezar, duas das muitas chapas recebidas as mais terminantes e attinentes ao assumpto em questão, para que em vista do seu conteúdo tão critico e importante, se sirva haver do Exmo Almirante Drury aquella resolução que mais propria lhe parecer, a bem das nossas duas nações, cujos interesses lhe são tanto a cargo, na certeza de que essa mesma farei apresentar aos referidos Mandārins, sem poupar-me á repetição dos officios de que forem susceptiveis as minhas circumstancias neste precario estabelecimento.

Tenho a honra de ser com consideração — Honoraveis Senhores, muito attento e obsequioso servidor — Bernardo Aleixo de Lemos e Faria.

Macau, 10 de Dezembro de 1808.

Resposta do Conselho da Companhia ingleza ao Governador de Macau participando-lhe que o Almirante Drury resolvera fazer reembarcar as suas tropas

(Arch. do conselho ultramarino.)

1808 Dezembro 10 A S. Ex.ª o Sr. Bernardo Aleixo de Lemos e Faria, Governador e Capitão geral de Macau.

Senhor.—Nós temos a honra de receber a carta de V. Ex.ª datada de hoje, com duas chapas inclusas ou admoestações dos Mandarins do districto de importancia ás existentes dependencias, remettendo-nos as destructivas intimações da frustração das vossas esperanças e diligencias afim de convencer os Chinas dos reaes motivos da expedição (mandada para vos soccorrer dos nossos communs inimigos) e da fallencia de vossos esforços em induzir os Mandarins para que abaixassem aquellas medidas de rigor que contra nós foram adoptadas. Que em consequencia da nossa presente situação e o actual critico estado dos negocios, parece-vos necessario que S. Ex.ª o Contra-Almirante Drury determine sobre as medidas que se devem adoptar e julgar mais beneficas aos interesses de nossas alliadas nações, as quaes vos engajaes transmittir aos Mandarins.

V. Ex.ª póde firmemente estar certo de que a participação dos seus sentimentos communicados a nós, como tambem as copias das chapas, hão de ser transmittidas com a mais possivel brevidade a S. Ex.ª o Contra-Almirante Drury, o qual nós estamos bem certos que procederá com a maior brevidade que fôr requerida.

Achando-nos já de posse dos sentimentos e determinações do Contra-Almirante Drury, afim de evitar qualquer ou todas as hostilidades para com os Chinas e de usar de todas as medidas e meios de reconciliação; e tendo já nós mesmos dado seguranças das suas intenções e de reembarcar as tropas, nós confiamos que taes intimações, sendo confirmadas por V. Ex.ª aos Mandarins, possam servir, assistidas por suas diligentes recommendações, afim de abaixar a severidade e rigor da sua conducta para comnosco, e remover todas as apprehensões de sua parte, que nenhuns maus designios ha da nossa. 1808 Dezembro 10

Com huma assim decisiva declaração das nossas pacificas e amigaveis intenções se torna desnecessario o repetir ou insistir em provar a pureza das nossas originaes intenções; porém, os atemorisamentos espalhados e circulantes da chegada de huma grande força sinica para nos refrear, e das ameaças de nos destruir e expellir por força de armas, conteúdas nestas chapas, se nos manifesta a precaução que devemos tomar e as medidas necessarias, e de que os Mandarins devem ser informados de que nós consideramos o movimento de quaesquer tropas chinezas por mais perto do que a Casa branca, como hum preparativo de ataque sobre nós, ao qual nós estamos inteiramente preparados e determinados a repellir; e em taes circumstancias de perigo nós confidentemente esperamos os cooperativos esforços de V. Ex.ª e o immediato recurso ás medidas de precaução que tenderem a assegurar esta cidade dos perigos de surpreza das forças sinicas.

Nós temos a honra de ser — De V. Ex.ª obedientes e humildes creados — Thomás Charles Pattle — W. Bramston — J. Helphingstone — W. Baring.

Macau, 10 de Dezembro de 1808.

Artigos das Convenções para as tropas inglezes reembarcarem a bordo dos seus navios

(Arch. do conselho ultramarino.)

Bernardo Aleixo de Lemos e Faria, Governador e Capitão geral de Macau; Lucas José de Alvarenga, Governador nomeado; Miguel de Arriaga Brum da Silveira, Desembargador 1808 Dezembro 11

1808 Dezembro 11 Ouvidor geral da mesma; Thomaz M. Wegnelin, Coronel commandante da tropa britannica; Capitão Thomaz Robertson, e Thomaz Charles Pattle, segundo Sobrecarga da Honoravel Companhia Ingleza, todos desejosos de dar huma conclusão util e decorosa á retirada das mesmas tropas, julgada necessaria a bem das duas alliadas nações, accordaram o seguinte:

I

Que o dito Desembargador Miguel de Arriaga Brum da Silveira fosse propôr ao Mandarim do districto a resolução que o Conselho da Honoravel Companhia havia tomado de fazer retirar as tropas britannicas vindas a esta cidade para o fim de auxilial-a contra os Francezes, pelo motivo da protestação feita da parte do Exmo Suntó de Cantão de ficar a mesma cidade debaixo da protecção do Imperio contra qualquer inimigo que attentasse a distrahil-a da Real casa de Bragança de que he Regente Sua Alteza Real o Principe Regente de Portugal, estante no Brazil, sem que por esta vinda experimente no futuro alteração o commercio britannico, que ficará no mesmo pé e systema antigo.

II

E porque esta deliberação exige a concorrencia do Exmo Almirante Drury e do primeiro Sobrecarga J. W. Roberts, de presente em Vampu, devia o mesmo Mandarim auxiliar a ida do brigue Portuguez, que vai levar o referido Desembargador Miguel de Arriaga Brum da Silveira, com o fim de terminar a mesma pendencia, sendo para isso auctorisado, obrando de maneira que se não falte aos vinculos de alliança e boa amizade que subsistem entre as tres nações, britannica, chineza e portugueza.

III

Que o Mandarim deve fazer sustar as prohibições que tem dado para a venda de mantimentos, por isso que dahi podem porvir resultas pouco concernentes ao socego que por parte das mesmas tropas britannicas se deseja conservar.

IV

Se deve da parte do Mandarim fazer suspender a marcha de quaesquer tropas chinezas durante esta conclusão, que poderá levar de oio a dez dias, tomando-se o contrario procedimento como opposto ás mesmas ordens imperiaes, que são mandativas de conservação de amizade com todas as nações que a buscam para fins sinceros e verdadeiros. 1808 Dezembro 11

Em fé de todo o referido nos assignamos em Macau aos 11 de Dezembro de 1808.—Bernardo Aleixo de Lemos e Faria—Lucas José de Alvarenga—Thomaz M. Wegnelin—Thomaz Robertson—Thomaz Charles Pattle—Miguel de Arriaga Brum da Silveira.

Carta do Desembargador Ouvidor ao Governador de Macau participando-lhe o que obtivera do Mandarim de Hiang-xam

(Arch. do conselho ultramarino.)

Illmo Sr. Bernardo Aleixo de Lemos e Faria.—Em consequencia da conferencia havida esta manhã em casa de V. S.ª relativa á expedição britannica, passei ao Pagode onde me esperava o Mandarim de Hiang-xam, com os demais encarregados; e depois de huma dilatada asserção, para soltar as difficuldades usuaes entre os de huma nação escrupulosa e em nada credula, annuiu o Mandarim á minha ida a Vampu; expediu huma embarcação de guerra a avizar ao da Boca do Tigre, e ordenou a todos os meirinhos não tolhessem aos vivandeiros a venda dos comestiveis aos vassallos da nação britannica, assim empregados no serviço militar, como da Companhia, assegurando que nos oito e dez dias promettidos não haveria movimento nas suas tropas, bem inteirado dos fins da mesma expedição, e de nascer a retirada das referidas tropas inglezas de cessar a causa de sua vinda com as publicas protestações da parte do Superior Governo Sinico

1808 Dezembro 11 de ficar o estabelecimento debaixo da sua protecção contra os inimigos da Real Casa de Bragança, na certeza novamente assegurada pelos Mandarins da conferencia, de que o commercio britannico com a praça ou feira de Cantão ficará no mesmo pé e systema antigo, de que tudo passava a informar os Superiores, na ideia do reembarque. Emquanto não chego, V. S.ª queira deliberar a maneira e hora da partida, para que estou prompto.

A Ill.ma pessoa de V. S.ª Guarde Deus muitos annos.

Macau 11 de Dezembro de 1808, ás 5 horas da tarde. — De V. S.ª attento venerador e obrigado criado — Miguel de Arriaga Brum da Silveira.

Carta do Desembargador Ouvidor ao Governador de Macau, dando-lhe conta da sua ida á Bôca do Tigre

(Arch. do conselho ultramarino.)

1808 Dezembro 14 Ill.mo Sr. Bernardo Aleixo de Lemos e Faria. — Tenho a honra de informar a V. S.ª, que em virtude da minha commissão passei á Boca do Tigre, onde cheguei ás dez horas da noite a 12 do presente, tendo a 11 a igual hora e tempo largado o rio. Fiz immediatamente saber ao Mandarim desta fortaleza a minha chegada e destino, enviando-lhe pelo Commissario do de Hiang-xam, que acompanhou o brigue com tres embarcações armadas, a sua chapa de participação. Não houve pouca difficuldade em annuir á entrada pela falta de aviso do Suntó, por cuja ordem expressa era aquella vedada a toda e qualquer embarcação; mas emfim admittiu, mandando-me cumprimentar, e annunciando-me huma vizita. Suspendeu o brigue, e quando se aproximava, sendo visto que a nau *Russell* levava ancora, se fundeou novamente, esperando a sua passagem, que por ter a insignia do Ex.mo Almirante se salvou com quinze tiros, sendo recebida com onze depois de fundeada. Julguei primeiro preciso avizar a S. Ex.ª da minha chegada e destino, effectuando-o pela carta da copia inclusa, que enviei pelo Capitão Tenente Francisco José da Victoria Rodrigues Vianna acompanhado de J. Helphingstone Esqr. do Conselho da Honoravel Companhia. E pelos mesmos tive huma mui politica resposta annunciativa de que já tinha sido ordenado por S. Ex.ª o reembarque das tropas, reconhecendo-se grato ás officiosas declarações anteriormente feitas pelo Governo de Macau, como as mais veridicas e ajustadas; e tendo tudo por terminado com a resposta que tinha tambem dado ao Suntó nos referidos termos, só me pedia voltasse immediatamente para socegar esta cidade, que elle julgava attenuada da parte dos Chinas, contra as suas intenções e do seu Governo, que eram só ser-lhe util e favoravel. Apezar desta mui efficaz declaração com que ficou terminada a minha commissão, pensei dever-me eu apresentar a S. Ex.ª para agradecer-lhe tão finas expressões, e o fiz com o Commandante do brigue, o Capitão José Pinto, e o referido Helphingstone Esqr. Fui recebido com a civilidade propria da representação deste Cavalheiro, que novamente me assegurou, não só que tinha já expedido ordens para a sahida das tropas, mas que o estabelecimento de Macau ficaria do mesmo modo que dantes protegido em seu commercio pelos cruzeiros de Sua Magestade Britannica, tanto que, disse, havia dentro de hum mez designado tres epochas para a expedição dos navios de guerra com destino á India, hum em quatro dias, outro em quatorze a dezeseis e o ultimo em trinta, podendo de todas ordenar comboio aos navios deste porto, esperando de V. S.ª, de mim e da Governança, todo o desvelo para evitar qualquer difficuldade que podesse occorrer emquanto elle descia, o que seria em poucos dias, satisfazendo-se em ser por mim informado de que V. S.ª tinha de retirar-se em algum dos referidos navios, de cuja sahida tendo noticia em tempo designado para isso, ordenaria comboio, o qual comtudo alli mesmo recommendou ao Commandante da *Dédaigneuse*. Tudo reconheci como me foi possivel, offerecendo a demora do brigue para algum despa- 1808 Dezembro 14

1808 Dezembro 14 cho que S. Ex.ª tivesse a enviar; agradeceu novamente e me veio despedir ao portaló, mandando-me a bordo depois huma carta para o segundo Sobrecarga da Honoravel Companhia Thomaz Charles Pattle. Logo suspendeu o brigue ás 4 horas da tarde, e aqui dei fundo ás nove e meia horas do dia de hoje.

A Ill.ᵐᵃ pessoa de V. S.ª Guarde Deus muitos annos.

Macau dentro do rio, 14 de Dezembro de 1808. = Miguel de Arriaga Brum da Silveira. — Ill.ᵐᵒ Sr. Bernardo Aleixo de Lemos e Faria, Governador e Capitão Geral de Macau.

Aviso do Vice Rey do Cantão e Cancy aos moradores Europeus sobre o restabelecimento do commercio

(Arch. do conselho ultramarino.)

1809 Janeiro 1 Gu-Hiung-Kuang, Vice-Rei das duas provincias de Cantão e Cancy, Conselheiro, etc.

Aviso a todos os mercadores Europeus, que por terem estado em Macau soldados inglezes sem licença nossa, mereciam com razão, que jámais se lhes permittisse o commercio; porém occorrendo-me que o Rei de Inglaterra antes tinha offerecido tributo ao Imperador da China, e que ainda que o Capitão dos soldados (Almirante) com a sua entrada em Macau offendesse as nossas leis, elle voltou já para o seu reino com todos os soldados e marinheiros. Os commerciantes inglezes estão já emendados e teem pedido perdão. Pediram-me agora com muita humildade para que se lhes permittisse o commercio; e eu, lembrando-me da grande misericordia do nosso Imperador com os Europeus, concedi a sua supplica no dia 11 desta lua, e permitti que desembarcassem as mercadorias, para que os commerciantes podessem voltar logo. Isto he hum beneficio particular e extraordinario da nossa

China, e devem saber os mercadores estrangeiros, que as nossas leis regidas com o tempo se teem pouco e pouco enfraquecido; portanto não posso menos promulgar de novo, senão que os navios de guerra inglezes que venham comboiando os seus barcos, ancorarão fóra de Lentim para esperar os ditos barcos, ou fóra da Boca do Tigre, e não ancorarão na rada de Macau, segundo a sua vontade. 1809 Janeiro 1

Todos os estrangeiros que venham a Cantão para commerciarem, ficarão em as Treze Feitorias, e não poderão sahir para a rua chamada Fung-Kiay e seus logares. Exceptuando os Hanistas, que estão travados com contas e com commercio com os estrangeiros, nenhum outro china poderá ter communicação com elles. Isto será communicado pelos nossos Hanistas ao primeiro Sobrecarga Inglez e tambem a todos os mais estrangeiros, aos quaes avisarão que daqui em diante procurem conformar-se com as nossas leis, porque se algum, qualquer que seja, tiver o atrevimento de as quebrantar, se lhe privará o seu commercio e será deitado fóra da nossa terra para o seu reino.

Advertencia: Na chapa anterior, em logar do escripturario escrever *rua de Fung-Kiay*, escreveu *rua Sin-Kiay;* o Mandarim do districto sabe já isto e avisará aos Hanistas, que procurem portar-se com honra e não façam com que os estrangeiros os desprezem. Estareis pois attentos vós os Hanistas, porque se não, depois pagareis todos juntos. Dareis parte desta chapa aos mesmos estrangeiros, para que se conformem com ella.

Anno 13 do Imperador Kia-King, no dia 16 da 11.ª lua. (1.º de Janeiro de 1809.)

Carta de Lucas José de Alvarenga ao Governador Geral das possessões britannicas na India, respondendo a um seu officio a respeito da admissão das tropas inglezas em Macau.

(Arch. do conselho ultramarino.)

1809 Janeiro 29 A S. Ex.ª o Governador General de todas as Possessões Britannicas na India.

Honoravel Senhor.—Tomando posse deste Governo, achei na secretaria delle sem resposta hum officio de V. Ex.ª datado de 4 de Julho de 1808 a respeito da admissão das tropas britannicas em socorro desta cidade.

Sobre a possibilidade de hum tal objecto sabe V. Ex.ª muito bem a multiplicidade de opiniões que tem havido pró e contra; mas o certo he que a experiencia, nos tem feito ver sempre quanto he elle impraticavel, e desta vez mais que nunca pelas suas terriveis consequencias, que ainda seriam peiores, se não se adoptassem em tempo medidas muito sérias, para o que concorri da maneira que talvez a esta hora já V. Ex.ª estará sciente.

He innegavel a bondade do plano geral adoptado por V. Ex.ª para sustentação dos dominios de Sua Alteza Real o Principe Regente meu Senhor e os interesses da Nação Britannica; mas succede-lhe o mesmo que a muitos outros grandes planos de homens muito abalisados, que pelas circumstancias particulares e privativas da natureza de algum dos seus objectos não podem ser susceptiveis de effectiva execução.

Eu via por huma parte, que semelhante soccorro, longe de preservar Macau de algum insulto inimigo, trazia comsigo sem a menor duvida a sua total ruina; e por outra, que os interesses da Gram Bretanha nesta parte do mundo ficavam logo estancados, e que o nosso inimigo commum sem força alguma, e só por desgraça nossa, vinha a obter de ambas as nossas nações o seu projectado fim, alcançando quanto ao meu Soberano a perda dos seus dominios neste estabelecimento, e quanto ao Rei da Gram Bretanha, ver fechado o interessante porto para o seu commercio na China: e quanto seria elle satisfeito de nos ver correr a huma desgraça tal, que elle com todos os seus planos e forças não tem podido conseguir até agora! 1809 Janeiro 29

Eu tenho o maior sentimento de que hum official de tanto credito e tão honrado como o Exmo *Rear Admiral* Drury fosse o encarregado de semelhante expedição, que não podia ter effeito; muitas vezes lhe disse isto o meu antecessor, e elle mesmo o confessa em hum P. S. da carta que lhe dirigiu ultimamente.

Eu tenho da mesma sorte muitos officios do Selecto Conselho da Honoravel Companhia com assignaturas delles e dos mesmos Commandantes das tropas reconhecendo em cada hum as interessantes cousas que por varias vezes exigiram de mim, ainda antes de entrar no exercicio do Governo, que todas lhe foram prestadas.

Eu tenho aquelle mesmo em que exige de mim procurar a reconciliação com os chinas, fazer que tornem a dar os necessarios mantimentos para a tropa britannica, para a esquadra, etc.

Eu concorri até para lhe ser dado o Padre Rodrigo, interprete da lingua chineza nesta cidade, apesar dos males que eu sabia que haviam resultar, e por cuja condescendencia e permisssão se viu esta ainda ha pouco na maior convulsão, soffrendo hum despotico procedimento dos Mandarins, que fizeram levar preso e de rasto pelas ruas publicas o dito Padre Rodrigo com huma corrente ao pescoço, dando-lhe muitas pancadas, ferindo aos que acudiam, de que resultaram ferimentos e mortes.

Queira V. Ex.ª ver a carta da Selecta Companhia, em N.º 1, e a minha resposta, N.º 2, que remetto junto. Estas inquietações publicas, estes dissabores, que trazem comsigo a ruina da cidade com prejuizo do decoro deste Governo, e o que he mais, com ataque aos direitos da Real Soberania de Sua Alteza Real, são terriveis provas do que teriamos passado, quando não tivessemos concordado muito a tempo.

1809 Janeiro 29 Tem havido depois disto muitas outras pretenções dos Mandarins, que ainda indagam officialmente sobre as intenções e maus designios da Nação Britannica nesta expedição. Os officios deste Governo nesta materia teem sido taes, quaes devem ser e quaes póde V. Ex.ª esperar dos sentimentos e bom animo de fieis vassallos que amam ternamente o seu Soberano, e que estimam portanto os interesses do Rei da Gram Bretanha, seu intimo amigo e alliado.

Á testa delles estou eu, em quem V. Ex.ª póde descançar, certo de que, quando eu encontrasse em qualquer delles ou descobrisse a menor opposição aos Reaes interesses, eu não perderia hum instante para a sua punição.

Como V. Ex.ª tem constantemente navios da Europa, rogo a V. Ex.ª me queira communicar, quando podér, o que apparecer de mais interessante aos nossos Soberanos.

Eu tenho a honra de ser com a mais alta consideração, Honoravel Senhor, de V. Ex.ª, o mais attento venerador e servo — Lucas José Alvarenga.

Macau, 29 de Janeiro de 1808.

Carta dos Sobrecargas da Companhia ingleza ao Governador de Macau participando-lhe a prisão do Padre Rodrigo interprete do Almirante Drury

(Arch. do conselho ultramarino.)

N.º 1.

1809 Janeiro 8 A Sua Ex.ª Sr. Lucas José de Alvarenga, Governador e Capitão Geral de Macau.

Honoravel Senhor. — He com o mais sincero sentimento que nós temos ouvido hoje que os officiaes do Governo Sinico apprehenderam a pessoa do Padre Rodrigo, com o intento de o castigarem por ter servido de interprete ao Almirante Drury durante a sua estada no rio de Cantão.

Hum acto de tanta atrocidade nós somos satisfeitos que encontrará o poder de V. Ex.ª pelo alto conceito de honra que se une ao caracter de V. Ex.ª, o qual nós nos persuadimos, que não consentirá que V. Ex.ª soffra que hum vassallo da Corôa de Portugal seja arrastado da sua casa e da proteção das leis de huma maneira tão arbitraria e injustificavel. 1809 Janeiro 8

Considerando a apprehensão do Padre Rodrigo nas actuaes circumstancias como hum grande insulto á Nação Britannica, como a mesma violencia feita a qualquer da nossa Feitoria, nós sabemos de certo que ha de ser requerida por nós huma reforma na maneira mais forte, e temos conseguintemente posto huma pausa a toda a communicação commercial, até que nos seja dada huma satisfação: nós podemos ao mesmo tempo segurar a V. Ex.ª que quaesquer planos que V. Ex.ª possa suggerir a favorecer esta deliberação serão completamente adoptados até quanto se estenda o nosso poder.

Nós entregaremos este perfido comportamento do Governo Sinico ao Capitão Ucattecote, o mais velho official dos navios de Sua Magestade Britannica, e ficamos na certeza que V. Ex.ª receberá a mais prompta assistencia ás suas medidas das forças do seu commando.

Nós temos a honra de ser com respeito, de V. Ex.ª, os mais obedientes e humildes creados — (Assignados.) J. W. Roberts — Thomaz Charles Pattle — W. Bramston — J. Helphingstone — W. Baring.

Cantão, 8 de Janeiro de 1809.

Resposta do Governador de Macau ao Conselho da Companhia ingleza

(Arch. do conselho ultramarino.)

N.º 2.

Senhores do Selecto Conselho da Honoravel Companhia Britannica na China. 1809 Janeiro 11

Senhores. — Do officio que me dirigiu esse Selecto Conse-

1809 Janeiro 11 lho em data de 8 do corrente conheço estarem já bem informados da prisão do Padre Rodrigo, da insolente maneira por que fôra feita, e pelo motivo da assistencia do dito Padre ao Almirante Drury na sua estada no rio de Cantão.

Este facto justifica a repugnancia que havia deste Governo para aquella permissão, porque conhecendo este com evidencia as consequencias que dalli haviam sem duvida resultar, devia sem a menor questão custar-lhe a prestar-se a ella, e nem certamente se prestaria, se não fossem as efficazes applicações desse mesmo Conselho e as do primeiro Deputado delle a mim, que em consequencia da firme alliança e tão estreitos vinculos de amizade entre as nossas nações julguei que devia fazer á Nação Britannica mais este sacrificio, applicando (como appliquei para isso) o meu antecessor, afim de que, quando não resultasse o desejado fim do plano adoptado pelo Exmo General de Bengala Lord Minto, não se attribuisse a esta falta a inexecução do dito plano, que só encontrava difficuldades na mesma natureza da materia; e que sendo o seu objecto a conservação e segurança dos dominios de Sua Alteza Real o Principe Regente meu Senhor, se encaminhava a destruição dos mesmos até ao aniquilamento, o que com effeito succederia, se não applicassemos a tempo de commum accordo o unico remedio que restava.

Porém eu estou summamente satisfeito por ter este Governo feito o que devia, não duvidando emfim expôr-se a qualquer acontecimento que podesse sobrevir, por ter procedido em beneficio e vantagem da Nação Britannica, nossa amiga, e de quem nós tambem confiamos quaesquer outros sacrificios, como temos experimentado sempre que nos teem sido necessarios.

Agradeço a esse Selecto Conselho o alto conceito que fazem da minha honra e caracter, expressões que me obrigam infinito, e que eu não cesso de esforçar-me para sempre merecer.

Aquelle acto de prisão arbitrario e summamente atroz encontrou immediatamente da minha parte aquella resistencia propria de hum vassallo fiel e honrado, que jámais póde consentir impunemente em factos que atacam directamente as ordens do seu Soberano e os direitos da sua Real Soberania. 1809 Janeiro 11

Consegui no mesmo dia a entrega, mas ainda com certas condições, e então foi posto na fortaleza do Monte á minha ordem e por consequencia livre daquelle despotico procedimento.

Fico inteiramente persuadido da resolução e affirmativa desse Conselho de serem completamente adoptados quaesquer planos que eu subministre, contando com as forças de Sua Magestade Britannica existentes na China para assistencia a quaesquer medidas que eu houver de combinar e resolver.

Tenho a maior satisfação de acceitar esse auxilio logo que elle me fôr necessario, porém eu confio, que apezar das novas duvidas que a cada passo se levantam por esta espessa nuvem de Mandarins, que aqui se acham de presente, ellas se desvanecerão como as mesmas nuvens.

Para soffrer as repetidas, teimosas e extravagantes pretenções dos Chinas, he necessaria huma extraordinaria paciencia, repugnante ao caracter de huma nação como a minha, e em cujo soffrimento faço ao meu Soberano maior sacrificio que o de dar por elle a vida, serviço que faz com gosto qualquer soldado de honra.

Elles porem temem o Imperador, que nos reconhece amigos e fieis e não consente jámais que se nos façam injustiças. Deste temor e do receio em que eu os considero pela minha constante resolução, conto sem hesitação com o resultado que espero.

Tenho a honra de ser, senhores, seu attento venerador— (Assignado) Lucas José de Alvarenga.

Macau, 11 de Janeiro de 1809.

Exposição que o Senado de Macau dirigiu ao Principe Regente sobre a occupação daquella cidade pelas tropas inglezas até ao seu reembarque

(Arch. do conselho ultramarino.)

1809 Março 8 Senhor.— Tem este Senado a honra de pôr na Real presença de Vossa Alteza Real, nost res documentos inclusos, todos os termos decorridos por occasião da chegada da guarnição britannica enviada a esta cidade pelo Lord Minto, debaixo da direcção do Almirante Drury chegado á Franquia no dia 11 de Setembro de 1808.

O primeiro daquelles documentos, designado letra A, contem a correspondencia havida entre os do Governo Britannico e Governador e Capitão Geral, que então era Bernardo Aleixo de Lemos e Faria, unido com o Desembargador Ouvidor, Miguel de Arriaga Brum da Silveira, a quem este Senado incumbiu de tão importante assumpto. O segundo, letra B, comprehende as chapas que tiveram logar entre o Governo Sinico e este Senado, pelo Procurador encarregada a facção das mesmas ao dito Desembargador Ouvidor. O terceiro, letra C, involve os assentos e deliberações tomadas por motivo da mesma expedição. Todos estes documentos provam bem a difficuldade d'esta expedição, provam a temeridade do plano ou de seus executores, e finalmente provam o conflicto em que se viu este publico, quando lhe promettiam segurança.

Á chegada das tropas britannicas acompanhada da carta N.º 1 do Lord Minto[1], Governador e Capitão General de Bengala, pretendeu o Almirante Drury que se fizessem desembarcar, intimando os seus designios pelo recado[2] N.º 2 e carta[3] N.º 3, bem persuadido de que, vindo defender a cidade

[1] Pag. 98 d'este volume.
[2] Pag. 106.
[3] Pag. 107.

contra os francezes a bem da Soberania de Vossa Alteza Real, nenhuma duvida haveria na sua recepção; e com effeito assim succederia, se causas necessarias não occasionassem as reflexões expendidas, assim da bôca, como por escripto, nos documentos[1] n.os 4, 5 e 6, todos bem demonstrativos dos embaraços a que reduziam este Senado os dois principaes pontos de falta de superior auctoridade e comprometimento com o Governo Sinico, para condescender em tal procedimento. 1809 Março 8

Quanto ao primeiro ponto, alem de entender-se preciso, como attinente a huma permissão restrictiva da Soberana independencia, faculdade só contada entre os Direitos Magestaticos, tinha em acrescimo ver se o seu objecto, recommendado por iguaes circumstancias decorridas em 1802 á chegada de outro auxilio britannico, louvada a opposição havida em geral congresso naquella epocha, assim pelo Real Aviso expedido pela Secretaria de Estado dos Negocios Ultramarinos[2] em data de 21 de Fevereiro de 1805, N.º 46, como da capital do Estado em data de 14 de Abril de 1803, segundo a copia[3] N.º 45, fôra a particular recommendação dada nas instrucções ao Governo desta cidade, declarada pelo mesmo Governador citando o § 14.º das mesmas instrucções.

E emquanto ao segundo, vendo-se a protestação feita nesse mesmo anno ao Governo Sinico para não admittir soccorro de Nação estranha, como patenteia a copia N.º 60, e sendo bem conhecido o caracter escrupuloso do mesmo Governo Sinico, tão zelador de antigos costumes como inimigo de innovações que os possam alterar, se participou aos Mandarins do districto aquella chegada nos termos os mais accommodados e precisos, como da chapa[4] da copia letra B, N.º 1, concertada e enviada a contento do mesmo Almirante, que a viu na conferencia que veio ter á terra com o Governador desta cidade e Desembargador Ouvidor, em que talvez se teria terminado a pretenção, se o primeiro Sobrecarga não

[1] Pag. 109, 112, 119.
[2] Pag. 98.
[3] Pag. 97.
[4] Pag. 118.

1809 Março 8 animasse o referido Almirante, que parecia convencido das razões que lhe apontou o dito Desembargador Ouvidor, documento letra D.

Não acquiesceram os Mandarins, pondo de accordo este Senado, pelas suas chapas [1], N.os 2 e 3 do papel letra B, para não consentir o desembarque das tropas britannicas, tornando a cidade responsavel.

São desta opposição avisados os encarregados da expedição [2], como da carta N.° 9, mas já nada admittem e notificam o Governo para huma occupação á força de baioneta [3], como da carta N.° 7, servindo-se de termos pouco proprios ao conhecido desvelo deste publico, em quem constantemente se demonstra a sua fidelidade á Real Pessoa, Familia e Regencia de Vossa Alteza Real.

Eis-aqui a primeira temeridade para com o resultado da expedição, porquanto, se a Governança se conservasse firme nos seus principios de justa opposição pela falta de ordem superior, adoptando o plano de defeza propria de hum subalterno, participariam sem duvida da violação os mesmos Chinas, e ficariam compromettidos os interesses da Gram Bretanha contra a mente do seu Soberano, assim como ficaria este publico para com os Chinas, quando se désse huma voluntaria admissão contra as suas pretenções; eis-aqui tambem o primeiro conflicto.

Mas huma madura prudencia, levada em geral Conselho a tão importante e arriscada collisão pelo espaço de nove horas de tempo, fez que, olhado como mais immediato o mal emanado da defeza, tanto pela certeza de trazer o ataque infallivel involvimento com os Chinas, como do rompimento da alliança, aliás recommendada e necessaria para o giro maritimo, unica mola da colonia, do que de huma admissão ajustada; por isso foi esta accordada sobre os dois objectos essenciaes de evitar a restricção da Soberania e comprometti-

[1] Pag. 121, 122.
[2] Pag. 130.
[3] Pag. 125.

mento com o Governo Sinico; não porque a experiencia deixasse esperança de ser util este meio á conservação das tropas, mas sómente por dar tempo a que, desinvolvido o assumpto que ás primeiras vistas o desejo dos autores tinha feito acreditar e ter como facil, se patenteasse por si mesmo e désse logar a conhecer-se que a difficuldade não nascia da vontade publica no caso de segurança ao paiz, mas sim da propria natureza da commissão, letra B, N.° 7: accrescendo a esta deliberação colligir-se que os Mandarins do districto só exigiam opposição ao desembarque com intimações e protestos, os quaes se fossem temerariamente interrompidos pelos Inglezes, ficaria ao cuidado dos superiores Mandarins a conclusão do assumpto, letra C, chapa N.° 2, declaração N.° 3, que tambem, a serem conformes, soffria a Governança em ficar sendo por elles mandada. 1809 Março 8

Porém, quando pela carta N.° 8 se propunha a Convenção para a entrada[1], sempre que os termos desta fossem compativeis com os dois principios estabelecidos, logo se deliberou o desembarque, figurando ampla permissão[2] na carta N.° 13, e o ajuste só relativo ao arranjo e accommodação da tropa, para o que eram enviados os Commandantes da mesma e da nau e o primeiro Sobrecarga da Companhia; e sendo visto que nas embarcações mais maneiras sahiam os soldados de bordo da nau e fragata antes de admittida aquella Convenção, se recolheu o Governador á fortaleza do Monte, deixando o Desembargador Ouvidor nas casas da sua residencia para receber os Deputados, de quem venceu suspensão ao mesmo desembarque até recepção de poderes do Almirante, que a bordo foram buscar dois dos Deputados, Commandante da nau o primeiro Sobrecarga, para se ajustarem as Convenções, cujos artigos começaram a pôr entretanto em linha o Desembargador Ouvidor e Commandante da tropa, até que chegando os dois emissarios com os poderes, N.° 14, voltou o Governador da fortaleza e se concluiu a Convenção[3], como

[1] Pag. 128.
[2] Pag. 131.
[3] Pag. 136

1809 Março 8 do N.º 15, sendo copia dos originaes artigos propostos os comprehensivos no N.º 44 com o mais attinente ao assumpto[1].

Foi por este meio vencida esta difficuldade, e com ella o primeiro conflicto da parte dos Inglezes; mas não cessando a opposição da parte dos Chinas, nem as temeridades dos encarregados do plano, outro maior conflicto se levanta, e á Providencia se deve a sua favoravel conclusão.

Começaram os Mandarins a instar pelo reembarque, e não só enviaram intimações de ordinaria jurisdicção, N.º 6, mas avocado já o assumpto ao Vice-Rei de Cantão, foram por este enviados primeiro os Hanistas (membros da Companhia do commercio exterior naquella cidade) para persuadirem aos Sobrecargas da Companhia Ingleza, como unicos reconhecidos de existencia legal em China, a necessidade daquelle reembarque, sem o qual o commercio não poderia continuar, e por estes mesmos é tambem instada a Governança para cooperar na retirada, fazendo perguntas a que se respondeu do modo mais accommodado a tão critica commissão, letra C, N.º 7.

Nada vencem, e por isso huma nova deputação he mandada pelo mesmo Vice-Rei constituida em hum Mandarim de maior graduação, para informar-se do fim da expedição e da parte que nella tomou a cidade, o qual chegando, exigiu huma conferencia n'este Senado; foi recebido na fórma do estylo, e ainda que ás perguntas que fez se buscasse dar huma melhor e mais favoravel resposta, nada admittia, querendo que se verificasse a retirada; e dando em culpa o desembarque, se despediu voltando para o Pagode, onde ficou, letra B, N.º 12.

Já então haviam os Inglezes commettido a segunda temeridade de occupar as fortalezas da Guia e Bom Parto logo no dia immediato ao desembarque, e de conservarem as munições nos proprios quarteis contra o convencionado, fazendo assim augmentar o escrupulo dos Chinas para não terem como

[1] Pag. 132.

sinceras as suas vistas, de que resultaram as chapas N.os 9 e 10; e já começa o rumor de descida de tropas sinicas, principiam os habitantes desta nação a evacuar a cidade, vão-se escasseando os mantimentos para o giro aqui e em Cantão, e o assumpto começa a apresentar huma mais feia, mas esperada face. 1809 Março 8

São avisados os Inglezes destas instancias dos Mandarins para a sua retirada, e elles mesmos sabem dos rumores dos movimentos bellicos da parte destes; mas sem attenção a cousa alguma, redobrando a sua contumacia, exigem que se envie ao Governo Sinico copia das Convenções e tambem pedem a fortaleza do Monte, fundados na ordem de Goa [1], então chegada, N.º 18, letra A, demonstrando de palavra que empregariam as suas forças até em defeza contra os Chinas, pondo-a na que a todos he natural; e ainda que tambem de palavra ameaçassem a tomada da dita fortaleza á força, comtudo por escripto deram o pretexto da desordem com os Chinas [2], letra A, N.º 19; e ao mesmo tempo exigem os Chinas aquella fortaleza, letra C, N.os 10 e 13.

Satisfez-se aos Inglezes com a remessa aos Mandarins da copia dos artigos da Convenção, annunciando-se a chegada da ordem da capital, letra A, N.º 18; mas, quanto ás fortalezas, sendo visto que os terminantes termos daquella ordem se não podiam entender contra os Chinas, e que nem tão pouco ficava para com estes sendo simples a defeza depois das intimações, se venceu em conferencia havida entre o Governador e Desembargador Ouvidor e encarregados da expedição, que ficaria a dita fortaleza do Monte guarnecida pelos nossos soldados, intimados os Chinas disto mesmo, e declarando o Almirante que passava a Vampu para promover huma conferencia com o Suntó, onde pretendia concluir o assumpto, para que não queria ouvir os Mandarins do districto, nem o Delegado, dando-os por incapazes deste trato, e pediram o interprete.

[1] Pag. 105.
[2] Pag. 140.

1809 Março 8 A tudo se satisfez[1] pela chapa N.º 18, letra C, exigindo com instancia a intervenção dos Mandarins para que o Vice-Rey de Cantão annuisse áquella conferencia, e se deu o interprete pedido pela carta N.º 21, e se lhe deu a fortaleza de S. Francisco em logar da do Bom Parto, que rapidamente abandonou em huma noite.

Parte o Almirante para Cantão, chega a segunda divisão de tropa de nativos da India ou cipaes em numero de 700, 100 europeus artistas e seus officiaes; porém apenas tinham chegado os navios de transporte á Franquia, se apresentou o primeiro Sobrecarga e o Commandante da nau *Leão*, exigindo entrada na Taipa; e já conhecendo a difficuldade, queriam que os ditos navios entrassem com bandeira Portugueza, dando-se a tropa como vindo de Goa[2].

Expõem o Governador e Desembargador Ouvidor que era impraticavel huma semelhante escusa alem de suspeitosa, combinando com o primeiro Sobrecarga a demora do novo desembarque, até melhor occasião. Retirou-se nesta intelligencia, mas novamente volta a instar pelo mesmo desembarque, a que o Governador assentiu, porque fazendo parte da primeira divisão, nenhuma difficuldade havia para com a cidade, mas apontou-lhe que assim não seria para com os Chinas.

Com effeito nessa mesma tarde se recebeu a Chapa N.º 20, letra C, annunciando saber da chegada dos ditos navios, instando para que se não admittisse aquelle novo desembarque, e isto mesmo se intimou aos dois encarregados[3], como da carta N.º 24, letra A, avisando-se para nova conferencia; mas quando os ditos encarregados se achavam com o Governador e Desembargador Ouvidor para aquelle effeito, começam os soldados a desembarcar por ordem dos mesmos, que se desculparam com a antecipação do aviso antes da recepção da chapa; eis-aqui uma accrescida temeridade.

[1] Pag. 149.
[2] Pag. 151.
[3] Pag. 153.

Busca este Senado remediar tal procedimento enviando a chapa N.os 21 e 22, a que contestando os Mandarins pela chapa N.º 23, se continuaram os mesmos officios pela chapa N.º 26. 1809 Março 8

E quando se julgava mais accommodar-se ao paiz a qualidade da tropa nativa, se principiam a ver desordens entre os desta e os Chinas, de que a cada passo se receiava algum effeito mais funesto, assim como da parte dos soldados e officiaes Europeus, que buscavam insultar as casas dos moradores principaes e de probidade, occasionando tudo differentes cartas, que se divisam no documento letra A e chapa dos Chinas, letra C, N.os 26, 27 e 30, crescendo por Macau cada dia rumores dos movimentos sinicos, assim como sendo mais amiudadas as instancias e ameaças dos Mandarins, sem ser possivel dissuadil-os de escrupulo contra a cidade: chegam finalmente a exigir a propria correspondencia com os Inglezes, que lhes foi facilitada, por isso que, querendo defender-se o plano da expedição, era necessario pôr de parte toda e qualquer desconfiança para depois entrar na persuasão sem algum remorso, letra C, N.º 11.

Julgavam os mais credulos que a ida do Almirante a Vampu traria huma boa conclusão ao assumpto, mas novos acontecimentos demonstram o contrario, porquanto, enviando aquelle a sua representação ao Vice-Rei de Cantão [1], como do documento letra C, N.º 53, não obtem audiencia, e he logo intimado dever retirar-se com a sua tropa, e do mesmo modo advertida a Companhia [2], letra C, N.º 54; e pela obstinação se resolveu o Suntó a informar ao Imperador, cousa só usada depois de praticados todos os esforços [3], letra C, N.º 55, apesar que a vontade do General das armas era logo applicar a força para a retirada, e o teria verificado, se a prudencia do Suntó o não abrandasse, levado das informações dos Mandarins do districto por officios particulares e publicos das circumstancias de Macau.

[1] Pag. 126.
[2] Pag. 154.
Pag. 157.

1809 Março 8 Nem assim mesmo pára o Almirante na pretenção de encontrar ao Suntó, e nova temeridade se põe em acção. Passa a nau *Russell* acima da Bôca do Tigre (entrada de Vampu) e duas fragatas *Phaetonte e Dédaignéuse*, com o brigue *Diana;* e dois navios mandados pela Companhia a titulo de descobertas *(Descovery* e *Antelope)* entram em Vampu, e se aproximam acima o mais possivel. Desembarcam para Cantão e forçosamente queriam audiencia, até que de dia a dia mais complicados os assumptos, porque nenhuma proposta admitte o Governo Sinico sem o reembarque das tropas, a respeito das quaes amiudadamente saiam novos editaes, parado de huma vez o commercio, retirando-se os Chinas mercadores e povo, e enchendo-se as praças de soldados, até que o dito Almirante, voltando novamente a bordo da sua nau, mandou que todos os Inglezes saissem de Cantão, e ordenou que todos os navios da Companhia e particulares estivessem promptos e apromptassem as suas lanchas.

Mais se estimulam os Chinas com estes temerarios movimentos, e quando o dito Almirante pretendia subir a Cantão para nova tentativa, indo com huma comitiva de lanchas armadas, já encontrou entupido por grandes somas chinas a bôca do principal canal e o rio cheio de embarcações de guerra, donde sahindo a encontral-o alguns Officiaes sinicos da mesma esquadra, lhe intimaram que não continuasse porque soffreria fogo. Nada houve; com effeito começam os tiros com bala (cousa nunca usada para Europeus) de maneira que se resolveram a retroceder, e manda bloquear pelos brigues a entrada dos canaes principaes, fazendo entrar e sahir os navios de guerra pela Bôca do Tigre, apesar das intimações da fortaleza, que ultimamente fazia fogo, e o recebeu tambem dos ditos navios.

Tão temerarios procedimentos alli da parte dos Inglezes, fazendo mais irritar e desconfiar os Chinas, de que não cediam em bem, começaram a fazer descer mais tropa para os arrabaldes da cidade, formando seus acampamentos não desconhecidos aos mesmos Inglezes, que apesar de observarem o publico tão atropelado e aterrado como elles, nem assim mesmo queriam reconhecer a difficuldade do plano, antes vociferavam contra os mercadores e Governança como causadores da sua mallogração[1] (carta N.º 25 letra A), e até contra os Mandarins do districto, exigindo a copia da sua correspondencia para formularem as suas queixas ao Suntó. 1809 Março 8

Satisfaz-se a esta exigencia, ainda que julgada inutil, fazendo aos Mandarins a chapa da arguencia, N.º 34, letra C, e demonstrando-se aos Deputados da Companhia os differentes effeitos que a contumacia pela expedição ia causando aos habitantes, cada hum segundo a sua classe e a influencia que ella tinha nas suas circumstancias, sem as vistas de voluntária opposição, mas só como amadores do socego publico, e alguns já tendo como precaria a sua existencia[2] (carta N.º 26 letra A).

Este aspecto tanto se fazia tremer, que os mesmos Inglezes, já do commercio particular, já os proprios Capitães da Companhia, começaram em Cantão os seus protestos pelos prejuizos que a expedição lhes fazia sentir. E se nem o respeito nacional, nem particulares interesses admittiam silencio nestes, como se póde estranhar que deixasse de haver nos nossos algum sentimento, que comtudo soffriam, lamentando comsigo a sua sorte?

He neste intervallo que apparece a final determinação do Imperador[3], letra C, N.º 57, e esta se intima em Vampu ao primeiro Sobrecarga e mais Capitães da Companhia por dois Deputados (superiores Mandarins de Cantão) em hum campo contiguo ao rio onde se achavam surtos os navios.

Ainda se julga poder dilatar a expedição, tomando-se differentes medidas para a reunião das tropas, inculcando-se defeza e obstinada existencia, offerecendo-se os navios para accommodação de familias; mas as chapas dos Mandarins do districto continuam humas apoz das outras[4] em tom decisivo, N.ºs 37, 40 e 41, letra C, até que se via ir-se verifi-

[1] Pag. 162.
[2] Pag. 163.
[3] Pag. 180.
[4] Pag. 185.

1809 Março 8 cando com a approximação de mais tropa sinica a retirada e completa evacuação pelos Chinas mercadores, vivandeiros e artistas, vedado já o mantimento e servidores aos Inglezes, de que tambem participavam os moradores, cada hum segundo as suas possibilidades, mas todos duvidosos da segurança de suas pessoas e propriedades.

Em vista destes horriveis espectaculos e terminantes intimações, que obrigavam pela impossibilidade de separação, á adopção de hum partido britannico ou sinico, todos destructivos da conservação de Macau, ou fosse o sinico e então se temia a extincção do commercio maritimo, unico manancial da substancia publica, ou fosse o britannico, e então era inevitavel ver tingir de innocente sangue aquelles mesmos logares que tanta gloria deram ao nome Portuguez, cuja fé para alcançal-a tem feito tão amada a soberania de Vossa Alteza Real nesta parte do mundo, alem de infallivel a perda da Gram Bretanha pelo importante giro que conserva com a China, contra os fins da expedição e só a bem do inimigo commum: tudo assim ponderado, deu logar a que se fizesse a intimação[2] constante da carta N.° 34, letra A, com inclusão das proprias chapas, porque já se temia que o soffrimento e silencio fosse reputado sinistro, mesmo porque nova chapa decisiva se havia recebido, N.° 41.

Reconhecem os Inglezes[3] pela carta, N.° 35, o conflicto, e pedem intervenção para abrandar o rigor dos Mandarins, que observavam cada hora mais decisivos e encarniçados; satisfaz-se com as providencias necessarias, e finalmente se accordou o reembarque das tropas, que os mesmos Inglezes julgavam necessario, como da Convenção[3] N.° 36, letra A, occorrendo differentes esforços da parte da Governança para poder ainda vencer os Mandarins de letras, e principalmente militares, que a não poderem ser convencidos, a ruina era inevitavel, carta N.° 37, letra A, sendo tal a desconfiança

[1] Pag. 187.
[2] Pag. 188.
[3] Pag. 189.

da parte dos Mandarins, que não só exigiam huma attestação de se ter effectuado o reembarque, mas até vieram pôr tropas na cidade, apesar da opposição desta Governança pela chapa N.º 47, letra C, e a titulo de passeio pelas fortalezas, em todas entraram para se confirmarem. 1809 Março 8

Soffreu este publico desde 21 de Setembro, em que se fez o desembarque das tropas britannicas, até 17, 18 e 19 de Dezembro, em que se reembarcaram, prejuizos taes, que poucos annos não poderão fazer resarcir, e assim mesmo he avaliado por auctor da mallogração da expedição; os documentos juntos bem provam a bem de todos os termos inclusos e a mesma confissão do Almirante[1], N.º 38, letra A, quanto se esforçou esta Governança em conservar esta colonia e a mesma amizade entre a nação britannica e sinica, sempre com as vistas de constante zêlo e maior fidelidade á Real Pessoa, Real Familia e Regencia de Vossa Alteza Real, mais radicada nesta parte do mundo, como demonstram as plenas confissões dos proprios Mandarins, que como fieis delatores da vontade do seu Soberano não tiveram duvida de assegurar a parte que tomavam nas calamidades e trabalhos por que a causa publica tem feito padecer a Vossa Alteza Real e sua Real Familia, de cuja chegada a salvo tanto desejavam ter noticia, para applacar a magoa que por taes desastres se persuadiam sentir o seu Soberano, que a Vossa Alteza Real distingue entre as demais nações, tratando-o como irmão, e com tal extremo pelo justo epitheto de Magestade Fidelissima Portugueza, que não só agora não admittem nem querem admittir outra alguma nação com estabelecimento em China, mas nem mesmo em tempo do antigo jugo estranho, em que se dilatou aos Portuguezes sempre fieis vassallos a acclamação da Real Casa de Bragança, cuja regencia tem o Céo depositado na Real Pessoa de Vossa Alteza Real, salvando-o ha pouco de tão imminentes perigos para felicidade dos mesmos vassallos, principalmente habitantes dos seus dominios ultramarinos, em que á Real clemencia se

[1] Pag. 191.

1809 Março 8 deve a não pequena importancia que este lhe merece, nem assim obtiveram os illegitimos dominadores que outro pavilhão fosse arvorado nas fortalezas desta cidade, que não fosse o Portuguez.

Taes eram as idéas que occupavam esta Governança e o publico inteiro para regular o seu procedimento em tão criticas circumstancias e evidentissimos conflictos, em que mais se temia abalar aquelle tão radicado conceito em prejuizo dos Soberanos decretos que soffrer o estrago dos proprios bens e vidas, cuja conservação só desejam para applicar em defeza da Real Pessoa e Regencia de Vossa Alteza Real, que em vista do expendido se servirá determinar o que muito fôr servido com a costumada justiça.

A Real Pessoa de Vossa Alteza Real Guarde Deus muitos annos. Macau, em Mesa de vereação, 8 de Março de 1809.

Eu Carlos José Pereira, Alferes Mór e Escrivão da Camara e Fazenda, que a fiz escrever e subscrevi. — João de Deus de Castro — Antonio Joaquim de Oliveira e Mattos — Miguel Araujo Rosa — Manuel Martins do Rego — José Joaquim Barros.

Officio do Ministro do Ultramar ao dos Negocios Estrangeiros, narrando os acontecimentos de Macau durante a sua occupação pelos inglezes

(Arch. do Ministerio dos Negocios Estrangeiros. — Original.)

1811 Dezembro 6 Illmo e Exmo Sr. — Havendo-me V. Ex.ª communicado a nota do Enviado extraordinario e Ministro plenipotenciario de Sua Magestade Britannica, datada em 29 de Outubro, passei immediatamente a examinar com toda a individuação a origem e fundamentos das imputações e queixas produzidas por parte da Junta Selecta dos Sobrecargas da Companhia ingleza das Indias Orientaes em Cantão, contra os membros do Governo de Macau, como culpados de disposições hostis aos interesses daquella Companhia, e da animosidade que os naturaes daquelle paiz têem manifestado contra os

Inglezes, desde a ultima expedição que as tropas da Companhia ingleza fizeram para aquelle logar. 1811 Dezembro 6

Não obstante vir esta representação absolutamente despida das provas e peças justificativas que as regras da exacta justiça exigem para substanciar qualquer accusação, sendo certo que nenhum individuo póde perder aquelle bom conceito e reputação que lhe suppõe o seu emprego, emquanto provas do contrario não invalidem este direito sagrado, sobre o qual se estriba principalmente a maxima tão conspicua e louvavelmente seguida nos Tribunaes britannicos: «Que mais vale perdoar a mil culpados do que castigar a hum innocente», comtudo julguei ser do meu dever e do interesse do Estado aprofundar a origem desta queixa, para se lhe proporcionarem as providencias compativeis com o soberana justiça e dignidade.

Foi-me necessario para isto remontar á epocha dos extraordinarios acontecimentos, a que deu logar a ultima desgraçada expedição, que debaixo de insinuações ponco sinceras, os mesmos Sobrecargas conseguiram que o Governo de Bengala dirigisse a Macau.

Já no anno de 1802 haviam os Sobrecargas da Companhia ingleza em Cantão promovido huma expedição pelo Governo de Bengala, para, com o pretexto de proteger Macau, tomar posse daquella cidade e suas fortalezas. A guarnição oppoz-se então á admissão daquelle soccorro, não pedido, e as tropas inglezas se dispunham a atacar a cidade, quando huma embarcação, destinada para Manilha, felizmente annunciou a paz de Amiens, e suspendeu hum attentado contra a fé publica e o direito das gentes

Não póde deixar o Governo Portuguez de approvar a conducta firme e leal do Senado de Macau naquella occasião, como fez pelo aviso N.º 1 da Secretaria de Estado dos negocios da marinha e dominios ultramarinos [1], e pela carta, N.º 2, do Governador e Capitão General da India [2].

[1] Pag. 98 d'este volume.

[2] Pag. 97.

1811 Dezembro 6

Foi nessa occorrencia que o Suntó, ou Vice-Rei de Cantão, exigiu do Senado de Macau a promessa solemne, N.º 3, de não acceitar auxilio algum estrangeiro[1], ou este fosse inglez, ou de outra nação qualquer, por não acreditar a declaração[2], com que os Sobrecargas da Companhia lhe quizeram então persuadir suas boas intenções, e as promessas que lhe deram de não desembarcar suas tropas em Macau, N.º 4.

He debaixo de similhantes circumstancias e depois daquella experiencia, que novamente se apresentou, a 10 de Setembro de 1808, outra expedição ingleza diante de Macau, com tropas de desembarque, que Lord Minto, Governador General de Bengala, mandava para defender a praça contra os Francezes.

Era esta expedição projectada, e tinha partido de Bengala com tanta acceleração, que se não esperou, para ella sahir, pela resposta e consentimento do Conde de Sarzedas, Vice-Rei de Goa, de 7 de Julho de 1808, em que dissuadia Lord Minto daquella empreza[3], N.º 5.

Commandava a expedição o Almirante W. O. Drury, que logo á sua chegada a Macau mandou entregar ao Governador, pelo primeiro Sobrecarga da Companhia ingleza, Mr. Roberts, a carta[4] N.º 6, de Lord Minto, de 4 de Julho de 1808, que explicava as razões deste soccorro, e os motivos que havia para ser acceito.

Ajuntou o primeiro Sobrecarga a esta exposição dos sentimentos do Governo de Bengala sua intimação[5], N.º 7, informando o Governador, que elle se achava encarregado pelo Almirante Drury para tratar preliminarmente sobre os meios de huma amigavel negociação para a entrada das tropas inglezas em Macau; ameaçando-o de ante-mão, que se usaria de violencia, se o Governo ou os habitantes de Macau

[1] De 5 de maio de 1802.
[2] De 17 de abril de 1802.
[3] Pag. 103.
[4] Pag. 98.
[5] Pag. 106.

se oppozessem áquellas medidas, ou se ellas produzissem dissensões entre os Inglezes e o Governo Chinez. 1811 Dezembro 6

Seguiu-se a esta intimação a carta do Almirante Drury[1], N.º 8, declarando ser este reforço destinado a segurar a Sua Alteza Real este estabelecimento, e a defendel-o tanto contra a França, como contra quaesquer vassallos rebeldes do mesmo Senhor; intimando ao mesmo tempo, que não podia dilatar a execução de suas ordens por huma só hora, e que, não obstante não ter elle duvida (por condescender com a vontade do Governador) em demorar-se algum tempo razoavel até que chegassem as ordens esperadas do Vice-Rei de Goa para serem admittidas as tropas inglezas na praça, comtudo julgava elle que, entretanto, poderia haver occorrencias que o obrigassem a effectuar o desembarque, sem ser precisa esta formalidade.

Não deixou o Governo de Macau de ponderar aos encarregados da expedição, em suas respostas[2], N.os 9 e 10, a falta de ordens superiores para praticar hum acto que o constituiria na mais séria responsabilidade; pois não se poderia considerar seu consentimento por outro modo, senão por huma quebra da homenagem jurada nas mãos do Soberano. Nem podia o Governador deixar de se lembrar da approvação, que anteriormente tinha merecido a conducta circumspecta e sisuda da guarnição em igual occasião. Eram igualmente attendiveis as relações que a praça tinha com os Chinas, e a promessa dada a estes em 1802, que de nenhum modo permittia a introducção de tropas estrangeiras naquelle estabelecimento. Nem se podia comprehender tambem como seria possivel applicar a idéa injuriosa de rebellião, que os encarregados queriam dar á justa opposição que mereciam intimações tão extraordinarias e inesperadas entre nações alliadas e civilisadas.

Entretanto era necessario que o Governo de Macau participasse ao Governo Chinez a chegada daquellas tropas es-

[1] Pag. 107.
[2] Pag. 109 e 119.

1811 Dezembro 6 trangeiras, de hum modo que evitasse á Companhia ingleza qualquer comprometlimento com os Chinas; e o aviso [1], N.° 11, que o Senado expediu aos Mandarins do districto, combinado entre o Governador, o Ouvidor e o Almirante Drury, para remover as primeiras difficuldades que poderiam occorrer da parte dos Chinas, manifesta a boa fé com que procediam os membros daquelle Governo.

Esperava-se que este passo concorresse para mostrar aos encarregados da expedição a necessidade de obrar de commum accôrdo com o Governo da praça, adoptando aquelles meios conciliatorios e prudentes que o Governador tinha suggerido ao Almirante na sua conferencia, N.° 12, mas não succedeu assim, porque o primeiro Sobrecarga, ancioso de ver o seu projecto realisado, soube persuadir ao Almirante, que cortasse por todas estas razões e tratasse do immediato desembarque em termos peremptorios.

Já o Senado de Macau tinha recebido as intimações [2], N.os 13 e 14, dos Mandarins do districto para se oppôr á admissão daquellas tropas, tornando a cidade responsavel por qualquer infracção que houvesse a este respeito; e ao mesmo tempo que o Governador communicava o seu conteúdo á Junta Selecta dos Sobrecargas da Companhia Ingleza, com aquella ingenuidade que respira na sua carta [3], N.° 15, recebeu a intimação [4], N.° 16, dos encarregados da expedição, em que o Governo de Macau he tratado nos termos mais improprios, ameaçando não só os Chinas, mas tambem de tomar posse da praça á ponta de bayoneta, e dando á lealdade dos membros daquelle Governo o estranho epitheto de rebellião.

Á vista destas transacções era facil antever as complicações de interesses, que naturalmente haviam de resultar para as tres nações comprommettidas.

[1] Pag. 118.
[2] Pag. 121 e 122.
[3] Pag. 130.
[4] Pag. 125.

Mas os membros do Governo de Macau, animados do zêlo de salvar os antigos alliados da Corôa de Portugal do abysmo, em que a precipitação e as erradas idéas dos Sobrecargas da Companhia iam despenhar o commercio daquella nação, e confiando, sobretudo, na inalteravel harmonia que sempre subsistiu entre os Governos Portuguez e Inglez, procuraram hum meio, tão prudente como acertado, de conciliar os direitos da Soberania com as pretenções dos encarregados da expedição e com a opposição dos Chinas. 1811 Dezembro 6

O Conselho a que procederam os membros do Governo de Macau e seus principaes moradores, e os seus votos manifestados no termo de vereação [1], N.º 17, são huma incontestavel prova de sua fidelidade, e da dignidade com que se deliberou naquelle Conselho sobre tantos interesses complicados, ao mesmo tempo que recebiam dos encarregados da expedição hum tratamento bem pouco correspondente.

Nada, porém, era capaz de deter o espirito inquieto e orgulhoso dos Sobrecargas, porque apenas o Governador remetteu ao Almirante o aviso [2], N.º 18, que o informava do resultado das deliberações do Conselho, e no qual pedia commissarios para tratar das necessarias condições preliminares, a beneficio dos direitos do Soberano, e para evitar complicações com os Chinas, logo se deliberaram a fazer desembarcar a tropa, contentando-se o Almirante com mandar o primeiro Sobrecarga com o Commandante das tropas para prover ao alojamento das mesmas; figurando na sua resposta [3], N.º 19, ser este o unico ponto sobre o qual restava a tratar.

Acudiu logo o Governador ao seu posto, para se oppôr com as forças da praça a este desembarque tão accelerado e intempestivo, deixando ao cuidado do Ouvidor o receber os deputudos, e fazer suspender o desembarque das tropas, até que o Almirante enviasse a terra os seus poderes para a celebração da Convenção exigida.

[1] De 20 de setembro de 1808.

[2] Pag. 128.

[3] Pag. 131.

1811 Dezembro 6 Com effeito assim se effectuou; e tornando para bordo o primeiro Sobrecarga, voltou com os poderes, N.º 20, sendo acompanhado dos Commissarios, o Capitão da nau *Russell*, Thomaz Caulfield e o Capitão Engenheiro de Bengala Thomaz Robertson, Commandante da tropa, nomeados para juntamente com os deputados da Junta Selecta dos Sobrecargas ajustarem com o Governo de Macau a Convenção relativa ao desembarque e admissão das tropas inglezas, segundo as bases propostas pelo dito Governo.

Já neste intervallo tinham o Ouvidor e o Commandante da tropa delineado a Convenção [1], N.º 21, que, em parte, depois foi alterada pelos Officiaes inglezes; e ultimamente estipulou-se entre estes e o Governador da praça a Convenção [2], N.º 22, que devia terminar todas as questões entre a guarnição e as tropas inglezas auxiliares.

Faltava só vencer a opposição dos Chinas, que de dia em dia ia crescendo e tomando novas forças, como se vê da chapa [3], N.º 23, do Mandarim da Casa Branca, assim como pela deputação dos Hanistas, que o Suntó de Cantão mandou expressamente a Macau para instar com os Sobrecargas da Companhia e com o Governo sobre o reembarque das tropas, indicando, que do contrario o commercio ficava suspenso. Na conferencia que os Hanistas tiveram com o Governo de Macau, requereram, da parte do Suntó, huma succinta explicação ás perguntas que fizeram, a qual se lhes deu da maneira a mais conciliatoria como consta do documento [4], N.º 24.

Pretenderam os encarregados persuadir o Suntó de Cantão, que as tropas desembarcadas eram para ficar debaixo do commando do Governador da praça, e para ser empregadas na defeza da mesma; para este effeito convidou o Almi-

[1] Pag. 132.

[2] Pag. 136.

[3] De 24 de setembro de 1808.

[4] Conferencia de 30 de setembro de 1808 e resposta do Procurador da cidade em 1 de outubro.

rante ao Governador, por sua carta [1], N.º 25, para que concorresse igualmente a mandar pôr na presença do Suntó os artigos da Convenção ultimamente ajustada, e procurasse convencel-o das vantagens que desta deliberação deviam seguir-se para Portugal e para a Gram Bretanha. 1811 Dezembro 6

Para condescender com os rogos do Almirante, expediu o Senado huma chapa [2], N.º 26, ao Mandarim do districto, dando a mais favoravel interpretação á Convenção celebrada, e até mesmo á posse recentemente tomada pelos Inglezes das fortalezas da Guia e Bom Parto, para elle pôr isto na presença do Suntó, certificando-lhe as boas intenções dos Inglezes; e para satisfação do Almirante lhe deu parte o Governador do que se fizera nesta conformidade, por sua carta [3], N.º 27.

Não ficou satisfeito o Suntó, e tornou a expedir a Macau hum Mandarim de graduação superior, para fazer novas indagações sobre a parte que a cidade tinha tomado naquelle, para elle, tão mysterioso desembarque; e por mais que o Senado se desvelasse para dar ao Mandarim huma idéa favoravel deste negocio, a nada quiz annuir, e increpando a cidade se despediu descontente [4], N.º 28. As vistas da expedição desinvolviam-se entretanto por factos que não deixavam nada a duvidar. No dia seguinte ao da Convenção foi esta logo violada pelas tropas inglezas, que se arrojaram a tomar posse das fortalezas da Guia e Bom Parto, sem permissão do Governador, e sem já quererem depositar as suas munições nos armazens publicos, segundo a fórma convencionada, o que augmentou a desconfiança dos Chinas, que por toda a parte traziam emissarios.

As chapas [5], N.os 29 e 30, do Mandarim do districto começaram, desde então, a manifestar suspeitas contra o Governo

[1] Pag. 139.
[2] De 1 de outubro de 1808.
[3] Pag. 163.
[4] Termo de vereação de 15 de outubro de 1808.
[5] Pag. 145.

1811 Dezembro 6 de conloio com os Inglezes, parecendo-lhe impossivel dar outro sentido á inactividade e condescendencia dos membros do Governo, depois das violencias praticadas por aquelles hospedes. As mesmas chapas annunciavam já as medidas tomadas pelo Suntó e auctoridades chinezas para embargar os navios e o commercio, ameaçando hum immediato rompimento de hostilidades contra os Inglezes, se não se retirassem logo; e exigindo absolutamente huma franca exposição da correspondencia passada até então entre os encarregados da expedição e o Governo da praça, em penhor da boa fé dos Portuguezes.

Desvelava-se o Senado com seus bons officios junto aos Mandarins do districto pelas chapas [1], N.os 31, 32, 33 e 34, porém, nada podia socegar os animos alvoroçados dos Chinas, cujas tropas começavam a ajuntar-se; os moradores chinas apartaram-se da cidade; principiavam a faltar-lhe os mantimentos, e tudo indicava huma catastrophe, que o Governo tinha previsto, mas não podia evitar. Não obstante serem informados os encarregados da expedição das disposições hostis dos chinas, a nada cedeu a sua obstinação, e exigiram, em virtude da ordem de Goa [2], N.º 35, que se lhes largasse tambem a fortaleza do Monte, pretextando para isto o Almirante as occorrencias desagradaveis com os Chinas, e a necessidade de lançar mão deste expediente, para frustrar as grandes medidas que estes estavam tomando em Cantão [3], N.º 36.

Foi esta requisição acompanhada, segundo o habito em que se haviam posto, de insinuações de que a fortaleza seria tomada á viva força, no caso de repugnancia em entregal-a. A esta intimação deu o Governador a atinada resposta [4], N.º 37, a qual junta aos preparativos dos chinas principiava a descobrir ao Almirante a sua melindrosa posição.

[1] De 12, 13 e 15 de outubro de 1808; e pag. 146.
[2] Pag. 105.
[3] Pag. 140.
[4] Pag. 142.

Ao mesmo tempo acudiram tambem os Mandarins com as chapas[1], N.os 38 e 39, requerendo que os Portuguezes não desamparassem a fortaleza do Monte, e finalmente manifestaram pela chapa[2] N.º 40 quanto se achavam capacitados de ser illusorio o pretexto com que se tinha apresentado aquella expedição para defender a praça de Macau contra os francezes, quando era universalmente notorio, que aquella praça se achava debaixo da protecção do Imperio da China. 1811 Dezembro 6

Para maior cautela offereceram os Mandarins do districto, pela chapa N.º 40, soldados chinezes para guarnecerem a sobredita fortaleza, e no caso de não annuir o Governo a esta proposta, exigiram que o Senado se obrigasse por um termo a não ceder a fortaleza aos Inglezes, afim de desterrar o receio dos moradores chinas de Macau, que os fazia ausentar-se da cidade, privando-a de seus aprovisionamentos necessarios.

Á vista destas reiteradas intimações e ameaços, resolveu se o Almirante a passar a Vampú, para ter pessoalmente huma conferencia com o Suntó, na intelligencia de que bastaria sua intervenção immediata para concluir o assumpto.

Para o bom exito deste plano concordaram o Governador, o Ouvidor e os encarregados da expedição, em que entretanto ficaria a fortaleza do Monte guarnecida por soldados Portuguezes, dando-se parte disto aos chinas, para os dispôr a receber favoravelmente o Almirante, ao que logo o Senado annuiu, expedindo a chapa[3] N.º 42 aos Mandarins do districto, dando aquelle Governo deste modo mais hum claro testemunho de suas sinceras disposições a favor dos inglezes.

Passando a Junta Selecta dos Sobrecargas da Companhia a requerer pela sua carta, N.º 43, que o Governo concedesse ao Almirante o proprio interprete da cidade o Padre Rodrigo da Madre de Deus, não hesitou o Governo em passar com a maior franqueza ao dito interprete a positiva ordem[4], N.º 44,

[1] De 13 de outubro de 1808; e pag. 147.
[2] Pag. 148.
[3] Pag. 149.
[4] De 18 de outubro de 1808.

1811 Dezembro 6 privando-se em huma occasião tão critica, dos serviços essenciaes daquelle empregado em obsequio aos interesses do Commandante britannico.

Depois da partida do Almirante para Cantão chegou a segunda divisão de nativos da India, que vinha guarnecer a praça, e a qual pretenderam os Sobrecargas da Companhia, na sua carta[1], N.º 45, que o Governador fizesse introduzir na Taipa, debaixo de bandeira Portugueza, para assim illudir os chinas, aos quaes informasse da mesma sorte de ser aquella tropa huma parte da guarnição, que vinha em direitura de Goa, figurando desnecessaria n'este caso a licença dos chinas para o seu desembarque.

Repelliram o Governador e o Ouvidor insinuações tão incoherentes, e expozeram ao primeiro Sobrecarga as consequencias de hum tão desusado manejo: retirou-se o mesmo nesta intelligencia, ficando suspenso o desembarque, porém voltando novamente, insistiu sobre o immediato desembarque das tropas, a que o Governador não teve remedio senão annuir, porque ellas faziam parte da guarnição ja desembarcada, na fórma da Convenção.

Com esta nova chegada de tropas inglezas excitou-se o dissabor dos Chinas, que ameaçaram de expulsar da cidade, tanto os Inglezes como os Portuguezes, se a tropa fosse para terra, segundo se vê da chapa[2] N.º 46, da qual logo o Governo deu parte aos dois encarregados da Junta Selecta dos Sobrecargas pela carta[3] N.º 47, informando-os ao mesmo tempo da resposta[4], N.º 48, que o Senado dava aos Mandarins do districto, para tranquillisar o Governo Chinez; e pediu aos ditos Sobrecargas huma nòva conferencia para se adoptarem medidas mais convenientes ao bom exito da expedição.

Appareceram os encarregados em consequencias do convite para tratar com o Governador e o Ouvidor, que os espe-

[1] Pag. 151.
[2] De 21 de outubro de 1808.
[3] Pag. 153.
[4] De 21 de outubro de 1808.

ravam; e apenas se deu principio á conferencia, começaram as tropas a desembarcar por ordem dos encarregados. Assombrado o Governo de tão estranho procedimento, desculparam-se os encarregados allegando ser causado pela antecipação do seu aviso para o desembarque, antes de se acharem informados da chapa; nem por isto se suspendeu a entrada das tropas. 1841 Dezembro 6

Era preciso que o Governo remediasse as consequencias do desembarque, e nesta diligencia expediu aos Mandarins do districto a chapa[1] N.º 49, dando a este passo a melhor interpretação; mas mostrando os Mandarins pela sua resposta[2], N.º 50, que não acreditavam facilmente as razões que se lhes davam, procurou dissuadil-os da sua suspeita pela chapa[3] N.º 51.

Principiaram os sipaes da Companhia a suscitar desordens com os Chinas, e a insultar as casas e pessoas dos principaes moradores da cidade, fazendo sortidas de dia e de noite fóra da praça, contra os estabelecimentos vizinhos, provocando aquelles povos, de cujos ritos e costumes zombavam dando por estes actos motivo a differentes altercações entre os Mandarins do districto e a praça, como se collige das representações do Mandarim de Hiang-xam[4], N.os 52, 53, 54, 55 e 56, e das sollicitações do Senado[5], N.os 57, 58 e 59, para evitar os insultos que iam augmentando da parte dos Chinas contra a tropa ingleza que odiavam.

Vendo os encarregados da expedição a má figura que tomavam os seus negocios junto ao Governo da China, lembraram-se, na sua magua, de attribuir a fallencia de suas medidas á má vontade dos membros do Governo! E queixaram-se dos Mandarins do districto ao mesmo tempo, suspeitando-os de falta de exactidão nas informações que deviam transmittir ao Suntó de Cantão; pediram portanto os encarregados,

[1] De 22 de outubro.
[2] De 22 de outubro.
[3] De 22 de outubro.
[4] De 24, 25, 27, 29 e 30 de outubro.
[5] De 27, 28 e 29 de outubro.

1814 Dezembro 6 na sua carta[1], N.º 60, que dalli em diante as communicações que se fizessem fossem mandadas ao Almirante Drury, para este as apresentar ao Suntó, e indicaram ser desnecessarias as formalidades antigas, por não merecer confiança o Mandarim por cujo canal costumavam ir as participações.

Em resposta[2], N.º 61, não só prometteu o Governador remetter copia da correspondencia que houvesse com o Governo Chinez, para evitar qualquer falta de exactidão da parte dos Mandarins, mas enviou-lhes desde logo, para remover qualquer duvida que podesse haver, a copia da chapa[3], N.º 62, que o Governo dirigiu para este effeito aos Mandarins do districto. Defendeu-se das inculpações de que os encarregados faziam cargo ao Governo e moradores da cidade, notando-lhes ser aquella expedição a origem de todo o mal, e fazendo-lhes ao mesmo tempo huma viva pintura do estado infeliz a que se achavam reduzidos os habitantes daquella praça, não sendo, em tal caso, de estranhar que cada hum lamentasse a sua propria ruina, causada por tão multiplicadas e violentas agitações e por huma obstinação tão procrastinada.

Acharam os Sobrecargas as communicações feitas pelo Governo de Macau ao Governo Chinez muito proprias para restabelecer o socego e confiaram dellas os mais propicios effeitos, segundo sua confissão na carta[4] N.º 63; continuaram porém a insultar o Governo, arguindo-o, sem pejo algum, de ser elle culpado do mau exito daquella expedição, por ter tomado medidas sinistras para destruir os fins da mesma junto ao Governo Chinez.

Nada póde ser mais injusto do que huma semelhante accusação, á vista dos factos palpaveis que se acham expostos. Quem deixará de perceber nascer ella da irritação, que naturalmente deviam causar áquelles particulares o aborto de huma empreza tão dispendiosa, e a séria responsabilidade em que ficavam constituidos, pela sua conducta summamente ir-

[1] Pag. 162.
[2] Pag. 163.
[3] De 30 de outubro.
[4] Pag. 168.

regular contra o estabelecimento de um antigo alliado do seu Monarcha, e pela perturbação da paz com os Chinas, que ameaçava hum golpe funesto aos interesses da Companhia Ingleza naquella parte da Asia? He, alem disto, notorio, que não satisfeitos os encarregados de attribuir a fallencia da expedição ora a huns, ora a outros, acabaram em dissensões entre si mesmos a este respeito, dando-se mutuamente as culpas. 1811 Dezembro 6

Suspeitosos das relações que havia entre a praça e os Chinas, renovaram os deputados da Junta Selecta dos Sobrecargas ao Governo de Macau a requisição das copias de sua ulterior correspondencia com os Mandarins sobre o desembarque das tropas inglezas, para serem remettidas ao seu socio o primeiro Sobrecarga Mr. Roberts, em Cantão [1], N.º 64, requisição á qual correspondeu o Governo da maneira a mais franca pela sua carta [2], N.º 65.

Tornou a instar, impaciente, o primeiro Sobrecarga Mr. Roberts por sua carta [3], N. 66, sobre a remessa de novas copias da supposta correspondencia com os Chinas: a estas fastidiosas instancias era impossivel dar-se huma mais decorosa e ampla satisfação do que a da carta [4] N.º 67, abrindo-se ao So brecarga Mr. Pattle o livro da correspondencia com os Chinas, para elle tirar as copias que quizesse.

Não se póde fazer huma ideia da confusão em que os encarregados da expedição, de dia em dia, procuravam involver a cidade, sem que cousa alguma fosse capaz de os suspender na sua desenfreada carreira!

Sem embargo de não ser permittido pelas leis do Imperio aos navios estrangeiros descarregar em Macau, privilegio só reservado aos Portuguezes, suscitaram os deputados da Junta Selecta pela sua intimação [5], N.º 68, huma nova questão, que devia provocar mais os Chinas, qual foi a descarga de seus

[1] De 10 de novembro de 1808.
[2] De 11 de novembro.
[3] De 21 de novembro de 1808.
[4] De 24 de novembro.
[5] Pag. 171.

1811 Dezembro 6

navios em Macau, em desprezo das Constituições Imperiaes e dos usos antigos, que obrigam todas as nações a descarregar em Vampú e a pagar alli seus direitos ao Imperador. Nota-se mais nesta intimação a ironia com que os ditos deputados Sobrecargas responderam á exposição dos incommodos que padeciam os moradores de Macau, tratando a ruina daquelle estabelecimento de bagatela em comparação de seus proprios interesses compromettidos; como se não fossem os mesmos Sobrecargas os primeiros motores daquella desordem.

A resposta [1], N.º 69, do Governo de Macau representava aos deputados as duvidas que occorriam á descarga pretendida, e estas se verificaram, oppondo-se os Chinas, com a chapa [2] N.º 70, ao desembarque das cargas inglezas em Macau, exigindo mão forte contra qualquer novo attentado. Sempre solicito de conservar a boa harmonia entre os Inglezes e os Chinas, procurou o Senado socegar os Mandarins com a resposta [3] N.º 71.

Neste tempo appareceu emfim o edital [4], N.º 72, que o Mandarim de Nan-hai mandou affixar nas ruas publicas por ordem do Suntó de Cantão, convocando tropas para expulsar os Inglezes fóra do territorio da China.

Debaixo de semelhantes indicios não era de esperar que a ida do Almirante a Vampú produzisse huma alteração no systema a que os Chinas, inimigos de innovações, estão afferrados, e na tenacidade com que se oppunham aos Inglezes, aos quaes sempre foram pouco affeiçoados, como se tem mostrado em varias occasiões antecedentes.

Effectivamente assim aconteceu, pois dirigindo o Almirante Drury a sua carta [5], N.º 73, ao Suntó de Cantão, não obteve audiencia, e lhe foi logo intimado que se retirasse.

Mais dura foi a sorte do interprete Portuguez, que o Se-

[1] Pag. 172.
[2] Pag. 176.
[3] Pag. 174.
[4] Pag. 177.
[5] Pag. 126.

nado havia concedido ao Almirante, o qual ficou marcado para sempre entre os Chinas como hum objecto de odio; e na primeira occasião em que poderam lançar-lhe a mão, foi por elles preso e arrastado em ferros como culpado de alta traição contra a Celestial Dynastia, por servir os Inglezes naquella negociação; sendo preciso, para lhe salvar a vida, que o Desembargador Ouvidor interpozesse os mais assiduos esforços e corresse os maiores perigos pessoaes, e que a guarnição Portugueza pegasse em armas para apoiar as instancias do Ouvidor pela restituição daquelle empregado, como se collige das cartas do mesmo Padre[1], N.º 74, e dos termos de vereação[2] N.os 75 e 76. 1811 Dezembro 6

Não querendo o Suntó dar ouvidos a proposições algumas do Almirante, mandou a admoestação[3] N.º 77 á Junta Selecta dos Sobrecargas da Companhia Ingleza em Cantão, intimando-lhe quaes eram as antigas relações que existiam entre a praça de Macau e o Governo da China, do qual ella fazia parte integrante, sendo aquelle estabelecimento huma regalia que a Celestial Dynastia tinha concedido aos Portuguezes por graça especial, e que só reservava a esta nação, a quem o Imperador amava como se fossem seus vassallos. Dizia mais, que o Imperador reputaria como inimiga sua qualquer nação que fosse alli inquietar os Portuguezes, que não precisavam de outra protecção mais do que da sua.

Teimoso o Almirante em se querer encontrar com o Suntó, passou na sua nau *Russell*, acima da Bôca do Tigre (entrada de Vampú) e mandou entrar em Vampú, e subir o mais que fosse possivel pelo rio acima as duas fragatas *Phaetonte* e *Dédaigneuse*, o bergantim *Diana* e os dois navios (armados pela Companhia a titulo de descoberta) *Discovery* e *Antelope*. Desembarcou em Cantão e forçosamente exigiu audiencia, mas o Suntó a nada quiz attender, sem que primeiro se retirassem as tropas inglezas de Macau.

[1] De 9, 10, 11, 13 e 16 de janeiro e 1 de março de 1809.

[2] De 6 e 14 de janeiro de 1809.

[3] Pag. 154.

1811 Dezembro 6 Desenganado o Almirante, voltou para bordo da sua nau, mandou sahir todos os Inglezes de Cantão, ê ordenou que todos os navios da Companhia se apromptassem e preparassem suas lanchas. Chegou a irritação dos Chinas ao mais alto ponto com este desafio, e quando o Almirante pretendia subir a Cantão para nova tentativa com huma comitiva de lanchas armadas, encontrou já entupida a bôca do canal principal por numerosas tropas, e o rio cheio de embarcações de guerra, das quaes sairam alguns officiaes chinezes a intimar-lhe que não se adiantasse, porque soffreria fogo. Como o Almirante não fez caso desta intimação, romperam os Chinas o fogo, cousa nunca usada contra Europeus; em consequencia do que foi o Almirante constrangido a retroceder e mandou bloquear pelos bergantins a entrada dos canaes principaes, fazendo entrar e sair os navios de guerra pela Bôca do Tigre apesar da opposição da fortaleza, que forçaram a tiros de artilharia.

Instava o General das armas chinezas ao Suntó pela marcha de suas tropas contra os Inglezes, porém este o detinha com prudencia, attendendo ás esperanças favoraveis que os Mandarins lhe davam, em consequencia das informações do Senado, pelas quaes ainda se esperava ver concluida aquella dependencia sem maior desordem.

Resolveu-se emfim o Suntó a dar conta ao Imperador desta novidade, pratica que na China só se observa em ultimo recurso, e o aviso [1], N.º 78, do Suntó ao seu Soberano he huma fiel exposição dos sentimentos enradicados que os Chinas professam aos Inglezes, traduzidos dos seus annaes, e nelle podiam contemplar os Sobrecargas da Companhia quão mal fundada foi a sua desconfiança contra os membros do Governo e moradores de Macau, sendo esta já a terceira mallograda tentativa que fazem para se estabelecerem na China, como se reconhece da mesma representação.

No meio de scenas tão desagradaveis, devidas á cubiça, e ambição de alguns particulares, as quaes sem duvida os Ho-

[1] Pag. 157.

noraveis Directores da Companhia Ingleza das Indias Orientaes hão de altamente desapprovar, faz huma terna sensação o tributo de respeito, e veneração que o Suntó concede ao elevado caracter, e justiça que distinguem Sua Magestade Britannica, e seu Ministerio, tão dignamente avaliado n'aquellas longinquas regiões, quando se trata de distinguir huma expedição feita sem seu real consentimento e approvação, e digna de sua mais exemplar censura. 1811 Dezembro 3

Hum Decreto do Imperador [1], N.° 79, decidio a guerra, no caso de não se retirarem logo os Inglezes de Macau, e recusou o soccorro que elles offereciam contra os piratas.

Desde logo fizeram os Mandarins do districto novas intimações ao Governo de Macau [2], N.os 80 e 81, para que não deixasse entrar os navios Inglezes que se achavam na barra, e notificaram as ordens que deu o Imperador para os Inglezes serem expulsos de Macau pelas forças chinezas, avisando ao Governo daquella cidade que acautelasse a fortaleza do Monte, se não queria que os Portuguezes ficassem tambem envolvidos na contenda com os Chinas.

Tratou o Senado na sua resposta [3], N.° 82, de tranquillisar os Chinas, informando-os de que os tres navios em questão, que traziam o resto da tropa, pacificamente se tinham sujeitado ás ordens recebidas, e não instavam sobre a sua admissão; e pedia aos Mandarins que suspendessem qualquer procedimento contra os Inglezes, visto achar-se o Almirante Drury em Cantão tratando de concluir amigavelmente esta dependencia, e serem desnecessarios actos violentos, emquanto não havia certeza de huma formal opposição ás leis do Imperador.

Continuaram, não obstante isto, as diarias, e cada vez mais apertadas instancias dos Mandarins do districto, para o reembarque da tropa ingleza, com intimações de guerra, se não fossem logo obedecidos, dando pelas mesmas chapas [4],

[1] Pag. 180.
[2] De 4 de dezembro de 1808.
[3] De 6 de dezembro de 1808.
[4] De 6 de dezembro: e pag. 185.

1811 Dezembro 6 N.os 83 e 84, a entender que havia toda a desconfiança de que os Portuguezes obravam de commum accordo com os Inglezes, e por isto mereciam ser comprehendidos no mesmo castigo.

Pediu-se novamente por parte do Senado[1], N.os 85 e 86, ao Mandarim de Hiang-xam que suspendesse a marcha de suas tropas contra a praça, até que o Governador podesse receber de Cantão a ultima decisão do Almirante, a fim de se dar immediato cumprimento ás ordens que o dito Mandarim tinha do Suntó, e para este effeito lhe rogou huma chapa para o Mandarim da fortaleza da Bôca do Tigre não pôr embaraço á entrada do bergantim que neste importante serviço se expedio.

O perigo que ameaçava a praça não permittia já mais negociações, e o governo, que não tinha tempo que perder, expedio o aviso[2], n.º 87, aos deputados da Junta Selecta dos Sobrecargas, da crise pendente em consequencia da resolução em que se achavam os Chinas, por ordens superiores, de ir atacar os Inglezes e a praça.

Contestaram os deputados este aviso, pedindo por sua carta[3], N.º 88, ao Governo de Macau, que se manifestassem aos Mandarins as suas intenções de tornar a embarcar as tropas, e que por meio dos bons officios daquelle Governo se procurasse abrandar o rigor dos Mandarins, intimando-lhes ao mesmo tempo que qualquer movimento de tropas chinas alem da Casa Branca seria considerado pelos Inglezes como hum principio de hostilidades; e passaram portanto a celebrar a Convenção[4], N.º 89, para a evacuação das tropas inglezas, pela qual ficou encarregado o Ouvidor de ir intimar aos Mandarins do districto a resolução que a Junta Selecta dos Sobrecargas tinha tomado de fazer evacuar a cidade pelas tropas inglezas, devendo o Ouvidor persuadil-os que esta retirada era feita na intelligencia de que a cidade ficava de-

[1] Chapas de 10 de dezembro.
[2] Pag. 187.
[3] Pag. 188.
[4] Pag. 189.

baixo da protecção do Imperio da China; que sendo necessaria para esta deliberação a concorrencia do Almirante Drury, e do primeiro Sobrecarga Mr. Roberts, deviam os Mandarins auxiliar a ida do bergantim Portuguez que levava o Desembargador Ouvidor a Vampu, a cujo zelo e intelligencia era confiada a terminação desta pendencia, do modo mais analogo aos interesses das tres nações; que os Mandarins deviam fazer levantar as prohibições que havia á venda dos mantimentos, e ultimamente que se devia suspender a marcha das tropas chinezas, e pôr o commercio britannico no pé em que estava antes. 1811 Dezembro 6

Deu logo principio o desembargador Ouvidor á sua commissão, desempenhando-a muito habilmente junto ao Mandarim do districto, de quem alcançou remover-se o embaraço dos viveres, ficarem suspendidas as hostilidades, postos de accordo os Mandarins sobre as verdadeiras intenções da expedição, e ficar restabelecido o commercio britannico sobre o mesmo pé em que se achava antes desta contenda; e alcançou a licença pedida para ir a Vampu, para o que expedio o Mandarim huma embarcação de guerra para a Bôca do Tigre com o devido aviso; do que tudo o Desembargador Ouvidor deu conta por sua carta [1], N.º 90.

Concluida esta dependencia com tanta felicidade, e promptidão, passou o Desembargador Ouvidor com a sua actividade costumada ao segundo objecto de sua importante commissão, partindo logo para a Bôca do Tigre, acompanhado do Commissario do Mandarim, com tres embarcações armadas. Venceu a difficuldade que encontrou á entrada, porque sem aviso do Suntó nenhuma embarcação podia então passar por se achar impedido o accesso. Observando que a nau *Russell* descia o rio, mandou o Desembargador Ouvidor cumprimentar o Almirante Drury pela carta [2], N.º 91, que lhe enviou pelo Capitão Tenente Francisco José da Victoria Rodrigues Vianna, acompanhado do Sobrecarga da Companhia Mr. J. Helphingstone.

[1] Pag. 191.

[2] De 13 de Dezembro de 1808.

1811 Dezembro 6

Deu o Almirante a este recado huma attenciosa resposta [1], N.º 92, em que mandava informar o Desembargador de que já tinha expedido ordem para que fossem embarcadas as tropas, *reconhecendo-se grato ás officiosas declarações anteriormente feitas pelo Governo de Macau, como as mais veridicas e ajustadas;* e visto que elle julgava todas as questões concluidas com a resposta que tinha dado ao Suntó, nos mesmos termos só lhe restava pedir ao Desembargador Ouvidor, que voltasse immediatamente para Macau a socegar a cidade, que elle receava se achasse attenuada da parte dos Chinas. Indo depois o Desembargador Ouvidor na companhia de Mr. Helphingstone visitar pessoalmente o Almirante para lhe agradecer tão lisonjeiras expressões, *este lhe repetio o que antes tinha dito, e lhe segurou que o commercio de Macau seria protegido pelas embarcações de Sua Magestade Britannica, da mesma fórma que antigamente, e que confiava delle Desembargador, do Governador, e do Senado, todo o desvelo em evitar a occorrencia de qualquer embaraço, emquanto elle não descia para Macau, o que esperava conseguir em poucos dias; e com estes, e mais signaes de sua approvação foi acompanhar, e despedir o Desembargador ao portaló, tudo na fórma da mesma parte que deu o Desembargador ao Governador* [2], N.º 93.

Achando o Desembargador Ouvidor á sua chegada a Macau queixas de que o Mandarim do districto havia faltado á promessa que lhe tinha dado antes de sua partida para a Bôca do Tigre, a respeito da livre venda dos mantimentos, foi novamente o dito Desembargador Ouvidor tratar este assumpto com o referido Mandarim, que lhe deu as mais positivas provas da sua condescendencia, desculpando-se porém de não poder permittir a venda de porções avultadas emquanto as tropas se não achassem embarcadas, e os navios fóra da Taipa. Foi tudo quanto se podia esperar daquelle

[1] Attestação passada por Francisco José da Victoria Rodrigues Vianna, Capitão da marinha de Goa, de 4 de Março de 1800.

[2] Pag. 192.

Mandarim, por ser difficil dissuadil-o da sua teimosa desconfiança contra os Inglezes; comtudo alcançou novamente a segurança de que, apesar do passado, o commercio dos Inglezes não soffreria incommodo algum para o futuro, comtanto que as tropas se retirassem, do que deu conta no seu officio [1], N.° 94, ao Governador. Testemunha estes bons officios do Desembargador a chapa do Mandarim do districto [2], N.° 95. 1811 Dezembro 6

Não obstante terem as cousas chegado a hum ponto conciliatorio, e as tropas inglezas principiarem a embarcar, nem por isto deixaram os Chinas de continuar a tomar todas as medidas de precaução contra elles, e pela chapa [3], N.° 96, avisa o Mandarim do districto que elle devia entrar de guarnição na cidade com os soldados de sua propria villa de Siam-Xam, emquanto o resto das tropas, que tinha chegado de varias partes, era destinado a ficar postado ao pé do Monte do Norte, perto da Casa Branca; e por outra chapa [4], N.° 97, estranhava o Mandarim a demora que tinha havido no embarque dos Inglezes, e intimava que se até á meia noite daquelle dia não se achassem todos fóra da cidade, elle os faria atacar pela sua tropa, na fórma do decreto imperial.

O Senado informou os Mandarins do districto pela chapa [5] N.° 98, de que os Inglezes já se achavam todos embarcados, e o patrão mór a bordo dos navios para os conduzir fóra da Taipa, e desculpou o não se ter feito o embarque com mais brevidade por falta de tempo, sendo a demora dos navios só causada por se esperar a vinda do Almirante, ou de outro navio de guerra para os acompanhar.

Exigiu mais o Senado, que os Inglezes fossem tratados com toda a consideração que merecem os vinculos de amizade existentes entre elles e a nação Portugueza, e oppoz-se

[1] De 14 de dezembro de 1808.
[2] De 15 de dezembro.
[3] De 18 de dezembro.
[4] De 18 de dezembro de 1808.
[5] De 19 de dezembro.

1811 Dezembro 6 á entrada de tropas chinezas na praça, por ser contraria ás leis do imperio. Não cessou ainda a desconfiança dos Chinas, e o Mandarim do districto mandou intimar, por sua chapa [1], N.° 99, aos Inglezes que sahissem para fóra da Taipa naquella maré.

Finalmente foi a cidade informada pelos Mandarins do districto, de que o commercio, que até então se achava suspenso, e inteiramente obstruido, ficava dalli em diante restabelecido, como se vê da resposta do senado [2], N.° 100.

A maneira prudente, e circumspecta com que os membros do Governo de Macau se tinham havido durante tantos, e tão complicados conflictos, e sobretudo a admiravel negociação que moderou, e por fim desfez as destructivas intenções dos Chinas, procurando á expedição da Companhia Ingleza hum decente pretexto de retirada, e a conservação do seu commercio, mereceu do Almirante *o testemunho de agradecimento publico que deu áquelle Governo na sua carta* [3], N.° 101.

Suspeitas de haver Inglezes escondidos nas fortalezas induziram o Mandarim General das armas a exigir, pela sua chapa [4], N.° 102, que o Procurador da cidade comparecesse perante elle a horas determinadas para ser questionado a este respeito, e que lhe levasse huma certidão de que nas fortalezas não havia soldado inglez algum escondido, certidão que o Senado effectivamente lhe mandou passar [5], N.° 103.

Ainda assim mesmo isto não foi sufficiente para acalmar as suspeitas dos Chinas, os quaes introduziram suas tropas na cidade, e a titulo de passeio pelas fortalezas, entraram em todas ellas para se confirmarem.

Desta fórma acabou aquella desgraçada expedição, e será necessario hum longo tempo, e huma consummada modera-

[1] De 19 de dezembro.
[2] De 20 de dezembro.
[3] De 22 de dezembro.
[4] De 21 de dezembro de 1808.
[5] De 21 de dezembro.

ção para desvanecer as idêas desfavoraveis que ella imprimio nos Chinas. 1811 Dezembro 6

Os prejuizos que ella causou aos moradores são demasiadamente consideraveis, para que deixem de merecer huma particular contemplação.

Depois dos relevantes serviços que os membros do Governo de Macau fizeram á expedição, servindo efficazmente de mediadores entre ella, e o Governo Chinez, até ao ponto de se fazerem suspeitos aos mesmos Chinas, parecem pouco merecidas as queixas produzidas contra elles, que se refutam por factos publicos, e por principios fundamentaes das constituições antiquissimas daquelle vasto e poderoso imperio, aos quaes a mesma actual dynastia reinante sabiamente se sujeitou, quando a fortuna das armas tartaras collocou sobre o throno da China o seu Principe e General, e fez adoptar, por politica, aos Tartaros Mancheos os costumes, e leis daquella celebre nação.

Segundo estas leis, sagradamente respeitadas, considera o Governo Chinez qualquer innovação que seja, como inevitavelmente productiva da maior ruina para o Estado, e sobre este principio he que já em 1793 o Imperador Kien-Long recusou a Lord Makartney admittir aos Inglezes estabelecimento algum em seus dominios, nem a menor das vantagens, que solicitou a beneficio do seu commercio.

A demasiada condescendencia dos membros do Governo de Macau para com os encarregados da expedição seria a unica cousa de que poderiam ser arguidos, mas o objecto de salvar os interesses, e a honra dos antigos, e fieis alliados da Corôa de Portugal, e a justa idéa que fizeram da estreita alliança que une os dois Governos, advogam a seu favor.

Desde o Tratado de 1661 tem sempre sido a constante politica dos Portuguezes na India promover suas relações com os Inglezes, e nesta favoravel intenção he que então se lhes cedeu a excellente posição, porto, e cidade de Bombaim. A estreita união que liga as duas Potencias, e os reciprocos interesses que devem resultar de sua alliança, tornam a nossa politica sempre a mesma. Este he o espirito das in-

1811 Dezembro 6 strucções que se têem dado aos nossos empregados civis e militares, e destas amigaveis disposições têem os Commandantes britannicos por toda a parte exhuberantes testemunhos, para ser escusado maior commento a similhante respeito.

A nação Portugueza deve o seu estabelecimento em Macàu a antigos serviços feito á Côrte de Pékim, e ao valor com que empregou as suas armas contra os inimigos da China, onde os seus costumes, e seu respeito ás leis do Imperio a têem feito tão bem vista daquelle Governo.

As diligencias que os Hollandezes fizeram para se apoderarem daquelle estabelecimento, hum seculo depois da sua fundação, não serviram mais do que a confirmar os Portuguezes na sua posse, pelo extraordinario privilegio que então lhes deu o Governo da China, de se fortificarem regularmente.

Gozando os moradores daquella cidade, pela maior parte chinas, vantagens superiores ás de qualquer outra nação Europêa no seu commercio com a China, em consequencia de seus privilegios, nenhum lugar póde haver a suspeitar que elles, ou o seu Senado cubicem, ou tenham ciume do commercio que os Inglezes fazem alli a condições muito menos vantajosas. He pouco feliz, portanto, nesta parte, a lembrança da Junta Selecta, querendo attribuir ao ciume dos moradores de Macau hum mal que ella deve talvez á sua propria conducta, ou á emulação das outras feitorias de nações pouco affeiçoadas á Gran-Bretanha, que negoceiam em Cantão.

A falta de provas que ha contra o Ouvidor Arriaga, na queixa que se dá delle e dos mais membros do Governo de Macau, me obrigou a investigar sua conducta nas serias convulsões suscitadas por esta mesma emulação dos Sobrecargas da Companhia Ingleza. A narração historica destes acontecimentos faz a apologia daquelles empregados, e muito particularmente do Desembargador Ouvidor, como se vê da attestação do interprete Padre Antonio dos Santos Xavier[1],

[1] De 28 de fevereiro de 1809.

N.º 104, das cartas de agradecimento que lhe dirigiu o Governador[1], N.º 105, e o Senado de Macau[2], N.º 106, e da honrosa descripção que faz do zelo deste ministro o Tenente Coronel José Osorio de Castro Cabral de Albuquerque[3], N.º 107, merecendo estas qualidades a insigne honrà de ser pedida a Sua Alteza Real a conservação daquelle Magistrado no cargo que occupa, por um expresso officio do Senado[4], N.º 108, e a solicitações das auctoridades do Imperio, como se manifesta da chapa[5], N.º 109: distinctos testemunhos dos relevantes serviços feitos à colonia, alem de muitos outros que têem subido à Real presença, de que a mesma gazeta, o *Courier* de Bombaim, de 29 de Setembro de 1810, extracto[6] N.º 110, faz a mais honrosa menção, distribuindo a este zeloso e intelligente Magistrado os titulos mais lisonjeiros, não permittem que se acceite huma accusação estabelecida sobre bases tão debeis; e muito menos depois de se haver faltado da parte dos accusadores à condição de corroborar as suas queixas com as provas promettidas em logar competente, quando se dirigiram para este effeito ao Governador de Macau. 1811 Dezembro 6

Quanto à organisação politica da praça de Macau e sua dependencia immediata da metropole, he tal qual melhor convem ao systema adaptado às suas relações particulares, na comprehensão que dellas se tomou no seu todo durante o ministerio de Martinho de Mello de Castro, e que se não podem alterar por motivos de conveniencia.

Comtudo, para que dessem as queixas dos Sobrecargas da Companhia Ingleza das Indias Orientaes em Cantão, teem-se repetido as mais positivas recommendações ao Governo de Macau para que preste todos os bons officios ao commercio

[1] De 15 de dezembro de 1808.
[2] De 14 de janeiro de 1809.
[3] Attestado de 5 de março de 1809.
[4] De 7 de março de 1809.
[5] De 11 de março de 1809.
[6] Artigo em que se descreve e noticia a destruição dos piratas pelos portuguezes.

1811 Dezembro 6 daquella Companhia, e se castigue qualquer perturbador da paz e boa intelligencia, que felizmente, pela intervenção daquelle mesmo Governo, se acha restabelecida entre os vassallos das duas Potencias e os Chinas; sendo igualmente indispensavel que o Governo Britannico communique aos Honoraveis Directores da Companhia das Indias Orientaes a necessidade que ha de admoestar seus Sobrecargas em Cantão a adoptarem idéas mais liberaes e mais concordes aos verdadeiros interesses da mesma Companhia, e á tranquillidade e boa harmonia das respectivas nações.

Deus Guarde a V. Ex.ª Paço, em 6 de Dezembro de 1811.— Conde das Galveias.

Sr. Conde de Linhares.

Nota do Ministro dos Negocios Estrangeiros ao Ministro de Inglaterra a respeito do Ouvidor e Senado de Macau

(Arch. do Ministerio dos Negocios Estrangeiros.— Registo.)

1812 Janeiro 21 O abaixo assignado, Conselheiro, Ministro e Secretario de Estado dos Negocios Estrangeiros e da Guerra, tendo levado á augusta presença de Sua Alteza Real o Principe Regente seu amo as duas notas ministeriaes, que S. Ex.ª Mylord Strangford, Enviado Extraordinario e Ministro Plenipotenciario de Sua Magestade Britannica, lhe dirigiu nas datas de 29 de Outubro e 27 de Novembro, tem a honra de participar a S. Ex.ª que, havendo Sua Alteza Real mandado remetter as sobreditas notas á competente Repartição para serem alli examinadas as queixas que S. Ex.ª fazia em nome de Sua Magestade Britannica, tanto contra o Ouvidor de Macau, como contra o Senado; desejoso sempre Sua Alteza Real de mostrar a maior deferencia para os interesses de Sua Magestade Britannica e dos seus vassallos, em tudo quanto possa ser compativel com a dignidade e independencia da sua Corôa e com os interesses dos seus vassallos, acaba Sua Alteza Real de ordenar ao abaixo assignado que dirija a S. Ex.ª como resposta ás suas notas a inclusa carta official com os annexos documentos, que lhe transmittiu o Conselheiro Ministro e Secretario de Estado da Repartição da Marinha e Dominios Ultramarinos, e da qual S. Ex.ª verá que a conducta e procedimentos dos Sobrecargas da Companhia das Indias Inglezas tem sido sempre, não só a mais hostil contra o Governo de Macau, que tem querido até comprometter com os principios inalteraveis de ciume e de suspeita do Governo da China, mas que até, desconhecendo os serviços que o dito Ouvidor fez ultimamente ao commercio britannico na China, impedindo que da expedição das tropas resultasse qualquer inconveniente ao commercio britannico, e que muito era de temer, tratando-se com o Imperio da China, onde o proseguimento dos principios huma vez estabelecidos he inalteravel, e onde o ciume contra os Europeus he igualmente constante, se queixam agora delle, quando é visivel que só deveriam queixar-se do ciume que inspiraram ao Governo da China e que de necessidade se não póde acabar tão depressa. Que debaixo de huma tão precisa como longa e exacta deducção de todos os factos, não póde o abaixo assignado deixar de segurar a S. Ex.ª que seria não só huma grande injustiça tirar o logar ao Sobredito Ouvidor, contra o qual se não allegam senão conjecturas e suspeitas totalmente contraditas pelo conhecimento que tanto os Sobrecargas da Companhia, como o Almirante Drury, já fizeram do seu bom serviço na occasião em que o armamento mandado a Macau excitou hum tão vivo ciume do Governo da China, e que elle muito contribuiu a moderar, e a impedir as tristes consequencias que delle se podiam esperar; mas que até poderia ser acompanhado dos mais tristes resultados, pois poderia excitar o ciume do Governo da China contra o Governo de Sua Alteza Real e particularmente contra o Governo de Macau. Que igualmente não póde o abaixo assignado deixar de observar a S. Ex.ª que, sendo todas estas queixas fundadas em intrigas de alguns particulares que illudem os Sobrecar-

1812 Janeiro 21

1812 Janeiro 21 gas da Companhia, tanto sobre o Ouvidor como sobre o mesmo Governo em Macau, seria de huma summa injustiça da parte de Sua Alteza Real o proceder contra o Ouvidor e o alterar a fórma do Governo sómente para satisfazer ás representações de nenhum modo fundadas, e até suspeitas pelas bases em que se fundam, e pelas pessoas que as fazem, isto he, os Sobrecargas da Companhia da Asia. Debaixo destes justos principios recebeu o abaixo assignado a necessaria ordem para segurar a S. Ex.ª Mylord Strangford, que Sua Alteza Real manda novamente expedir as mais positivas ordens para que o Governo e Ouvidor de Macau vivam na mais perfeita intelligencia com os Sobrecargas da Companhia da India Ingleza; que façam cessar todos os ciumes que possam existir a seu respeito, auxiliando e promovendo quanto poderem o commercio britannico na China, e procurando fazer cessar o ciume que inspirou ao Governo da China a ultima expedição feita para se apoderar de Macau, que desgraçadamente não he de esperar (supposto o conhecido caracter do Governo da China) que possa acabar tão depressa. Igualmente ordenou Sua Alteza Real ao abaixo assignado que segurasse no seu Real nome a S. Ex.ª, para que assim o fizesse constar na presença de Sua Magestade Britannica, que Sua Alteza Real estava bem persuadido que, quando no Gabinete de Sua Magestade Britannica se apresentasse toda a deducção e peças comprobantes que a acompanham, então se conheceria o solido e justo fundamento que impedia a Sua Alteza Real de comprazer com os desejos de Sua Magestade Britannica, sendo até huma prova da inalteravel adhesão de Sua Alteza Real aos principios da alliança, que felizmente subsiste, o não pedir no momento actual, que se examine e se proceda contra a conducta dos empregados da Companhia da India Ingleza, visto terem dado tão manifestas e visiveis demonstrações do desejo que tinham de tirar Macau ao seu legitimo Soberano, seja senhoreando-se delle por força, seja compromettendo a sua existencia, fazendo cessar a boa harmonia que existe entre elle e o Imperio da China. O abaixo assignado póde segurar a S. Ex.ª que Sua Alteza Real está bem persuadido que em nenhum destes actos teve parte o justo e illuminado Governo de Sua Magestade Britannica; mas Sua Alteza Real espera que tão justas representações servirão a pôr em guarda e cautela o Ministerio Britannico contra os agentes da Companhia da India Ingleza, para não prestar ouvidos ás suas parciaes e injustas representações. 1812 Janeiro 21

O abaixo assignado espera que S. Ex.ª verá tambem na extensa deducção que acompanha esta nota os justos motivos que impediram huma mais prompta resposta, e aproveita esta occasião de renovar a S. Ex.ª os seus sentimentos de perfeita estima e alta consideração.

Palacio do Rio de Janeiro, 21 de Janeiro de 1812.—Conde de Linhares.

Officio do Ministro do Ultramar ao dos Negocios Estrangeiros negando a licença pedida pela Companhia ingleza das Indias para comprar uma casa em Macau.

(Arch. do Ministerio dos Negocios Estrangeiros.— Registo.)

Ill.mo e Ex.mo Sr.—Tendo recebido o officio que V. Ex.ª me dirigiu em data do 1.º do Abril, communicando-me a copia da nota e mais papeis que recebêra do Ministro de Inglaterra, sobre a permissão que solicita n'esta occasião a Companhia das Indias para poder comprar e possuir em seu nome huma casa na cidade de Macau, para residencia daquella parte dos seus empregados que alli conserva, transacção que se acha clandestinamente effectuada pelo intermedio do morador Januario Agostinho de Almeida, passei a examinar as differentes noções que existem nesta Secretaria de Estado relativamente ás regulações daquelle nosso estabelecimento na China, a fim de poder transmittir a V. Ex.ª aquellas informações que deseja, para levar este negocio á Real presença do Principe Regente nosso Senhor, com todo aquelle 1814 Junho 8

1814 Junho 8 conhecimento de causa que haja de determinar melhor a sua Real decisão.

Do exame sobre este importante objecto resultou o conhecimento de que todo o systema de restricções que existe no referido estabelecimento, e versa assim sobre a exclusiva de estrangeiros, como sobre a quantidade prescripta de navios e edificios que os mesmos Portuguezes podem possuir, não proveio de actos puramente deliberativos dos nossos augustos Soberanos, mas sim de Convenções celebradas com os Chinas, quando nos cederam aquelle local: portanto a Soberania que Sua Alteza Real nelle exerce, he em grande parte restringida. Os Chinas, ciosos da importancia do dito estabelecimento, que nos facilitaram em recompensa de grandes serviços que Portugal em outro tempo lhes prestára, não sómente recusam aos vassallos de qualquer outra nação este favor, mas até o tem coarctado aos mesmos Portuguezes, de sorte que agora mais do que nunca se deve observar escrupulosamente o mencionado systema de restricções, por haver nestes ultimos annos crescido a desconfiança dos Chinas contra os estrangeiros e principalmente contra os Inglezes. Este facto he conhecido ao Governo Britannico pela motivada exposição que se fez na resposta do Ministro e Secretario de Estado o fallecido Conde das Galveias, na data de 6 de Dezembro de 1811, sobre a critica situação em que o estabelecimento de Macau se viu pela apparição de forças navaes e tropas inglezas em 1802, e o grande aperto em que estas se acharam, e de que só as pôde salvar a dexteridade e officiosas diligencias do benemerito Ouvidor Miguel de Arriaga. Agora mesmo me communica este Magistrado hum outro facto muito recente, que prova sobejamente a sobredita indisposição dos Chinas contra os Inglezes, e he a requisição formal que ultimamente lhe fez o Mandarim de Hiansan para que fizesse elle sahir de Macau o Sobrecarga da Companhia Ingleza de Cantão Roberts, que tinha alli ficado por molestia, de que veiu a fallecer em 25 de Novembro passado, como V. Ex.ª verá dos documentos que lhe transmitto por copia. Por isso não foi já sem grande difficuldade e receios que

Sua Alteza Real, por condescender com as rogativas do Principe Regente do Reino Unido, concedeu alvará de naturalisação ao inglez Walter Stevenson, sobre que de antemão se mandaram prevenir as auctoridades de Macau, a fim de desviarem da parte dos Mandarins qualquer ideia de suspeita que esta concessão podesse produzir. Conseguintemente reconhecerá V. Ex.ª que não é possivel a Sua Alteza Real o permittir a licença que pretende a Companhia para possuir em seu nome a casa em questão; e ainda quando o fosse, seria prudente não se arriscar um passo que nos comprometteria com o Governo Chinico; porque de hum tal compromettimento, não só nos resultariam incalculaveis damnos, mas chegaria ao ultimo auge a indisposição daquelle Governo contra os nossos alliados. V. Ex.ª se dignará portanto de o levar assim ao conhecimento de Sua Alteza Real, que mandará o que fôr servido. 1814 Junho 8

Deus Guarde a V. Ex.ª Paço, em 8 de Junho de 1814. — Antonio de Araujo de Azevedo.

Termo de ratificação de juramento de fidelidade que faz o Sar Dessay Zaibá Rane, de Sanquelim

(Arch. da India, livro 3.º de Pazes, fol. 24.)

1809 Maio 19 Anno do nascimento de Nosso Senhor Jesus Christo de 1809, aos 19 de Maio do dito anno, na villa de Pangim, no Palacio da residencia do Illmo e Exmo Sr. Bernardo José de Lorena, Conde de Sarzedas, do Conselho de Estado, Vice-Rey e Capitão General de mar e terra do Estado da India, estando o dito Exmo Sr. debaixo do docel na sala da audiencia, se apresentou ao mesmo Sr. o Sar Dessay Zaibá Rane, vindo de Chorlem, aonde se achava ausente, e disse que em virtude do perdão e seguro, que lhe foi concedido para se recolher ao Magestoso Estado, verdadeiramente arrependido, queria ratificar o juramento de fidelidade prestado em 17 do mez de Dezembro de 1797, promettendo cumprir, e guardar fielmente por si, por todos os seus dependentes, e pela sua descendencia todas as obrigações de leal vassalo de Sua Alteza Real, o que fazia com o maior juramento do seu rito, que he o de pôr as suas mãos na sua espada, como o fez com effeito ao tempo de se pronunciarem estas palavras, sob pena de que a mesma sua espada se tornaria contra elle a qualquer tempo que faltasse ao promettido e ratificado, o que deseja que Deus não permittisse; porque sua tenção, e firme vontade era de cumprir sempre inviolavel, e pontualmente tudo o que assim promettia, e ratificava com o dito juramento. E logo o dito Illmo e Exmo Sr. Conde Vice-Rey houve por bem de o receber benignamente na protecção de Sua Alteza Real, admittindo a elle, aos seus dependentes com as suas familias, e sua descendencia a lograrem o fôro de vassalos da Corôa de Portugal observando elle o juramento, e fidelidade, que ratifica; de que para perpetuo testemunho se fez este Auto, em que assignou o sobredito Illmo e Exmo Sr. Conde Vice-Rey, e assignou tambem o dito Sar Dessay: e eu

Caetano José de Albuquerque, Official da Secretaria do Estado, o escrevi. 1809 Maio 19

O Secretario Diogo Vieira de Tovar e Albuquerque o fez escrever — Conde de Sarzedas — Signal maratha de Zaibá Rane, Sar Dessay de Sanquelim.

E servio de interprete neste acto o Lingua do Estado Sacarama Narana Vaga.

Termo de juramento de fidelidade, que faz o Dessay Govinda Visvas Ráo, da Provincia de Bicholim

(Arch. da India, livro 3.º de Pazes, fol. 26.)

Anno do nascimento de Nosso Senhor Jesus Christo de 1809, aos 9 de Julho do dito anno na villa de Pangim, no Palacio da residencia do Ill.mo e Ex.mo Sr. Bernardo José de Lorena, Conde de Sarzedas, do Conselho de Estado, Vice-Rey e Capitão General de mar e terra do Estado da India, estando o dito Ex.mo Sr. debaixo do docel na sala da audiencia, se apresentou ao mesmo Sr. o Dessay Govinda Visvas Ráo, vindo de Parme, aonde se achava ausente, e disse, que em virtude do perdão, e seguro, que lhe foi concedido para se recolher ao Magestoso Estado, verdadeiramente arrependido, queria prestar juramento de fidelidade, promettendo cumprir, e guardar fielmente por si, por todos os seus dependentes, e pela sua descendencia, todas as obrigações de leal vassalo de Sua Alteza Real, o que fazia com o maior juramento do seu rito, que he o de pôr as suas mãas na sua espada, como o fez com effeito ao tempo de se pronunciarem estas palavras, sob pena de que a mesma sua espada se tornaria contra elle a qualquer tempo que faltasse ao promettido, o que desejava que Deos não permittisse, porque sua tenção e firme vontade era de cumprir sempre inviolavel, e pontualmente tudo o que assim prometia com o dito juramento. E logo o dito Ill.mo e Ex.mo Sr. Conde Vice-Rey houve por bem de o receber beni- 1809 Julho 9

1809 Julho 9 gnamente na protecção de Sua Alteza Real, admittindo a elle, aos seus dependentes com as suas familias, e a sua descendencia a lograrem o fôro de vassalos da Corôa de Portugal, observando elle o juramento, e fidelidade, de que para perpetuo testemunho se fez este Auto, em que assignou o sobredito Illmo e Exmo Sr. Conde Vice-Rey, e assignou tambem o dito Dessay; e eu Joseph Agostinho Xavier, Official da Secretario do Estado, o escrevi.

O secretario, Diogo Vieira de Tovar e Albuquerque o fez escrever.—Conde de Sarzedas—Assignatura Maratha de Govinda Visvas Ráo, Dessay de Bicholim.

E servio de interprete neste acto o Lingua do Estado Sacarama Naraena Vaga.

Extincção dos piratas chinezes

Depois que foram desbaratados os piratas Chinezes, a primeira vez pelos Portuguezes no seculo XVI, procuraram pouco a pouco formar novo partido, augmentando de tal sorte, que em 1806 infestavam em grande força as Costas da China, e estavam tão atrevidos, que não só atacavam os navios Chinezes mas os da Europa, e até os Macaenses, com os quaes tiveram renhidos combates, interrompendo a communicação entre Macau e Cantão, e chegaram até a ameaçar a familia Tartara reinante, pretendendo restituir o Imperio á antiga dynastia Chineza.

As esquadras Imperiaes tinham sido derrotadas por Apó-Chá, chefe dos piratas, em varios encontros, e nenhum recurso restava já, por meio da força, ao Governo do Imperio. N'estas apuradas circumstancias o Vice-Rey de Cantão recorreu ao Governo de Macau, pedindo-lhe auxilio, e fez-se a Convenção de 23 de Novembro de 1809, para se estabelecer uma esquadra de cruzeiro; porém como os promettimentos dos Chinas se não realisaram, o Governo de Macau, em vez de limitar-se a um cruzeiro, determinou extinguir de prompto os piratas, e para este fim armou seis navios com 118 peças e 730 homens, nomeando Commandante desta esquadra o Capitão de artilharia, José Pinto Alcoforado de Azevedo e Sousa, o qual buscou por meios suaves reduzir o Apó-Chá á obediencia do Imperador; mas desenganado de o conseguir, começou a combater os piratas por todos os meios.

Nos repetidos encontros que teve com elles, nem uma só vez foi auxiliado por embarcações da esquadra Imperial. Acossados por toda a parte, os piratas refugiaram-se na bahia de Lintim, em cuja barra se formou em linha a esquadra Portugueza.

Apó-Chá, vendo-se sem recursos, aniquilada a maior parte das suas forças, precaria a situação das que lhe restavam por falta de mantimentos, e a sua pessoa em perigo; confiando no Ouvidor de Macau, Miguel de Arriaga, entregou-se, com toda a sua esquadra, á protecção delle, o qual, pelo seu credito e influencia com os primeiros Mandarins e com o Vice-Rey de Cantão, alcançou-lhe do Imperador um misericordioso perdão e a toda a sua esquadra, que consistia em mais de 270 joncas de guerra com 16:000 homens, moços, 5:000 mulheres, e armada com 1:200 peças de artilharia.

Foi aos 12 de Abril de 1810 que na cidade de Kian-san se leu o decreto Imperial aos cabeças dos piratas, perdoando a todos, á excepção dos quatorze mais rebeldes, que para exemplo foram decapitados em Macau, e as cabeças espetadas em paus desde a porta do Cerco até ao Pagode Grande. O Apó-Chá foi feito Mandarim por empenho do Ouvidor, cedendo o Imperador da China, neste negocio, a tudo quanto elle quiz fazer.

Assim acabou a pirataria, que flagellou a China durante tantos annos.

A Companhia Ingleza, na parte que remetteu ao Lord do Almirantado, expressou-se nestas formaes palavras «From these patriotic exertions Macáo derives many advantages, the Portuguese Government glory, and all commercial Nations the freedom of the China seas. The Chinese do sincerelly congratulate themselves on the extinction of an enemy, who has for more than twenty years continued to oppress his fellow subjects, the Imperial Naval Forces being inadequated to check or destroy him». Em Portuguez: «Estas patrioticas diligencias teem adquirido a Macau muitas vantagens, ao Governo Portuguez gloria, e a todas as Nações commerciantes a liberdade dos mares da China. Os chinezes se congratulam com a extincção de um inimigo que por mais de vinte annos tem continuado a opprimir os seus co-vassalos, visto que as forças Navaes Imperiaes eram insufficientes para repellir ou destruir os piratas».

Convenção entre o Vice Rey das duas provincias de Quantong e Quangu e o Governador de Macau para acabar com as invasões dos piratas da China

(Mnemosine Lusitana, tom. II, pag. 355.)

S. Ex.ª o Vice-Rey das duas provincias de Quantong e Quangu, e o Governador da cidade de Macau, sendo igualmente persuadidos da necessidade de pôr fim ás depredações dos piratas da China, que denodadamente infestam os mares que bordam as duas cidades de Cantão e Macau, e por este meio restabelecer a tranquillidade publica, e a segurança do commercio e navegação destes logares, teem mutuamente resolvido concluir huma Convenção para esquipar huma guarda costa, ou esquadra cruzeira, tripulada pelas forças dos Governos. 1809 Novembro 23

Nomearam a este effeito por seus Representantes, a saber: S. Ex.ª o Vice-Rey de Cantão nomeia tres Mandarins, cujos nomes e titulos se acham especificados no original por extenso; e o Governo de Macau nomeia por seus Representantes Miguel de Arriaga Brum da Silveira, Desembargador, Ouvidor ou Juiz Superior de Macau, Cavalleiro da Ordem de Christo, e José Joaquim de Barros, Capitão-Mór do Campo, Cavalleiro da Ordem de Christo, e actual Procurador do Senado, os quaes depois de terem trocado seus respectivos poderes, concluiram e ajustaram as condições seguintes:

ARTIGO 1.º

Será immediatamente estabelecida huma guarda costa, que consistirá de seis navios Portuguezes armados, unidos a huma esquadra Imperial que deve cruzar durante o termo de seis mezes, desde a bôca do Tigre até esta cidade, e desta cidade até Kian-san pelo golpho, a fim de impedir os piratas de entrar nos canaes que até agora elles teem principalmente infestado, exercendo toda a qualidade de crueldades e as mais horriveis devastações nas aldeias e villas da borda do mar.

ARTIGO 2.º

1809 Novembro 23 O Governo Chinez convenciona de pagar a somma de 80:000 taeis para as despezas dos navios Portuguezes. Não será permittido retractar-se o cumprimento deste artigo no caso que a expedição intentada fosse por qualquer causa inesperada frustrada.

ARTIGO 3.º

O Governo de Macau esquipará com gente, armas, munições, etc., os seis navios acima estipulados, com toda a possivel brevidade.

ARTIGO 4.º

Os dois Governos e suas forças respectivas empregadas neste serviço cooperarão mutuamente huma com a outra em promover o objecto que ambos teem em vista.

ARTIGO 5.º

Todas as presas tomadas aos piratas pelas forças combinadas serão igualmente divididas entre a esquadra Portugueza e Chineza.

ARTIGO 6.º

Quando o objecto da expedição se achar cumprido serão restituidos á cidade de Macau todos os seus antigos privilegios.

ARTIGO 7.º

Esta Convenção será considerada como ratificada pela assignatura das partes assignantes, em virtude de seus plenos poderes.

Em fé do que assignâmos a presente, a que affixâmos os sellos de nossas armas.

Feita em Macau, em 23 de Novembro de 1809.—(Logar do sêllo.)—Miguel de Arriaga Brum da Silveira—(Logar do sêllo.)—José Joaquim de Barros.

Sellada pelos Mandarins Shin-Keix-Chi, Ches e Pom.

Resposta do Cabeça Apó-Chá ao Commandante em Chefe da Esquadra de Macau, dizendo que está prompto a fazer a paz com os Portuguezes, mas de modo algum com os chinas.

(Mnemosine Lusitana, tom. II, pag. 100.)

Illmo Sr. José Pinto Alcoforado de Azevedo e Sousa.— Tenho visto a carta ou chapa de V. S.ª, o que nada me assusta. Eu estou prompto a fazer a paz com os Portuguezes, comtanto que elles não entendam commigo, que eu tambem não entenderei com elles; emquanto com os Chinas, isso nunca farei, ainda que V. S.ª me assegure tudo e diga o que quizer, que eu não estou para nada do que me manda dizer; só o que tenho relatado acima, nisso não terei duvida alguma, e quando V. S.ª queira este partido, póde retirar-se para Macau, e m'o mandará dizer, para eu não entender com os navios Portuguezes, nem embarcações de qualidade alguma dessa Nação. 1809 Dezembro 18

A 18 de Dezembro de 1809.— Cabeça Apó-Chá.

Carta do Apó-Chá ao mesmo Commandante respondendo que não póde ir a Macau

Illmo Sr. Commandante.—Vem chegando o fim da estação do anno corrente para se dar principio á estação do anno vindouro, em que tudo ha de ter huma nova fórma e apparencia. Hontem recebi huma carta sua muito persuasiva, e por ella mostra o desejo de ver a minha assistencia em Macau; fico por isso summamente agradecido á sua pessoa por tão singular obsequio e estimação com que me ama como a seu menor irmão. Digo-lhe pois que como me acho sôbre os mares á maneira de centro de hum Reino, no meio do qual 1809 Dezembro 26

1809 Dezembro 26 empunho o sceptro do poder soberano para governar e reger a todos os que estão debaixo da minha jurisdicção, como tambem para destinar a maneira de officiaes e soldados para qualquer parte a que pretendo envial-os a meu arbitrio, e com isso me embaraço muito, pois que não he pequeno negocio o governo de hum Reino, motivo manifesto por que não posso agora fazer completo o desejo que V. S.ª tem. Se ao depois houver opportuna occasião certamente hei de aproveitar-me della para restaurar e possuir as terras deste orbe e Imperio, e então completos serão os meus desejos e merecimentos, pois lhe digo ingenuamente que isso he o principal entre todas as cousas que se me offerecem. Actualmente tenho muitas embarcações, mantimentos, e tudo o mais que he necessario para o ordinario uso; nada me falta, tudo tenho assás bastante para serventia de muito tempo. Como V. S.ª, meu mano, na realidade me ama, mandei por isso escrever esta, a fim de que por meio della possa fazer sciente a V. S.ª do animo com que estou, e ao mesmo tempo rogo a V. S.ª me queira dar inteiramente quatro desses navios armados, que tem debaixo de si, para eu fazer uso delles como designo, e por meio do seu adjutorio poderei restaurar as terras do Imperio.

Esteja V. S.ª na certeza que restauradas e possuidas que forem todas essas terras do Imperio debaixo do meu poder, eu darei certamente a V. S.ª, meu mano, a escolha de duas ou tres provincias deste Imperio, quaesquer que V. S.ª quizer, segundo o seu arbitrio, pois asseguro a V. S.ª que não usarei de dolo no cumprimento da minha promessa, porque sempre hei de lembrar-me dos favores recebidos: se por acaso não me poder dar agora os navios que lhe peço, por se acharem embaraçados, seja então como V. S.ª, meu mano, quizer determinar.

No presente tempo ha muitas pessoas que nos exhortam a render vassallagem, mas debalde. He de notar que o Imperio da China não pertence á actual dynastia para se ostentar como Senhor e Monarcha: não he necessario dizer mais cousa alguma sobre isso; todos o sabem. Tendo eu esta esquadra com a divisa da bandeira encarnada me esforçarei sempre em procurar meios com que possa restaurar e possuir as terras deste orbe e Imperio; demais, posso assegurar que não procuro paz por meio de vassallagem para ter socegó, e pôr fim a tudo que se espera de semelhante resultado. 1809 Dezembro 26

Eu o grande General tenho determinado se promptifique sem demora a minha esquadra, para que dentro de poucos dias se encaminhe para a Bôca do Tigre, a fim de bater a esquadra dos Mandarins. Ainda ha outros assumptos de que pretendo dizer a V. S.ª; porém, não lhe mando escrever agora, basta o conteúdo desta para ver o Sr. Commandante em Chefe do grande navio de duas baterias, ficando com isso na intelligencia do meu animo declarado.

Ki-chû — Anno 14 a 20 da Lua 11.ª (26 de Dezembro de 1809). — Logar do sêllo de Cam-Apó-Chá.

Extracto da Vereação do Senado de Macau, de 10 de Fevereiro de 1810, contendo as reflexões sobre o complemento do Tratado para a extincção dos piratas

Disse o Ill.mo Sr. Governador, e Capitão Geral, Lucas José de Alvarenga: Nós temos feito, como sabem, hum Tratado com o Governo Sinico, comprehensivo de sete artigos, e algumas declarações mais, que se acham feitas e lançadas, e algumas sessões em Senado pelo Sr. Desembargador ex-Ouvidor Mîguel de Arriaga Brum da Silveira; deixando pois os motivos, e fins do mesmo Tratado, as seguintes reflexões só são sobre o seu complemento. 1810 Fevereiro 10

Quanto ao primeiro artigo

Haverá huma guarda costa, formada de seis navios, e combinada com a esquadra Imperial, para cruzarem pelo

1810 Fevereiro 10 tempo de seis mezes, desde a Bôca do Tigre até esta cidade, e desta até Kiang-san dentro do golpho, a fim de se evitar que as embarcações tornem a entrar dentro dos canaes que até agora têem infestado, occasionando estragos com horror nas povoações, e cidades maritimas.

Reflexão 1.ª

Esta guarda costa não se tem verificado, assim por estarem sempre os navios em huma total applicação a bem dos Chinas, ficando por isso a cidade exposta contra o meu dever, contra ordens superiores; que tem destinado dos navios de guerra para defeza da cidade, protecção do commercio, e do que nos não podemos apartar senão tanto quanto fosse compativel com a segurança da mesma cidade.

Não me tenho deliberado até agora a mandar fazer este cruzeiro, ainda que comprehensivo do Tratado, para que se não attribuisse depois a falta de complemento do contrato da parte do Governo Sinico a esta minha determinação, aliás justa, e como já disse comprehendida no mesmo Tratado, e por isso quero que este Senado dê sobre isto o seu parecer, para depois me resolver ao que devo seguir neste assumpto, que he todo confiado a mim quanto á defeza da mesma cidade.

Segundo artigo

O Governo Sinico concorrerá com a quantia de 80:000 taeis para as despezas necessarias, sendo paga esta somma parcialmente, quando não possa ser feita de huma vez, e com a clausula de que depois de arranjado o armamento não poderá mais separar-se desta contribuição, ainda que por qualquer cousa fique desvanecida a expedição.

Reflexão 2.ª

Pelo balanço que mandei tirar pelo Escrivão deste Senado, o qual apresento, vejo que está a Real caixa alcançada em perto de 30:000 taeis. O dinheiro para estas despezas,

visto que no artigo supra se disse que seria dado parcialmente, quando não podesse ser todo de huma vez. Como não foi contribuido assim como deveria ser, ao menos deveria estar prompta a pagar para as despezas que se fossem fazendo, como era natural na fórma do artigo supra; mas eu vejo que não só não apparece o numerario, mas até se acha alcançada, como já disse, a Real caixa. Hum mal este que precisa prompto remedio, porque emquanto este se lhe não der, o mal he de huma natureza tal que engravescerá extraordinariamente cada dia mais, e desde já lhes digo que nós não temos meios de o rehaver senão por supplicas, e de casos todos analogos a este; constam-me resultados muito tristes, e fataes a este estabelecimento, de que tenho memoria na Secretaria deste Governo. 1810 Fevereiro 10

Terceiro artigo

A governança de Macau applicará desde já a este cruzeiro os dois navios que tem armados, fará apromptar os quatro restantes, e dará as munições de guerra que se fizerem precisas por todo este tempo.

Reflexão 3.ª

Este Tratado foi ratificado, e assignado em 23 de Novembro, mas a obrigação foi contrahida logo em Outubro, em que se pozeram neste cruzeiro proposto os dois navios armados, e outros que neste mesmo mez se apromptaram, e portanto desde então devem ser feitas as contas das despezas por parte do Governo Sinico.

Quarto artigo

Serão reciprocos os officiaes de ambos os Governos na prestação do que for a bem do cruzeiro, que não passará dos limites apontados emquanto se preparam as embarcações chatas, e proprias para bater os piratas nas enseadas de pouco fundo onde vão refugiar-se.

Reflexão 4.ª

1810 Fevereiro 10 Nunca se prepararam semelhantes embarcações, e por consequencia estavamos desobrigados de passar além dos limites do dito cruzeiro, que ainda passando deveria ser de modo que fosse compativel como com effeito he conforme o contrato com o nosso primeiro fim a respeito dos dois navios armados para defeza desta cidade, ao que estão ligados por ordens superiores, de que se não podem desligar sem risco da cidade, e cumprimento deste Governo, e desobediencia ás ordens, e expostos ás consequencias de tudo isto.

Quinto artigo

As presas feitas sobre os piratas serão repartidas igualmente pelos navios, e esquadra Imperial, segundo o regimento das mesmas presas.

Reflexão 5.ª

Sobre isto pois requereriam os que tivessem interesse.

Sexto artigo

Concluida a expedição haverá huma particular attenção ao Estado de Macau, para ser inteirado dos seus antigos privilegios.

Reflexão 6.ª

Eu vejo, e todos nós sabemos, que nesta mesma mesa se leu ha poucos dias huma chapa do Mandarim de Kiang-san, em que se proferia pela primeira vez que o chão da Praia Pequena era do Imperador, e pela qual se via que o mesmo Mandarim dava attenção ás representações impertinentes dos mercadores Chinas de Macau, Apao, e outras contra os principios solidos, e bem sabidos, e sem questão até agora, que aquelle chão he de Sua Alteza Real, o que não só da mesma chapa se deduz pelo pedido da licença, mas passa por huma cousa infallivel entre o resto dos outros mais graves Chinas antigos que aqui habitam, e que não duvidaram assegurar-me isto mesmo, o que me era bem escusado. Se isto pois succede no tempo em que os estamos defendendo de saques, e crueis mortes nas povoações pelos piratas, que succederá depois de acabada esta dependencia? 1810 Fevereiro 10

Setimo artigo

Os Governos contrahentes se obrigam a cumprir esta convenção como nella se contém, sem permittir que se faça alguma cousa em contrario por qualquer modo que possa ser, tendo-a como ratificada em virtude dos nossos poderes.

Reflexão 7.ª

Á vista do que contém este artigo, eu seria o mais culpado se permittisse por mais tempo praticar-se o contrario do que está convencionado. Mas porque a materia he com Chinas, e por consequencia privativa deste Senado commigo, e com o Sr. Desembargador Ouvidor, eu não só como Presidente delle, mas como o que tenho mais a cargo a responder por isto, tenho proposto o que acabam de me ouvir para resolver o que bem lhes parecer, sem me ficar responsabilidade, porque á vista das presentes reflexões, e do que tenho na presença de Sua Alteza Real, tenho satisfeito deste modo possivel a minha obrigação. Resta pois que cada hum dos Vogaes diga sobre cada huma das minhas reflexões o que bem lhe parecer, para á vista dos seus votos se tomar o necessario expediente. Disse o Illmo Sr. Desembargador João Baptista dos Guimarães Peixoto, que protestava por falta de tempo dizer para a Vereação futura mui brevemente alguma cousa em razão do seu officio sobre a falla do Illmo Sr. Governador, apesar de ter muito pouco tempo do seu logar.

Officio do Governador de Macau ao Vice Rey da India, participando-lhe que encarregára o Desembargador Arriaga de sollicitar do Suntó o complemento do Capitulo 6.° da Convenção do Governo de Macau com o Governo Sinico.

(Mnemosine Lusitana, tom II, pag. 353.)

1810 Junho 7 Illmo e Exmo Sr.—Por principios politicos que na monção exporei a V. Ex.ª com individuação, e porque julguei muito necessario ao serviço de Sua Alteza Real, encarreguei em Abril ao Desembargador Miguel de Arriaga Brum da Silveira o cuidado de procurar immediatamente perante o Suntó em Kiang-san o complemento do capitulo 6.° da Convenção deste Governo com o Governo Sinico, para aproveitar-me assim de momentos e circumstancias favoraveis ao bem do serviço. Ainda que esta materia he privativa do Senado, eu estava certo do seu consentimento, porque o mesmo Senado para tudo que era de sua repartição a bem desta expedição se tinha entregue a mim, e ao mesmo Desembargador, então Ouvidor.

Este Ministro me deu depois parte do bom resultado deste expediente, e por tudo isto achei de necessidade antecipar esta parte a V. Ex.ª para estar prevenidamente certo dos justos motivos por que obrei; porque eu o que tenho em vista he sempre e sómente o bem do serviço de Sua Alteza Real; e conheço que o que se perde ás vezes em hum momento, não se póde recuperar em longos annos.

Deus guarde a V. Ex.ª Macau, 7 de Junho de 1810.—Illmo e Exmo Sr. Conde de Sarzedas.—Lucas José de Alvarenga.

Termo de Vereação do Senado de Macau para se fazerem duas inscripções, uma em caracteres sinicos e outra em portuguez, collocadas na porta do Senado, para commemorar a destruição dos piratas.

(Mnemosine Lusitana, tom. II, pag. 359.)

Disse o Ill.mo Sr. Governador e Capitão Geral, Lucas José de Alvarenga, que tendo este Senado obtido hum exito tão feliz (que até parece milagroso) na expedição dos seis navios armados contra os piratas Chinas, que soberbos e vaidosos com as suas grandes forças, victoriosas por vezes das esquadras Mandarinas, assolavam as costas e povoações proximas a ellas, a ponto de ameaçar já a capital de Cantão (como já se acha referido muitas vezes em diversas sessões deste Senado) e da mesma fórma a esta cidade; e sendo tambem certo por algumas memorias de differentes escriptores estrangeiros o meio glorioso por que os primeiros Portuguezes obtiveram a occupação desta ilha á força das suas armas, expellindo della os sequazes do Chefe dos piratas Chamguesiláu, que nella se matou depois de perseguido pelos mesmos Portuguezes, entre os quaes apenas ha tradição; e não se podendo desculpar da omissão que tiveram em deixar para os seus vindouros hum monumento authentico da sua gloria e dos serviços feitos ao Imperio da China, em consequencia dos quaes se outorgaram a esta cidade grandes privilegios, dos quaes muitos não se sabe por que fado se têem perdido: Por isso e para que não succeda que os nossos vindouros nos recriminem daquelle culpavel descuido e fatal omissão dos primeiros; tendo existido agora hum facto analogo áquelle primeiro da occupação ou posse deste canto do mundo pelos ditos primeiros Portuguezes, salvando este Senado só com as forças desta cidade ao Governo Sinico, totalmente ameaçado á face das Nações estrangeiras, que vem commerciar áquelle porto de Cantão, algumas das quaes (lhe consta) conduziram já soccorro depois de concluida ha muito 1810 Julho 17

1810 Julho 17 tempo a dita expedição em honra das armas Portuguezas, e gloria desta Nação, e vantagens do Principe Regente nosso Senhor pelo resultado da mesma expedição quasi toda em favor do Imperio da China, lhe parecia por tudo isto justo, e até necessario, que para memoria e monumento deste facto se gravassem duas laminas de pedra com inscripções taes que mostrassem em summa o facto, o Governador que existia, o Ministro, o Senado, o dia, mez e anno em que principiou a dita expedição, e o dia, mez e anno em que concluiu, com a necessaria declaração de quem nunca deixou de continuar nellas. Accordou-se que se fizessem os ditos padrões em duas laminas de pedra, que fossem imbutidas de hum, e outro lado da porta deste Senado nos lugares da parede proximos a ella, contendo ambas o mesmo; porém, huma em lingua, ou com caracteres Portuguezes, e outra com caracteres Sinicos, para desta fórma ficarem livres daquella omissão, que justamente se arguia nos antigos.—Rubrica do Senhor Governador e Capitão Geral, Lucas José de Alvarenga—D'Essa—Marques—Espada—Rosa—Barros.—Eu Carlos José Pereira, Alferes mór, e Escrivão da Camara e Fazenda, que a fiz escrever e sobscrevi.—Carlos José Pereira.

Officio do Governador de Macau ao Vice Rey da India

(Mnemosine Lusitana, tom. II, pag. 358.)

1810 Julho 19 Illmo e Exmo Sr.—Os antigos Portuguezes que occuparam esta colonia, esqueceram-se de deixar á posteridade hum monumento authentico do titulo e modo por que se fizeram senhores desta ilha; e se o deixaram foi de huma maneira tal, que seria de pouca duração. He certo que entre os papeis mais antigos do cartorio do Senado desta cidade não existem vestigios de hum objecto, que he de tanta importancia.

Os escriptores estrangeiros ainda nos dão alguma idéa desta gloriosa occupação, como sabe V. Ex.ª; mas os factos que se encontram nos antigos livros de tal cartorio, nos mostram evidentemente a necessidade de mendigar idéas neste assumpto. 1810 Julho 19

Tendo pois succedido felizmente em dias do meu governo dar-se principio e fim a huma expedição de importancia semelhante á dos primeiros Portuguezes (a qual exponho a V. Ex.ª em officio competente), julguei do meu dever dar o passo que dei para perpetuar hum facto digno de huma nobre emulação.

Queira V. Ex.ª ver do documento junto a minha proposta em Senado, na qual, depois dos muitos louvores que me deram os Vogaes pela lembrança, unanimemente se accordou. Como, porém, as etiquetas e emulações fazem que, em vingança ás vezes a hum homem, perca o publico, perdendo tambem o serviço de Sua Alteza Real; rogo a V. Ex.ª que quando esta minha lembrança, já accordada com tanto louvor em Senado, seja tambem do agrado de V. Ex.ª, queira V. Ex.ª mandal-a pôr em pratica quanto antes; porque sendo da Real vontade (como se vê expresso no aviso de 3 de Março de 1807) dar-se aos Chinas huma idéa do nosso poder e valor, quanto menos tardar esta execução, com muito maior gosto virão os mesmos Chinas (que ainda tem recente o beneficio) concorrer cumulativamente comnosco para hum tal padrão, que perpetúa a effectiva protecção dos Portuguezes ao grande Imperio da China, e de que resulta a maior satisfação e gloria a Sua Alteza Real e aos seus fieis vassallos.

Deus guarde V. Ex.ª—Illmo e Exmo Sr. Conde de Sarzedas.—Lucas José de Alvarenga.—Macau, 19 de Julho de 1810.

Officio do Governador de Macau ao Vice Rey da India dando-lhe informação sobre a expedição de Macau contra os piratas

Illmo e Exmo Sr.—Ordena-me V. Ex.ª, em consequencia do meu officio n.º 4, desta monção, que eu dê por escripto huma parte circumstanciada sobre a expedição de Macau 1811 Maio 1

1811 Maio 1 contra os piratas chinas, principiada por mim no meu governo e concluida nelle felizmente.

Esta expedição foi tão extraordinaria no seu resultado, como o foi na sua origem.

O feliz encadeamento de circumstancias favoraveis, ao mesmo tempo que subministrava novos e mais interessantes projectos,. produzia hum certo calor, que animava a pol-os em pratica, apesar das difficuldades, já reaes e já ficticias, que ordinariamente se encontram em objectos tão complicados como este, e de huma tal natureza, em que as responsabilidades andam a par da sua importancia, e que assim como póde em hum momento decidir da grande fortuna de hum vassallo, póde tambem produzir em hum instante a sua ignominiosa desgraça (não obstante as melhores intenções), e muito principalmente em tempos em que ordinariamente se avalia boa ou má a combinação dos subditos, segundo o bom ou mau exito das suas operações.

Mas animado eu com o officio de V. Ex.ª, em data de 3 de Maio de 1809, sobre differentes objectos, puz todo o meu cuidado em não perder momento favoravel, dissipando os embaraços, e prevenindo-me (ainda que sem maior receio) contra os que tentavam distrahir-me das melhores combinações, já com sonhadas chimeras, já com responsabilidades, com que eu era ameaçado no caso de algum desagradavel resultado, o que apesar de me descontentar muito e carregar-me de afflicções, bem longe de me desanimar, me obrigava a maiores esforços e diligencias para conseguir hum resultado que, parecendo apenas possivel a principio, se mostrou logo depois provavel, e a final sem duvida. Combine-se o resultado com o que disse o Desembargador Ouvidor no fim da sua referencia em vereação de 16 de Setembro, n.º 1.

O que eu vou agora expôr a V. Ex.ª provará tudo o que eu tenho dito até aqui, e tudo o que eu expozer achará V. Ex.ª comprovado com os tres generos de documentos authenticos que vão juntos, que são as proprias originaes partes do Commandante em Chefe dos navios armados, José Pinto Alcoforado, até n.º 53, a collecção de todas as minhas ordens sobre este assumpto, até n.º 33, e as vereações em Senado tendentes a este mesmo artigo, até n.º 21. 1811 Maio 1

Mas para se fazer huma ajustada idéa desta expedição, do encadeamento de circumstancias que nos conduziram a ella, e se poder ao mesmo tempo avaliar melhor a sua importancia, julgo indispensavel principiar por expôr a V. Ex.ª o estado de forças em que estava aquella cidade quando tomei posse do governo.

Antes de partir de Lisboa a fragata *Princeza do Brazil,* em que tive a honra de acompanhar a V. Ex.ª para ser empregado neste Estado pelo Real aviso de 23 de Julho de 1805, tinham já sido presentes a Sua Alteza Real as criticas circumstancias em que se achava Macau pelo augmento e força dos piratas, de maneira que, não obstante o anterior armamento de hum brigue de guerra e de huma fragata, que já alli existiam ha annos para a defeza da cidade, julgou o mesmo augusto Senhor necessario acudir-lhe além disto com 150 a 200 soldados Europeus, e com a mesma fragata *Princeza* em que viemos, o que melhor consta do Real aviso de 13 de Março de 1807, expedido a V. Ex.ª (e tambem por copia a Macau), e recebido quando aqui chegámos, ainda antes de eu ter a honra de ser nomeado Governador daquella mesma cidade, e pelo qual se vê mais que Sua Alteza Real se propunha com semelhantes soccorro a dar aos Chinas huma idéa do nosso poder e valor (formaes palavras do nosso augusto Soberano).

De tudo isto se póde melhor agora concluir quaes seriam as criticas circumstancias em que se achava Macau, e qual era então a força dos piratas, quando já não bastava para sustel-os e defender a cidade o brigue e a fragata que já tinha d'antes, sendo-lhe precisas as demais forças com que Sua Alteza Real julgou a proposito soccorrel-os de novo.

Fui nomeado Governador, estavam promptos os possiveis soccorros para irem commigo, mas infelizmente, quando tinha de partir, succedeu a perda do navio *Thereza,* e por isso com o transtorno que causou, nem foi o soccorro da gente,

1811 Maio 1 na fórma do aviso, nem foi a fragata *Princeza*, que logo depois da chegada a este porto encalhou e se perdeu, nem foi ultimamente o brigue *S. João*, que já estava prompto para partir.

Fui pois eu só para Macau em hum navio estrangeiro, onde depois de tomar posse do governo no meio ainda de algumas perturbações, consequencias que resultaram do desembarque que alli fizeram as tropas Britannicas (e para cujo desembarque trabalhei, como sabe V. Ex.ª), procurei pelas forças armadas, que eu tinha idéa que existiam, e então soube com bem magoa minha, que a fragata *Ullysses* se tinha desarmado depois da minha chegada (pelo motivo que fiz presente a V. Ex.ª naquella monção, bem como a Sua Alteza Real), e que até já tinha sido posta em Lisboa.

Como, porém, ao tempo que tomei posse do governo não estivesse vendida, oppuz-me então á venda, por isso que não só existiam ainda os mesmos identicos motivos por que ella tinha sido armada, mas até estes tinham-se augmentado extraordinariamente, fazendo-se os piratas cada vez mais poderosos e soberbos com as decididas victorias que alcançaram dos Mandarins, tomando-lhes tantas embarcações de guerra cheias de munições e de grossa artilharia.

Por este tempo he que se suscitou mandar o Senado a dita fragata *Ullysses* para o Rio de Janeiro, apesar que Caetano Antonio de Campos, morador antigo daquella cidade, offerecesse o seu navio *Belizario* para ir á nova côrte com sua propria negociação, levando as vias e o mais que quizesse o Senado; e como não foi possivel deferir-se a esta pretenção, nestes termos eu (não obstante a evidente necessidade da fragata *Ullysses)* julguei-me comtudo nas circumstancias de a deixar ir para livrar-me de maiores compromettimentos, tanto mais, quando se tratava (ao que parecia) de hum objecto tão sagrado, como era o de ir felicitar ao nosso amavel augusto Soberano.

Passada a effervescencia, abertos pouco a pouco os olhos ao Senado, e continuando a instar fortemente os urgentes motivos para se ter mais, além de hum brigue, hum navio armado, pela necessidade de huma guarda costa, accordou emfim o Senado em que se armasse com effeito aquelle mesmo *Belizario* que tinha sido offerecido para ir ao Rio de Janeiro; mas emquanto se apromptava, eram já, com a falha da fragata *Ullysses,* tantos os insultos dos piratas por aquelles mares e costas adjacentes, que com razão se receiou tanto a cidade, que me vi obrigado a reforçar a guarnição das fortalezas com soldados milicianos, tendo occasionado a interina falta da dita fragata o padecer muito Macau, bem como Cantão, no giro do seu commercio, como se póde ver das vereações respectivas, chegando até nesse tempo a ser apresado pelos piratas hum brigue Portuguez de Antonio Botelho Homem, Governador de Timor, e atacados á vista da cidade alguns navios estrangeiros, que foram ultimamente protegidos pelas nossas fortalezas. 1811 Maio 1

Foram-se augmentando os insultos, as costas batidas e saqueadas, importantes contribuições impostas ás povoações, que, com medo das barbaras mortes que viam dar-se horrosamente aos outros, as pagavam promptamente.

Então os nossos dois navios, brigue e *Balizario* se reconheceram não só uteis, mas indispensaveis para o respeito e defeza da cidade e para a protecção do commercio, dando, como davam, frequentemente comboio, com grande gloria nossa, não só ás Embarcações Chinezas, mas tambem aos navios Hespanhoes, Americanos, e aos mesmos nossos alliados Inglezes, continuando depois na guarda costa, para o que já tinha dado ao Commandante por escripto as necessarias instrucções.

Chegaram emfim os piratas pela sua quantidade e forças a senhorearem-se dos canaes de Vam-pû; e então, em consequencia de huma representação feita pelos Chinas á cidade, e das circumstancias que occorriam (apesar de ordens superiores que me embaraçavam de algum modo a fazel-o), expedi a ordem positiva n.º 3, em data de 11 de Setembro de 1809, para serem batidos os piratas, e se desembaraçarem os canaes que tinham já occupado.

Quiz Deus nosso Senhor favorecer os seus Portuguezes;

1811 Maio 1 queira V. Ex.ª ver a parte que deu circumstanciadamente o Commandante, em data de 17 de Setembro, referindo o caso do memoravel dia 15. Eis aqui o primeiro passo que abriu a estrada para esta expedição, e, quanto a mim, o que deixou tambem as sementes para a conclusão mais feliz do que se pretendia no Tratado.

Os nossos dois navios, sómente brigue e *Belizario,* o primeiro commandado pelo então Capitão de artilharia, hoje Major, José Pinto Alcoforado, e o segundo pelo Primeiro Tenente do mar, Theotonio da Silva Braga, fizeram tal estrago nos inimigos, que não só deixaram com effeito livres e desembaraçados os ditos canaes para o commercio, mas ficou desde então arreigado nos corações dos piratas hum certo terror que, quanto a mim, o julguei sempre huma das principaes causas para as successivas victorias; e nesta occasião, até para maior gloria nossa, o Commandante de huma fragata Ingleza, que acaso aqui se achava, faltou ao que me tinha promettido. Não posso deixar de dizer a V. Ex.ª, por vir a proposito, que os Inglezes são nossos amigos, nossos alliados, como taes os tratei sempre, mas muito ciume teem dos Portuguezes, e principalmente cá nesta parte do mundo...

Os Chinas e Mandarins, que em parte presenciaram o facto do dia 15, não muito distante das costas, lembraram-se então por isso de tratar formalmente de huma expedição, em que só fallavam d'antes, e que desde esta occasião pretenderam a toda a pressa, como se vê em differentes vereações do Senado, e primeiramente na do dia 16 de Setembro, dia seguinte ao do celebre combate. Veja-se a sessão n.º 1, em que já se trata do plano offerecido, combinado entre mim e o Desembargador Miguel de Arriaga Brum da Silveira, como elle diz expressamente na sua referencia; e apesar de que os artigos della só foram assignados na data de 23 de Novembro comtudo foram-se logo armando os navios *Palla* e *Angelica,* como se vê das competentes vereações, das minhas ordens e das partes do Commandante, dando-se entretanto por causal da demora da assignatura do Tratado certos formularios do Governo Chinez, que, comtudo, se tinha obrigado ainda antes da dita assignatura, a responder pelas despezas dos navios que se armassem, o que tudo se collige melhor do deduzido nas respectivas sessões. 1811 Maio 1

Os artigos que deviam apparecer com o plano combinado entre mim e o Desembargador Miguel de Arriaga, foram feitos entre o dito Desembargador e o Mandarim de Kiang-san, e quando depois me foram apresentados para se darem os necessarios poderes para essa assignatura, e se haverem como ratificados, notando eu que alguns delles deveriam ser mais claros e positivos, como eram o 2.º e o 6.º, foi-me respondido que foram assim feitos, porque era preciso aproveitar-nos dos momentos em que os Chinas estavam deliberados a fazer comnosco esta convenção, e antes que procurassem para o mesmo fim os Inglezes, do que se seguiria hum grande mal á cidade; e eu, supposto que não achasse probabilidade de tal admissão de Inglezes pelos Chinas, comtudo, como ella era possivel, e elles sabem aproveitar-se de tudo, convim nos artigos por fugir a esta responsabilidade, muito mais quando via já conformes todos os Senadores. E he sem duvida que depois appareceu hum navio chamado *Mercurio*, armado pelos Inglezes autorisados pelos Chinas, que me incommodou bastante, de huma vez que alli aportou áquella cidade, mas que felizmente não serviu depois; e he tambem certo que no comboio ultimamente chegado de Bombaim vieram algumas embarcações de guerra Inglezas para a protecção dos Chinas contra os piratas, que de nada serviram, por estar já concluida felizmente a nossa expedição.

Não appareciam no Senado as chapas de que faz menção o Desembargador Ouvidor nas ditas sessões, o que he expressamente contra as ordens, e eu só via, bem como os Vogaes do Senado, as suas officiaes referencias, e de alguma das quaes consta a razão da falta do seu comparecimento.

Trabalhar pela sua comparencia, e não dar posse sem isso, seria embaraçar o progresso de huma expedição que se não devia retardar.

Fui portanto continuando nella, como se vê das partes do Commandante, das minhas ordens e das vereações respecti-

1811 Maio 1 vas, que, lidas e combinadas todas, darão talvez huma mais exacta idéa da serie dos nossos successos felizes e da rapidez dos nossos progressos, bem como da maneira por que fôra tudo dirigido.

Sem fallar em outros muitos combates de que tratam varias partes do Commandante em Chefe, só os de 20 de Novembro, de 11 de Dezembro, e os de 3 e 4 de Janeiro pozeram os piratas em estado de se renderem; e eu lhe achava já tanta probabilidade, que em data de 15 do mesmo mez, em que tive occasião, dei esta mesma parte a V. Ex.ª

Seis dias depois que a dei, que vem a ser a 21 do dito mez de Janeiro, houve a ultima, que decidiu da pretendida entrega.

No dia 21 de Fevereiro tive a parte do Commandante em Chefe que vae em n.º 34, na qual expressamente me diz, que naquelle dia se tinha verificado a entrega do Apó-Cha, cabeça dos piratas, com todas as suas embarcações, etc.

Para que além dos perigos em que me vi, não deixasse tambem de soffrer grandes amarguras, quiz o acaso ou a Providencia, que apparecesse huma cadeia de opposições e de embaraços terriveis aos meus projectos, em que só Deus pela sua infinita misericordia me podia acudir.

A chegada de novo Ministro em Novembro, que parece á primeira vista nada poderia influir para o caso, veiu a influir bastante.

Com a posse deste Ministro (em que houve algumas extravagancias) ficava de fóra o Desembargador Arriaga; eu queria aproveitar a destreza deste Ministro, com quem tinha principiado esta expedição, e que me tinha servido muito nella; por isso independentemente de outras razões que me communicou o Desembargador Ouvidor João Baptista dos Guimarães Peixoto, nada favoraveis ao seu antecessor, commissionei o dito Desembargador ex-Ouvidor Arriaga, para certos artigos, que constam da minha ordem n.º 22, § 7.º e seguintes, e da vereação de 27 de Janeiro n.º 12.

A opposição e a inimizade entre estes dois Ministros (cousa rara), chegou a ponto, que apesar dos meus esforços, combinando a ida de ambos á casa da minha residencia, não os pude jámais conciliar; e, pelo que me dizia cada hum delles, era tal a perplexidade e coalisão em que me via, sem saber de qual delles me deveria confiar, que o expediente que tomei foi segurar-me a respeito de hum e de outro até que o tempo aclarasse a verdade, seguindo eu sempre nos negocios publicos huma marcha tambem segura, e sem me escapar cautela ou prevenção. 1811 Maio 1

He certo que hum dia depois que recebi a parte do Commandante em Chefe, n.º 34, em que dava por verificada a entrega, partiu o Desembargador ex-Ouvidor Miguel de Arriaga para Bôca do Tigre, tendo-me pedido licença para fazel-o, e dizendo-me que ía a negocio seu particular, e nem eu tinha então motivos para lh'a denegar, como pretendeu o novo Ministro, com razões que julguei frivolas. He certo que indo com effeito o dito Desembargador Arriaga, esteve com o cabeça dos piratas, e he certo tambem que logo que se retirou o dito cabeça Apó-Cha com toda a sua esquadra, que a entrega se não fez, quando a parte n.º 34 do Commandante a dava por verificada.

Constam das seguintes partes do dito Commandante os motivos disso; e eu sem me metter em cousas que só podiam ser de mera conjectura, ainda que sejam de mais ou menos probabilidade, dei as providencias que me pareceram necessarias, e fui continuando com o meu systema de cautela para não passar por credulo, nem por temerario, e vir a ter depois que responder.

Desde os fins de Janeiro até principios de Fevereiro, desconfiando-se já pela cidade que se entregavam os piratas (do que me devia resultar tanta gloria), eram já tantas as fontes por onde pretendiam imputar-me responsabilidade (talvez com animo de ver se assim me poderiam desanimar, ou produzir algum transtorno que me privasse desta fortuna), que tomei a resolução de fazer no Senado as reflexões que fiz na sessão de 10 de Fevereiro, já vesperas da conclusão, que eu com tanta probabilidade esperava, que já tinha dado parte disto mesmo a V. Ex.ª em data de 15 de Janeiro.

1811 Maio 1 Huns pretendiam que eu deveria responder por qualquer perda dos navios, por isso que era eu quem dispunha delles a arbitrio, mandando-os para fóra do cruzeiro estipulado no contrato, o que jámais eu deveria ter feito, por isso que a cidade não se tinha obrigado nelle a dar navios para fóra de hum tal cruzeiro; porém que conhecia evidentemente que devia satisfazer aos Chinas, ainda que em termos habeis, para não terem depois pretextos com que se escusassem de cumprir com o que tinham convencionado; assentava com razão que devia ir com elles até certo ponto, como se vê expresso constantemente nas minhas ordens ao Commandante em Chefe, e hoje o resultado justifica melhor o meu pensar.

O reverendo Bispo de Pekin, a quem sempre estimei pelo seu caracter, prudencia e probidade, procurou-me hum dia de proposito e me apresentou o papel, de que já tinha noticia o dito Ministro novo, e sobre o qual fallava sempre a todos; emfim, era tudo huma tal embrulhada, que o unico modo que achei para me tirar de tal labyrinto e prevenir-me para o que infelizmente podesse acontecer contra as minhas boas intenções, foi levar a materia ao Senado para os ver alli responder áquellas mesmas duvidas, que elles suscitavam, com a differença entre elles e eu, de que elles respondem juntos, ou quasi nunca respondem, pelo bem ou mal que se faz, e que eu como Governador era o que havia a final vir a responder só por tudo, se não apparecesse aquelle resultado que se desejava, e de que já haviam bem fundadas esperanças.

Dos votos de cada hum dos Vereadores se prova bem já ignorancia e já incerteza dos seus modos de pensar, o que he muito proprio de quem vive sem systema, ou trata negocios publicos sem plano, e só hum dos Vogaes, e por motivos que omitto, trouxe depois de passados dias o seu celebre voto por escripto, ao qual propondo me eu, como se vê da sessão de 17 de Fevereiro, n.º 14, quasi no fim, a fazer-lhe quatro reflexões, lhe julguei depois isso escusado, porque basta lel-a para saber-se por quem foi feita, e para que.

O Ministro deferia sempre o seu voto para outra sessão;

ora isto, em materia que era preciso obrar logo, prova bem que o que se pretendia era comprometter-me, porque elles dilatavam os votos e eu estava na necessidade de obrar de qualquer fórma que fosse. Deixo de referir outras muitas cousas, que vem para aqui, mas que são já escusadas, nas actuaes circumstancias, em que o mal está passado e só existe, graças a Deus, o bem que desejavamos. 1811 Maio 1

Houve tambem questões sobre dever, ou não, fazer-se fogo aos piratas depois que se apanharam na Bôca do Tigre, onde se tinha dado por verificada a entrega.

Levei da mesma fórma a materia ao Senado, e como felizmente alli se decidisse, não houve nisso dessa vez maior embaraço, nem até á real entrega dos piratas, em Abril, sobre o que se póde ver o que eu disse no Senado em sessão de 31 de Março, n.º 19.

De huma das sessões constam os motivos por que se não effectuou aquella entrega em Macau.

Sempre foi perigoso em toda a parte, e muito principalmente naquella cidade, o tomar o Governador sobre si qualquer responsabilidade, porque além da contingencia do futuro, alli acresce que muitas vezes, quando se vê que o Governador, apesar dos contrarios votos do Senado, póde sahir-se bem do seu projecto, armam-se-lhe de proposito difficuldades, que se vê a final em grandes riscos, de que se tem seguido a desgraça de muitos, vindo muito tarde depois a ser reconhecida pelos nossos Soberanos a sua honra e inteireza; o caso do honrado Governador Antonio José Telles de Menezes, de que falla a Rainha nossa Senhora nas providencias que mandou para Macau, he uma prova do que digo.

No dia em que tive segunda vez parte de que sem duvida estava verificada a entrega, pedia-me outra vez licença o Desembargador Miguel de Arriaga para ir a Kiang-san, onde se achava o Suntó, e como elle se me offereceu para tudo que fosse do serviço de Sua Alteza Real, lhe disse que era boa occasião para fallar a respeito dos privilegios da cidade, e visto que o Senado estava então com receios desta incumbencia pela influencia que ainda por esse tempo tinha o Des-

1811 Maio 1 embargador Ouvidor João Baptista, e do que elle dizia publicamente em desabono do seu antecessor, eu o auctorisei para tudo o que fizesse a bem da mesma cidade, e o deixei ir na lorcha de guerra, e o participei ao Commandante da esquadra na minha ordem n.º 33, nas ultimas palavras, e a sua ida não será indifferente, assim o participei logo depois a V. Ex.ª

O dito ex-Ouvidor me deu parte por escripto e pessoalmente do que havia passado, do que tudo dei parte a V. Ex.ª, remettendo os documentos proprios disso.

Fallei depois muitas vezes ao Senado nessa materia quando já tinham cessado aquellas razões, até que lhe escrevi ultimamente advertindo-o desta sua obrigação, e do que eu tinha já feito a este respeito; a minha carta, a resposta ao Senado e a sessão que se seguiu vão no fim dos outros documentos que tenho mencionado.

A entrega dos piratas constou no seu essencial de 25:000 a 30:000 homens de combate, fóra meninos e mulheres; perto de 2:000 peças de artilharia, grande numero de 12, 18, 24 e algumas de 36, e 280 embarcações de guerra, muitas dellas maiores que as nossas fragatas. Esta foi a lista que ultimamente me foi apresentada. As nossas forças não passaram de 5 navios armados e 1 brigue, e o total das suas praças nunca excedeu a 800.

Propuz ultimamente ao Senado o levantar hum padrão para memoria de hum tão honroso facto para nós, e de hum tão relevante serviço ao Imperio da China, o que consta da sessão de 17 de Julho de 1810, n.º 21, o que sendo ouvido pelo Senado, foi tão solemnemente applaudido, que mereceu o unanime accordo com muitos vivas pela lembrança; porém alguns mezes que alli estive até haver navio para me transportar a esta capital, não ouvi mais fallar em tal.

Tal he ás vezes o ciume tambem dos Portuguezes, huns com outros, que vem infelizmente a pagar o bem publico pelo capricho de hum só homem!

Não fallei na conta da despeza, porque não appareceu desde Abril, em que se entregaram os piratas, até 19 de Julho, em que dei posse ao meu successor, nem fallo em outras cousas, por não fazer mais longa esta narração. 1811 Maio 1

Resta-me referir a V. Ex.ª as pessoas que se distinguiram nesta expedição. O Desembargador Miguel de Arriaga Brum da Silveira não se poupou a cousa alguma nesta materia; continuou nella depois da posse do seu successor, desempenhando com gosto, e com toda a actividade tudo aquillo de que eu o tinha encarregado. He por isto sem duvida muito digno da Real attenção do nosso augusto Soberano, e da de V. Ex.ª

O Commandante em Chefe, José Pinto Alcoforado, tendo-se portado sempre muito bem na guarda costa, e em comboios que mandei dar, e ultimamente nesta importante expedição, pareceu-me muito digno de huma especial recommendação minha, assim na presença de Sua Alteza Real, como na de V. Ex.ª

O Primeiro Tenente do mar, Theotonio da Silva Braga, que era o que commandava o *Belizario* no primeiro e grande combate nos canaes de Vam-pû, donde, como já disse, he que ganharam os nossos tanta gange, quanto os piratas conceberam de horror, portou-se muito bem, e o considero por isso muito digno de merecer alguma graça.

O Alferes Anacleto José, Ajudante de ordens do Governador, e Capitão Geral de Timor, que achando-se naquella cidade de passagem se me offereceu para o serviço desta expedição, pareceu-me digno de huma particular recommendação.

O Alferes José Felix dos Remedios, José Simões da Costa e Brito, Commandante que foi da fortaleza de S. Francisco, Joaquim Carlos, e Antonio Gonçalves, ambos paizanos, portaram-se com muita distincção; e este ultimo tendo feito de seu motu proprio tanto fogo, e tanto mal ao inimigo, approximando-se sempre a elle, tirei-o da lorcha de guerra *Leão Temivel,* em que tinha feito tudo isto, e o passei para Commandante do brigue de guerra, onde cada vez teve mais merecimento.

Tenho a satisfação de que estando Macau ha tantos annos

1811 Maio 1 ameaçado de piratas, tendo feito tantas despezas para a sua segurança, sem se livrar assim de sustos, e receios, felizmente, e como em milagre, conseguisse totalmente o seu successo no vice-reinado de V. Ex.ª, dando então os Portuguezes huma effectiva protecção ao grande Imperio da China, e conseguindo Sua Alteza Real o Principe Regente nosso Senhor, com grande gloria do seu nome, e da Nação, no meu governo aquillo mesmo que desejava, e que expressamente o proferiu no Real aviso de 13 de Março de 1807.

Deus guarde a V. Ex.ª Goa, no 1.º de Maio de 1811.— Illmo e Exmo Sr. Conde de Sarzedas.—Lucas José de Alvarenga.

Conforme.—Diogo Vieira de Tovar e Albuquerque.

Officio do Vice Rey da India para o Ministro do Ultramar, enviando-lhe os documentos sobre a derrota dos piratas chinas pelas forças Portuguezas

(Arch. do conselho ultramarino.— Original.)

1811 Maio 3 Illmo e Exmo Sr.—No meu officio n.º 1, da data de 15 de Novembro de 1810, participando a V. Ex.ª o feliz exito da expedição de Macau contra os piratas, dizia eu que ainda não sabia amiudar as circumstancias particulares da acção, pois que do officio só sabia o que constava da carta inclusa do Governador, então Lucas José de Alvarenga; posteriormente recebi o officio do mesmo, copia n.º 1, em que diz que na monção trará tudo com individuação á minha presença. Chegou com effeito a Goa o ex-Governador, muito depois da sahida da nau de viagem *Ullysses*, e me apresentou todos os documentos inclusos, copia n.º 2, que mostram superabundantemente o principio do projecto, e as muitas, e repetidas acções que conduziram a hum complemento tão feliz, tudo provado com documentos authenticos.

Foi muito boa a lembrança do Governador em empregar o Desembargador Miguel de Arriaga na commissão de preparar os navios, e na continuação desta diligencia, apesar de estar fóra do logar, existindo alli o novo Ouvidor; Miguel de Arriaga tinha a amizade da cidade, e dos Chinas, conhecimentos do paiz muito individuaes, muito zêlo, e muita actividade: a esta boa união se deveu tudo como o mesmo Arriaga confessa, n.º 3. 1811 Maio 3

Acabou-se todo este negocio tanto a tempo que já de Bombaim tinha sahido huma esquadrilha de brigues e *Sloops of war*, para ajudar os Chinas contra os ladrões, na esperança que, não podendo as nossas forças com estes, fossem os Inglezes a quem os Chinas devessem todo o favor e auxilio.

Lembrou-se muito bem o Governador de pedir marinheiros ao Governador de Manilha, que logo mandou; e petrechos, e munições ao Governador de Bengala, que igualmente mandou.

Os Inglezes negociavam com os ladrões em polvora e munições, e outros petrechos de guerra que lhes vendiam, não tanto com o intento de amizade, como para que ficando elles invenciveis aos Chinas, e aos Portuguezes, os Chinas se vissem precisados de recorrer ás suas forças, ficando então em primeiro logar. Deus quiz. Não conseguiram o seu intento.

Entregando-se o Chefe dos piratas Apó-Chá com todos os seus navios, a Governança de Macau mandou entregar tudo do mesmo logar, sem vir primeiro a Macau, e de alli se mandou entregar, o que parecia mais brilhante, e advertindo isto ao ex-Governador, me respondeu que em materia de tanta ponderação não se atrevêra a decidir por si só, e que obrára com o Senado; aquella mesma occasião era propria de tratar os principaes negocios que nos convinham para o futuro com os Chinas, pois estavam enthusiasmados com os nossos successos: demoraram, julgo já perdida a melhor occasião, o que já adverti, para aquelle Senado.

O ex-Governador me mostrou que logo representára no Senado que se fizesse hum padrão escripto em letras Portuguezas e Chinezas, para perpetuar a memoria do que os Chi-

1811 Maio 3 nas nos deviam, que o Senado acolheu esta lembrança com vivas, e assim decidiu em vereação de 17 de Julho, n.º 21, documento n.º 2, como tambem tirasse do pateo do Senado outro ignominioso padrão para nós, que alli existe; diz elle, que neste tempo foi vencido, que até á sua sahida não ouvíra fàllar em tal cousa.

Ordenei ao Senado que procurasse executar o que tinha decidido naquella vereação tão justamente.

Tudo se encontra na extensa exposição do ex-Governador, mas ao mesmo tempo curiosa, assim como as pessoas que mais se distinguiram em tão util, e gloriosa empreza, cujos nomes refere, advertindo que a maior gloria tocou aos dois Commandantes, e equipagens do brigue *Princeza Carlota*, e do navio *Belizario*, pois á primeira acção da Bôca do Tigre de 17 de Setembro de 1809, em que só combateram estas duas embarcações com tanta gloria, he que se deveu a entrega final.

Deus queira conceder ás armas do nosso augusto Soberano hum constante e sempre semelhante successo.

Deus guarde a V. Ex.ª Goa, a 3 de Maio de 1811. — Ill.mo e Ex.mo Sr. Conde das Galveias. — Conde de Sarzedas.

Officio do Vice Rey da India para o Governador de Macau, approvando os actos do ex-Governador para a extincção dos piratas

(Mnemosine Lusitana, tom. II, pag. 354.)

1811 Maio 9 Recebi os officios do antecessor de V. M.ce comprehensivos desde n.os 1 até 22 inclusive, relativos a diversos objectos, sendo aquelles a que se me offerece responder os que dizem respeito á extincção dos piratas. Pelos officios n.os 1 e 22, e dos documentos que legalisam estes, e outros dos officios accusados, fico na intelligencia que o ex-Governador, Lucas

José de Alvarenga, deixou no tempo do seu governo concluida a total extincção dos piratas, com desempenho e gloria do serviço de Sua Alteza Real e da Nação, e interesse dessa cidade, seus mares adjacentes, commercio, e mesmo do de todo o Imperio. Approvo a prudencia referida no officio 3.º; e pelo que pertence aos officios n.os 6 e 7, approvo a nomeação feita na pessôa do Desembargador Miguel de Arriaga Brum da Silveira, sendo muito digno de se louvar ao dito ex-Governador o ter lembrado ao Senado dessa cidade, por sua carta de 19 de Junho de 1810, o seu principal dever, que será sem duvida obter dos Chinas a conclusão do interessante artigo 6.º do Tratado de 23 de Novembro de 1809. 1811 Maio 9

Emquanto ao officio n.º 8, já expedi ordens ao Senado dessa cidade para proceder á inauguração de hum monumento que eternise o glorioso facto da extincção dos piratas, tudo na conformidade da proposta referida no mesmo Senado em 17 de Julho do anno passado, e approvada por unanime deliberação.

O objecto expendido no officio n.º 2 he muito honroso para aquelle ex-Governador, tendo elle sabido obter pela sua dexteridade da parte do Governo Sinico as obsequiosas expressões, cumprimentos e presentes que se mencionam no dito officio, sendo tanto mais para se estimarem estas civilidades da parte dos Mandarins ou do seu Governo por não ter havido exemplo dellas, como he patente a toda essa colonia, tendo ao mesmo tempo conservado a dignidade dessa cidade, e a conservação dos seus interesses, como consta da resposta que se deu pelo Senado ao Mandarim de Kiang-san, e se me participa no officio n.º 11, sendo sem duvida muito conveniente ao bem do Real serviço e dessa colonia que se continue de maneira analoga a perpetuar aquelles cumprimentos de reciproca civilidade e boa harmonia, sem que por outro lado huma cobarde e cega obediencia ás chapas dos Mandarins sirva de menoscabo á dignidade de Sua Alteza Real, e ao bem dessa cidade.

Deus guarde a V. M.cê Goa, 9 de Maio de 1811.— Conde de Sarzedas.

1811 Maio 9 Sr. Capitão de Mar e Guerra, Bernardo Aleixo de Lemos e Faria, Governador e Capitão Geral da cidade do nome de Deus de Macau.

Officio do Ministro do Ultramar ào Vice Rey da India, sobre os successos de Macau, relativamente á expedição contra os piratas

(Mnemosine Lusitana, tom. II, pag. 361.)

1812 Junho 7 Ill.mo e Ex.mo Sr.—Como o officio de V. Ex.a, datado de 3 de Maio do anno passado, debaixo do n.º 29, foram presentes a Sua Alteza Real o Principe Regente nosso Senhor todas as noções que V. Ex.a transmittiu á sua Real presenca sobre os successos de Macau, relativamente á expedição contra os piratas; e posto que pela correspondencia directa daquella cidade tivesse já Sua Alteza Real recebido as convenientes participações de tão glorioso successo, não deixou o mesmo Senhor de ver com satisfação as informações que a V. Ex.a deu o ex-Governador Lucas José de Alvarenga, a fim de que existissem aqui documentos com que se comparasse a verdade dos factos e suas particulares circumstancias.

Deus guarde a V. Ex.a Palacio do Rio de Janeiro, em 7 de Junho de 1812.—Conde de Aguiar.

Sr. Conde de Sarzedas.

Termo de juramento de fidelidade que faz o Dessay Essavantagi Zassavanta Ráo da provincia de Pernem

(Arch. da India, livro 3.º de Pazes, fol. 27.)

1811 Agosto 23 Anno do nascimento de Nosso Senhor Jesus Christo de 1811, aos 23 de Agosto do dito anno, na Villa de Pangim, no Palacio da residencia do Ill.mo e Ex.mo Sr. Conde de Sarzedas, do Conselho de Estado, Vice-Rey e Capitão General de mar e terra do Estado da India, estando o dito Exmo Senhor debaixo docel da sala da audiencia, se apresentou ao mesmo Senhor, o Dessay Essavantagi Zassavanta Ráo, vindo de Soddó, aonde se achava ausente, e disse que em virtude do perdão e seguro, que lhe foi concedido para se recolher ao Magestoso Estado, verdadeiramente arrependido, queria prestar juramento de fidelidade, promettendo cumprir, e guardar fielmente por si, por todos os seus dependentes, e pela sua descendencia todas as obrigações de leal vassalo de Sua Alteza Real, o que fazia com o maior juramento do seu rito, que he o de pôr as suas mãos na sua espada, como o fez ao tempo de se pronunciarem estas palavras, sob pena de que a mesma sua espada se tornaria contra elle a qualquer tempo que faltasse ao promettido, o que desejava que Deus não permittisse; porque sua tenção, e firme vontade era de cumprir sempre inviolavel, e pontualmente tudo o que assim promettia com o dito juramento. E logo o dito Illmo e Exmo Sr. Conde Vice-Rey houve por bem de o receber benignamente na protecção de Sua Alteza Real admittindo a elle, aos seus dependentes com as suas familias, e a sua descendencia a lograrem o fôro de vassalos da Corôa de Portugal, observando elle o juramento e fidelidade, de que para perpetuo testemunho se fez este Auto, em que assignou o sobredito Illmo e Exmo Sr. Conde Vice-Rey, e assignou tambem o dito Dessay, e eu Martinho Xavier, Official da Secretaria do Estado, o escrevi. 1811 Agosto 23

O Secretario, Diogo Vieira de Tovar e Albuquerque o fez escrever.— Conde de Sarzedas.

Assignatura Maratha de Essavantagi Zassavanta Rau, Dessay de Pernem.

E servio de interprete neste acto o Lingua do Estado, Sacarrama Narana Vaga.

Termo de juramento de fidelidade que faz o Dessay Manica Ráo, da provincia de Bicholim

(Arch. da India, livro 3.º de Pazes, fol. 82.)

1812 Setembro 10 Anno do nascimento de Nosso Senhor Jesus Christo de 1812, aos 10 dias de Setembro do dito anno, no Palacio de Pangim da residencia do Illmo e Exmo Sr. Conde de Sarzedas, do Conselho de Estado, Vice-Rey e Capitão General de mar e terra do Estado da India, estando o dito Exmo Senhor, debaixo do docel na sala de audiencia, se apresentou ao mesmo Senhor o Dessay Manica Rár, vindo de Envallem, aonde se achava ausente, e disse que em virtude do perdão e seguro, que lhe foi concedido para se recolher ao Magestoso Estado, verdadeiramente arrependido, queria prestar o juramento de fidelidade, promettendo cumprir, e guardar fielmente por si, por todos os seus dependentes, e pela sua descendencia, todas as obrigações de leal vassalo de Sua Alteza Real, o que fazia com o maior juramento do seu rito, que he o de pôr as suas mãos na sua espada, como o fez com effeito ao tempo de se pronunciarem estas palavras, sob pena de que a mesma sua espada se tornaria contra elle a qualquer tempo que faltasse ao promettido, o que deseja que Deus não permittisse, porque sua tenção e firme vontade era de cumprir sempre inviolavel, e pontualmente tudo o que assim promettia com o dito juramento. E logo o dito Illmo e Exmo Sr. Conde Vice Rey houve por bem de o receber benignamente na protecção de Sua Alteza Real, admittindo a elle, aos seus dependentes com as suas familias, e sua descendencia a lograrem o fôro de vassalos da Corôa de Portugal, observando elle o juramento, e fidelidade que promette; de que para perpetuo testemunho se fez este Auto, em que assignou o sobredito Illmo e Exmo Sr. Conde Vice-Rey, e assignou tambem o dito Dessay; e eu Pedro do Rosario Baracho, Official da Secretaria do Estado, o escrevi.

O Secretario, Diogo Vieira de Tovar e Albuquerque o fez escrever.— Conde de Sarzedas.— Assignado Maratha de Manicabá Suriá Rau, Dessay da provincia de Bicholim. 1812 Setembro 10

E servio de interprete neste acto o Lingua do Estado, Sacarama Narana Camotim Vaga.

Termo de juramento de fidelidade que faz Zoitobá Rane, Sar Dessay da provincia de Sanquelim

(Arch. da India, livro 3.º de Pazes, fol. 34.)

Anno do nascimento de Nosso Senhor Jesus Christo de 1813, aos 7 de janeiro do dito anno, no palacio da residencia do Illmo e Exmo Sr. Conde de Sarzedas, do Conselho de Estado, Vice-Rey e Capitão General de mar e terra deste Estado da India, estando o dito Senhor debaixo do docel na sala de audiencia, se apresentou ao mesmo Sr. Zoitobá Rane, filho do Sar Dessay Sotrogi Rane, vindo de Chorlem, aonde se achava ausente, e disse que em virtude do perdão e seguro, que lhe foi concedido para se recolher ao Magestoso Estado, verdadeiramente arrependido, queria prestar juramento de fidelidade, promettendo cumprir, e guardar fielmente o dito juramento, e as obrigações de leal vassalo de Sua Alteza Real, o que com effeito fazia com o maior juramento do seu rito, que he o do pôr as suas mãos na sua espada, como o fez com effeito ao tempo de se pronunciarem estas palavras, sob pena de que a mesma sua espada se tornaria contra elle a qualquer tempo que faltasse ao promettido, o que desejava que Deus não permittisse, porque a sua tenção, e firme vontade era de cumprir sempre inviolavel, e pontualmente tudo o que assim promettia, e ratificava com o dito juramento; de que para perpetuo testemunho se fez este Termo, em que assignou o sobredito Illmo e Exmo Sr. Conde Vice-Rey, e o 1813 Janeiro 7

1813 Janeiro 7 referido Zoitobá Rane; e eu Francisco Xavier de Albuquerque, Official da Secretaria, que o escrevi.

O Secretario, Diogo Vieira de Tovar e Albuquerque o fez escrever.— Conde de Sarzedas —Assignado Maratha de Zoitobá Rane, Sar Dessay da provincia de Sanquelim.

E servio de interprete neste acto o Lingua do Estado Sacarama Narana Vaga.

Texto maratha, fl. 33.

Termo de ratificação de juramento de fidelidade que faz o Sar Dessay Zaibá Rane, da provincia de Sanquelim

(Arch. da India, livro 3.º de Pazes, fol. 36.)

1813 Maio 25 Anno do nascimento de Nosso Senhor Jesus Christo de 1813, aos 25 de Maio do dito anno, em Pangim no Palacio da residencia do Illmo e Exmo Sr. Conde de Sarzedas, do Conselho de Estado, Vice-Rey e Capitão General de mar e terra do Estado da India, estando o dito Exmo Senhor debaixo do docel na sala da audiencia, se apresentou ao mesmo Senhor o Sar Dessay Zaibá Rane, vindo de Zambotim, aonde se achava ausente, e disse que em virtude do perdão e seguro, que lhe foi concedido para se recolher ao Magestoso Estado, verdadeiramente arrependido, queria ratificar o juramento de fidelidade prestado em 17 do mez de Dezembro de 1797, e em 19 de Maio de 1809, promettendo cumprir, e guardar fielmente por si, por todos os seus dependentes, e pela sua descendencia todas as obrigações de leal vassalo de Sua Alteza Real, o que fazia com o maior juramento do seu rito, que he o de pôr as suas mãos na sua espada, como o fez com effeito ao tempo de se pronunciarem estas palavras, sob pena de que a mesma sua espada se tornaria contra elle a qualquer tempo que faltasse ao promettido, e ratificado, o que desejava que Deus não permittisse; porque sua tenção e firme vontade era de cumprir sempre inviolavel e pontualmente tudo o que assim promettia e ratificava com o dito juramento. E logo o dito Illmo e Exmo Sr. Conde Vice-Rey houve por bem de o receber benignamente na protecção de Sua Alteza Real, admittindo a elle, aos seus dependentes, com as suas familias, e sua descendencia a lograrem o fôro de vassalos da Corôa de Portugal, observando elle o juramento e fidelidade, que ratificava; de que para perpetuo testemunho se fez este Auto, em que assignou o sobredito Illmo e Exmo Sr. Conde Vice-Rey, e assignou tambem o dito Sar Dessay; e eu Martinho Xavier, Official da Secretaria do Estado, o escrevi. 1813 Maio 25

O Secretario, Diogo Vieira de Tovar e Albuquerque o fez escrever. — Conde de Sarzedas — Assignado Maratha de Zaibá Rane, Sar Dessay de Sanquelim.

E servio de interprete neste acto o Lingua do Estado Sacarama Narana Camotim Vaga.

Texto Maratha fl. 38.

Termo de composição entre os Ranes de Sanquelim

(Arch. da India, livro 3.º de Pazes, fol. 39.)

Aos 14 de Junho de 1813 sendo presentes neste Palacio de Pangim da residencia do Illmo e Exmo Sr. Conde de Sarzedas, do Conselho de Estado, Vice-Rey e Capitão General de mar e terra do Estado da India, e perante o mesmo Senhor os Sar Dessays que compõem a familia do Sar Dessaiado de Sanquelim, a saber, Zaibá Rane, Zanaugi Rane, e este tambem por seu irmão Zaideo Rane, com as auctoridades necessarias concedidas pelo mesmo, todos irmãos, e Zoitobá Rane, por outro nome Ladcobá, e Suriagi Rane, por outro nome Bapú, filhos do defunto Sar Dessay Sotrogi Rane, irmão dos primeiros mencionados, com os Bragmanes a elles pertencentes abaixo assignados, foi dito por todos, e cada 1813 Junho 14

1813 Junho 14 hum delles em particular que tendo a sua casa ha muito tempo experimentado grandes males e prejuizos pela desunião da sua familia, desejavam de commum accordo obviar tão grave inconveniente, para cujo fim se compromettiam todos, e cada hum em particular por amigavel composição, ou como em direito melhor valor tiver, a reconhecerem por Senhor administrador, e herdeiro do Sar Dessaydo de Sanquelim a Zaibá Rane, a quem por duas vezes tinham sido entregues os Chicós [1] do mesmo Sar Dessayado, para elle por si, e como dito Senhor, administrador, e herdeiro o possuir, ter, e administrar, e fazer as competentes cobranças em seu proprio nome, e seu proprio Ruzú [2], tudo na fórma como sempre se administrou e regeu aquelle Sar Dessayado; tendo na sua mão os Chicós, e usando delles na fórma dita. Que outrosim elle dito Zaibá Rane obterá de S. Ex.ª o Ill.mo e Ex.mo Sr. Conde Vice-Rey a graça de primeiro Cabo do partido de Sipaes concedido ao Senhor e administrador daquelle Sar Dessayado na fórma e maneira que actualmente o tinha a mesma casa; para o que farão no Pagode de Sanquelim perante o Coronel Commandante das provincias de Bicholim e Sanquelim as solemnidades competentes do seu rito e lei para ficar legitimo, e publico este acto de reconhecimento a favor do Sar Dessay Zaibá Rane perante os povos habitantes daquelle Sar Dessayado, o que será tambem publicado por hum Bando de ordem de S. Ex.ª Obriga-se outrosim o dito Zaibá Rane a adoptar, logo que for declarado Senhor e administrador da Sar Dessayado, e como tal de elle gosar, ou hum dos filhos do defunto Satrogi Rane aqui nomeados, aquelle que legitimamente puder ser adoptado, e que mais conveniente for aos interesses communs do mesmo Sar Dessayado, procedendo-se a esta adopção na conformidade prescripta pelos seus ritos; obrigando-se outrosim o mesmo Zaibá Rane a prestar a cada huma das pessoas que compõem aquella familia os ali-

[1] Sellos.

[2] Recibo, ou bilhete.

mentos, e contribuições que conforme os estilos, usos, e legitimos costumes lhes pertencem. 1813 Junho 14

Para complemento de tudo que se compromettem huns e outros neste termo, se acham já entregues na mão de S. Ex.ª os quatro Chicós pertencentes a sua casa, a saber, dois dados pelo Illmo e Exmo Sr. Marquez de Alorna, Vice-Rey que foi deste Estado, e dois, que são os antigos, chamados do Deus, os quaes ficarão assim em deposito para serem recebidos da mão de S. Ex.ª pelo mencionado Sar Dessay Zaibá Rane, logo que este fiel, e plenamente tenha cumprido, e preenchido as condições a que por este termo se compromette.

E para firmeza e validade perpetua de tudo quanto acima se acha amigavelmente convencionado, estipularão, e acceitaaão humas e outras partes todo o referido, assignando este Termo, e declarando que o faziam unicamente para o bem, e felicidade da sua familia, transigindo mutuamente de todo e qualquer direito que lhe assistisse, de maneira que este Termo seja firme, valioso, estavel, e perpetuamente permanente, sem que delle jámais se possam apartar, ou a elle contravir, pois que neste caso não esperado não será ouvido nem attendido de maneira alguma quem a elle contravier.

Este Termo feito em portuguez será traduzido pelo Lingua do Estado em gentilico na presença de todos os sobreditos, e supplicam todos elles a S. Ex.ª o Illmo e Exmo Sr. Conde Vice-Rey que he do dito Estado, e como aquelle a quem devem recorrer, e interpôr as suas representações na conformidade do Bando de 15 de Setembro de 1781. Assignaram como testemunhas o Coronel Henrique Claudio des Anges de Tonnelet, Commandante dos Partidos, e das Provincias de Bicholim e Sanquelim, o Sargento-mór e Ajudante de Ordens, Thomé Joaquim Salinas da Guerra Carneiro e Mello, e o Sargento-mór engenheiro, João Baptista Alves Porto. Vae unida a este Termo a commissão de Zaedeo Ranes. E eu, Ignacio Sebastião da Silva, Official Maior da Secretaria, o escrevi, e me assignei por ordem de S. Ex.ª—Ignacio Sebastião da Silva.

Assignatura Maratha de Zaibá Rane, Sar Dessay da provincia de Sanquelim.

1813 Junho 14 Dita de Zanacogi Rane, Sar Dessay da provincia de Sanquelim.

E por Zaideo Rane assignou o mesmo Zanacogi.

Dita de Zaitogi Rane Sar Dessay.

Dita de Suriagi Rane, Sar Dessay da provincia de Sanquelim.

Henrique Claudio Des-Anjes de Tonnelet.

Thomé Joaquim Sallinas da Guerra Carneiro e Mello.

João Baptista Alves Porto.

Assignatura Maratha de Govinda Visvas Rau, Dessay da provincia de Bicholim.

Dita de Essovant Ganês Dubaxi, Bragmane do Rane.

Dita de Apagi Sinay Dubaxi, Bragmane do Rane.

Dita de Lacximon Crusná Narcorni, Bragmane do Rane.

Ramachandra Rau Gorqui.

Traducção Maratha, fl. 44.

Traducção da procuração da commissão

(Arch. da India, livro 3.º de Pazes, fol. 41.)

1813 Junho 13 Ao muito respeitavel, e honrado Zanacobá Rane, Sar Dessay da Provincia de Sanquelim. Eu Zaedeva Rane venerando com mãos juntas, e submissão de cabeça, envio esta, ficando de saude em Querim por benedicção de V. M.cê em 13 de Junho de 1813. Recebi o papel de V. M.cê para hir a Pangim, eu havia hir na fórma da ordem, mas foi necessario deter-me aqui por me achar doente: eu assinto na resolução, que V. M.cê tiver deliberado no Sarcar sobre a reunião domestica. Não sou mais largo. Esta he a rogativa.

Traduzio o Lingua do Estado, em 14 de Junho de 1313.— Saccarama Naraena Vaga.

O original, fl. 42.

Approvação do Vice Rey

(Arch. da India, livro 3.º de Pazes, fol. 43.)

Hei por bem approvar e determinar que tenha inteira observancia, e complemento o Termo amigavelmente convencionado, e celebrado no dia de hoje entre os Sar Dessayes da provincia de Sanquelim, a saber, Zaibá Rane, Zanacogi Rane, e este tambem por seu irmão Zaideo Rane, todos irmãos, e os dois filhos do defunto Sar Dessay Sotrogi Rane, a saber, Zoitobá Rane, por outro nome Larcobá, e Suriagi Rane, por outro nome Bapú, tudo na fórma e maneira no mesmo Termo declarada, o qual será registado na Secretaria do Estado, entregando-se ás partes as copias delle. Pangim, em 14 de Junho de 1813.— Conde de Sarzedas. 1813 Junho 14

Declaração ao termo antecedente

(Arch. da India, livro 3.º de Pazes, fol. 47.)

Aos 20 de Maio de 1814 em Pangim, na residencia do Ill.mo e Ex.mo Sr. Conde de Sarzedas, Gram Cruz da ordem de S. Thiago da Espada, do Conselho de Estado, Vice-Rey e Capitão General de mar e terra do Estado da India, se apresentaram os Sar Dessays que compõem a familia do Sardessaiado de Sanquelim, a saber, Zaibá Rane, Zaideo Rane, Zaitobá Rane, por outro nome Ladcobá, e Suriagi Rane, por outro nome Bapú, não comparecendo Zanacogi Rane por doente, como melhor consta da sua propria carta, que fica nesta Secretaria do Estado, dirigida a S. Ex.ª com os Bragmanes a elles pertencentes abaixo assignados, para se averbar o Termo que celebraram nesta mesma secretaria em 14 de Junho de 1813; e tendo-se primeiro todos apresentado a S. Ex.ª no dia 18 deste mez de Maio na sua residencia do Arecal, por elles foi dito ao mesmo Senhor que sendo todos juntos no Pagode Vitobá em Sanquelim junto á sua principal 1814 Maio 20

1814 Maio 20 residencia, perante o Coronel Commandante daquellas provincias Henrique Claudio de Tonnelet, com os Botos, e Bragmanes, que compõem o seu Carbar [1], reconheceram por Senhor, administrador, e herdeiro do Sardessaiado de Sanquelim a Zaibá Rane com juramento, e mais formulas do seu rito e estylo, para elle por si como Senhor, administrador, e herdeiro o possuir, ter, e administrar, e fazer as competentes cobranças em seu proprio nome, e competente *rozú*, tudo na fórma como se administrou, e regeu aquelle Sardessaiado, tendo na sua mão os *Xicós*, e usando delles na fórma dita, feito tudo na fórma e maneira como no Termo acima se obrigaram, que elle mencionado Zaibá Rane, adoptára no dito Pagode com juramento e rito do estylo, e perante todas as pessoas, a quem cumpre assistir a semelhantes ceremonias, os dois filhos do defuncto seu irmão Satrogi Rane aqui nomeados, a saber, Zoitobá Rane, por outro nome Ladcobá, e Suriagi Rane, por outro nome Bapú, não obstante ter-se no Termo mencionado obrigado a adoptar aquelle dos dois referidos irmãos, que mais conveniente fosse aos interesses communs do dito Sardessaiado, visto que estes mesmos interesses, e união da familia dos Ranes, objecto principal daquelle Termo, imperiosamente mandavam que ambos os ditos dois irmãos fossem adoptados, o que mereceu approvação de S. Ex.ª por nota de sua propria letra dirigida ao dito Coronel Commandante daquellas provincias, como melhor consta da mesma carta, que se conserva neste archivo. Outrosim o mesmo Sardessai Zaibá Rane prometteu solemnemente com juramento e rito do estylo naquelle Pagode prestar a cada huma das pessoas que compõem aquella familia os alimentos, e contribuições, que conforme os estylos, usos, e legitimos costumes lhes pertencem, declarando naquelle acto que isto se estendia a todas as pessoas que compõem o seu Carbar.

O que sendo tudo ouvido por S. Ex.ª, e ratificado na sua

[1] *Carbar*, escriptorio, secretaria, ou ainda conselho para tratar negocios.

presença, supplicaram ao mesmo Sr. Conde Vice-Rey houvesse por bem mandar averbar o Termo acima referido como plenamente cumprido da sua parte, o que o mesmo Senhor foi servido determinar que assim se observasse, entregando naquelle acto com a sua propria mão ao Sar Dessay Zaibá Rane os quatro xicós pertencentes á sua casa, a saber, dois dados pelo Illmo e Exmo Sr. Marquez de Alorna, Vice-Rey que foi deste Estado, e dois que são antigos, chamados do Deus, os quaes tinham ficado em deposito na mão de S. Ex.ª quando se celebrou o Termo mencionado de 14 de Junho de 1813 para lhe serem entregues logo que elle fiel e plenamente tivesse cumprido, e preenchido as condições, a que por aquelle Termo se tinha compromettido; e com effeito naquelle acto elle os recebeu, e acceitou da mão de S. Ex.ª 1814 Maio 20

Esta declaração feita em portuguez será traduzida em letra gentilica pelo Lingua do Estado na presença de tódos os sobreditos, e se unirá ao Termo acima dito, havendo-se por ella averbado o dito termo. Assignaram como testemunhas o Coronel Commandante das ditas provincias Henrique Claudio de Tonnelet, o Capitão de mar e guerra D. Lourenço de Noronha, e o Sargento mór Engenheiro Francisco Augusto Monteiro Cabral, e eu Pedro do Rosario Baracho o escrevi, e me assignei por ordem de S. Ex.ª—Pedro do Rosario Baracho, Official da Secretaria do Estado — Assignatura maratha de Zaiagi R ne, Sardessai dá provincia de Sanquelim — Dita de Zaideva Rane, Sardessai da provincia de Sanquelim — Dita de Zaitogi Rane, Sardessai — Dita de Suriagi Rane, Sardessai da provincia de Sanquelim — Henrique Claudio Des Anjes de Tonnelet, Coronel Commandante dos Partidos — D. Lourenço de Noronha — Francisco Augusto Monteiro Cabral — D. José Antonio de Sousa e Menezes, Capitão — Assignatura maratha de Essavant Ganêz Dubaxi — Dita de Apagi Sinai Dubaxi — Dita de Laxumona Crusná, Narcorny.

Hei por bem que se averbe o Termo celebrado em 14 de Junho de 1813 pelos Sardessais da familia dos Ranes de Sanquelim, segundo a fórma e teor da declaração por elles

1814 Maio 20 feita e assignada em 20 do corrente mez de Maio, a qual se observará na fórma que nella se contém.

Pangim, em 20 de Maio de 1814. — Rubrica do Vice-Rey.

Requerimento dos Ranes de Sanquelim

(Arch. da India, livro 3.º do Pazes, fol. 54.)

1815 Setembro 24 Ill.mo e Ex.mo Sr. — Representam a V. Ex.ª Zoitobá Ranes, Zaidú Ranes e Suriagi Ranes, tio e sobrinhos, Sar Dessais da provincia de Sanquelim, que elles se acham satisfeitos com a união presente com seu irmão e tio Zaibá Ranes, que V. Ex.ª com tanto trabalho foi servido fazer, até honrando-os com a sua respeitavel presença vindo positivamente a Sanquelim para este fim; e como V. Ex.ª arrecadou os xicós da mão do dito seu tio Zaibá Ranes, porque os representantes mesmo pediram a V. Ex.ª emquanto se não verificasse a sua união; e ainda que esta não está feita com aquella sinceridade que deve ser, esperâmos do mesmo seu irmão e tio que concorra para tudo que for beneficio dos representantes: motivos estes por que pedimos e rogâmos a V. Ex.ª queira fazer a graça de entregar ao dito Zaibá Ranes os xicós, visto elle ser o maior na casa, ordenando, porém, V. Ex.ª para que elle trate aos representantes, a toda a sua familia e mais pessoas da sua casa, como tambem aos povos de Satary, com aquelle amor que seu pae e irmão Satrogi Ranes os tratou, e como he obrigado; e que depois da sua morte sejam entregues ao representante Zaitobá Ranes os mesmos xicós, e na falta deste a seu irmão Suriagi Ranes, visto que o seu tio Zaideo Ranes assim convém, e porque os ditos xicós tambem são do nome do mesmo seu pae Satrogi Ranes, a quem foram dados pelo Ill.mo e Ex.mo Sr. Francisco Antonio da Veiga Cabral, Governador que foi deste Estado; e para esta representação ter maior vigor se assignam nella todos tres representantes; e para certeza de que o dito seu irmão e tio Zaibá Ranes ha de cumprir com o que deve, e nós pedimos nesta, desejam que elle tambem se assigne junto aos nossos assignados; esperando tambem da graça de V. Ex.ª que fique esta representação appensa ao termo dos representantes, que se acha na Secretaria do Estado, para se executar em futuras circumstancias o que pedem; e quando isto não seja da vontade, e hajam duvidas da parte de seu tio Zaibá Ranes, então que fiquem os mesmos xicós, como estão, em arrecadação.— Assignaturas (marathas) de Zaitogi Rane, Sar Dessai.— Zaedeva Rane, Sar Dessai.—Suriagi Rane, Sar Dessai.— E. R. M.cê 1815 Setembro 24

Despacho — Seja este requerimento registado, e junto ao Termo.

Pangim, 24 de Setembro de 1815.—Rubrica do Vice-Rey.

Ratificação de Zaibá Rane

(Arch. da India, livro 3.º de Pazes, fol. 55.)

Aos 24 de Setembro de 1816 na presença do Ill.mo e Ex.mo Sr. Conde de Sarzedas, do Conselho de Estado, Gram Cruz da ordem de S. Thiago da Espada, Vice-Rey e Capitão General de mar e terra do Estado da India, se apresentou o Sar Dessay de Sanquelim Zoibá Rane, e disse que ratificava o Termo, que se acha registado na secretaria do Estado sobre a mesma composição amigavel com seu irmão e sobrinhos, assim como tambem se obrigava cumprir quanto os mesmos justamente pretendem delle no ultimo requerimento feito ao mesmo Ill.mo e Ex.mo Sr. Conde Vice-Rey do mesmo modo que se conduzia para com os mesmos o seu irmão maior fallecido Satrogi Rane, o qual requerimento se acha registado junto ao dito Termo, e eu Pedro do Rosario Baracho, official da mesma secretaria do Estado, que o escrevi.— Signal maratha de Zaibá Rane, Sar Dessay do Sanquelim. 1816 Setembro 24

Despacho do Vice Rey

(Arch. da India, livro 3.º de Pazes, fol. 9.)

Junte-se este Termo de ratificação ao requerimento que se manda registar junto ao mesmo Termo.

Pangim, 24 de Setembro de 1816.— Rubrica do Vice-Rey.

Ceremonial praticado com o filho do Rey Sunda

(Arch. da India, livro dos Reis visinhos, n.º 30, fol. 120.)

1813 Abril 27 S. Ex.ª o Illmo e Exmo Sr. Conde de Sarzedas, Vice-Rey, Capitão General, recebeu no palacio de Pangim ao Magnifico filho do Rajá de Sundem com as honras, urbanidade, e ceremonia seguinte.

Rama Chandra Rajá, filho terceiro de Savai Bassava Linga, Rajá de Sundem, do seu quarto matrimonio contrahido com a filha do Rajá de Corga, da idade de quatro annos, chegou a Queulá vindo de Sunda, aonde reside o dito seu pai, e se apouzou (*sic*) no Pagode de Capilesvar, sito na dita aldeia Queulá, no qual costumavam habitar os seus maiores, no dia...[1]... e dando parte de sua chegada a S. Ex.ª o Illmo e Exmo Sr. Conde Vice-Rey mandou S. Ex.ª fazer-lhe cumprimento da sua parte o seu Ajudante das ordens Thomé Joaquim Sallinas da Guerra Carneiro e Mello, Sargento mór, com o Lingua do Estado Sakha Rama Naraena Vaga, que fizeram-lhe cumprimentos ao dito filho do Rajá de Sundem no dito Pagode de Capilesvar, tendo hido ambos no escaler de S. Ex.ª até ao caes de Bandorá no dia 27 de Abril de 1813.

Passados alguns dias, pedindo o filho do Rajá de Sundem licença a S. Ex.ª o Illmo e Exmo Sr. Conde Vice Rey para o vir cumprimentar, lhe foi respondido que sim, determinando o dia 14 de julho de 1813.

Foi nomeado o Tenente Coronel Antonio Franco Bellico de Velasco por aviso desta Secretaria para o acompanhar de Bandorá até Pangim.

Ordenou-se ao Intendente da Marinha para mandar aprom-ptar dois escaleres do arsenal, hum possivelmente aceiado para o transporte do filho de Rajá, e outro para o da sua co-

[1] Esta lacuna está no original.

mitiva, e serem ambos remettidos ao forte de S. Thiago á ordem do Tenente Coronel Franco para elle regular a viagem. 1813 Abril 27

Pela Sala se escreveu ao Tenente Coronel Commandante da Legião de Pondá para fazer acompanhar o filho do Rajá com hum destacamento até o seu embarque, segundo o seu peditorio.

O Lingua do Estado foi mandado para hir com o Tenente Coronel Franco, que chegaram a Bandorá ao sol posto do dia 13 de Julho de 1813.

Foram mandadas aprompter em Pangim as casas chamadas da Feitoria, pertencentes aos Camotins, para a residencia do filho do Rajá por elle assim o pedir.

Pela Secretaria do Estado por officios foram avisados o Intendente da Marinha, o General dos Rios, os dois Coroneis de Milicias Antonio Coelho e Francisco de Paula, e o Capitão de mar e guerra José Leite de Sousa, e vocalmente pelo Sr. Secretario do Estado os Ministros da Relação para virem assistir áquelle cumprimento, alem dos Ajudantes das ordens de S. Ex.ª o Sargento mór Thomé Joaquim Sallinas Carneiro e Mello, o Tenente do mar Bernardo Carneiro da Silva (*sic*) e Faro, e o primeiro Tenente do mar Luiz Diogo Pinto de Mello e Sampayo.

Chegando o filho do Rajá no supra indicado dia 14 de Julho ao sol posto, vindo por terra, por se ter desembarcado em S. Thiago, com o seu palanquim, seu elefante, tres cavallos, e com a comitiva de 100 homens entre Bragmanes, Naikavaddis, Sipaes, e serventes, gaitas, toques, insignias reaes Mai Mortab, Suria Pana, Morchelans, e Tochas accesas [1], se dirigiu para as casas destinadas para a sua assistencia, de donde em consequencia da resolução de S. Ex.ª veio mesmo por terra, e por palanquim ao Palacio ás Ave Marias.

Todas as pessoas, que se achavam na sala, o foram receber á porta principal, e S. Ex.ª o veio esperar á porta da

[1] *Suria-pan.* — Chamado tambem *Abdaguir* ou *Aftaguir* — Uma especie de pendão em fórma de coração, com a figura de Sol e Lua de

1813 Abril 27 sala chamada dos officiaes, de donde com elle se dirigiu ao gabinete, aonde se achava huma mesa redonda com duas cadeiras postas diametralmente, em que ambos se sentaram, a saber, S. Ex.ª se sentou na cadeira, que ficava na parte da parede da trangana, e o filho do Rajá na cadeira, que ficava na parte da porta da entrada do dito gabinete, ficando em pé o Lingua do Estado, e hum parente do mesmo filho do Rajá até acabar o cumprimento, que interpretou o Lingua do Estado.

A guarda se compunha de huma companhia de granadeiros com todos os seus officiaes, a qual tanto na entrada como na sahida fez a continencia do estylo de apresentar as armas com toque de tambores e pifanos, sem continencia de bandeira.

Acabado o cumprimento, S. Ex.ª acompanhou ao filho do Rajá até á porta aonde o recebeu, e todos os mais o seguiram até á porta da entrada.

Mandou S. Ex.ª hum destacamento de soldados granadeiros com hum official de patente para a guarda do filho do Rajá nas casas, em que se aposentou, e se conservou alli até á sua sahida.

O filho do Rajá demorando-se nas casas, no dia seguinte de manhã mandou hum seu parente á secretaria cumprimentae a S. Ex.ª o Sr. Conde Vice-Rey, e ao Sr. Secretario do Estado Diogo Vieira de Tovar e Albuquerque, o qual depois de acceitar o seu cumprimento mesmo na secretaria, o despediu, e passadas tres horas foi o mesmo Sr. Secretario pagar-lhe o cumprimento, levando comsigo o Lingua do Estado.

ambos os lados, e firmado n'uma comprida vara de perto de 3 covados.

Mahémortob. — Busto de leão de prata firmado tambem sobre uma vara.

Mortchell. — Espanejador de pennas de pavão, com cabo de prata, de oiro, ou de pau, forrado de galão.

Diutti ou *Tocha.* — Luzes portateis; são formadas de um tubo, em que se encaixa um embrulho de panno ensopado em azeite, que se accende, sostido n'um cabo, tudo de prata, oiro, latão, etc.

No dia 19 de Julho de 1813 pela manhã veio á secretaria do Estado o dito parente do filho do Rajá a fallar huma dependencia sua ao Sr. Secretario do Estado, e depois de a ter manifestado, lhe disse que o filho do Rajá desejava cumprimentar a S. Ex.ª, pelo que indicando-lhe as quatro horas da tarde, entrou o filho do Rajá no Palacio com a mesma comitiva, e com as honras, que recebeu, e do mesmo modo sahiu; porém, sem assistir a fidalguia, praticando-se o mais tudo como se praticou na primeira entrada acima explanada. E no dia...[1] o mesmo filho do Rajá se recolheu ao seu palacio de Bandorá acompanhado do dito Tenente Coronel Antonio Franco Bellico de Velasco. 1813 Abril 27

Ceremonia e etiqueta com que o Ill.mo e Ex.mo Sr. Conde de Sarzedas, Vice Rey e Capitão General de mar e terra do Estado da India, recebeu no Palacio de Pangim ao Rajá de Sundem Savay Bassava Linga.

(Arch. da India, livro de Reis visinhos, n.º 30, fol. 39)

Savai Bassava Linga, Rajá de Sundem, chegando desta terra para a sua residencia de Bandorá no dia 13 de Junho de 1814, e dando parte desta sua vinda a S. Ex.ª foi nomeado o Capitão de mar e guerra D. Lourenço de Noronha, Ajudante das Ordens de S. Ex.ª para junto com o Lingua do Estado hir fazer-lhe os cumprimentos politicos em a sua casa de Bandorá, como immediatamente o dito Capitão de mar e guerra com o Lingua do Estado fizeram os cumprimentos ao Rajá na dita sua casa no dia 21 do dito mez pelas sete horas da manhã, tendo chegado a Bandorá na antecedente noite no escaler de S. Ex.ª 1814 Junho 13

Passados poucos dias o Rajá enviando dizer a S. Ex.ª que queria vir apresentar-se-lhe em audiencia, foi-lhe respondido

[1] Lacuna do original.

1814 Junho 13 que podia vir no dia que foi persignado, 4 de Julho, para vir fallar a S. Ex.ª Foi mandado o Tenente Coronel Antonio Franco Bellico de Velasco com o Lingua do Estado para o acompanhar de Bandorá a Pangim, que ahi foram no dia 2 do dito, embarcados no escaler do Arsenal, que devia servir para a viagem do Rajá, hindo outro escaler para a transitação da comitiva do Rajá. Em 3 do dito sahiu o Rajá com os seus dois Infantes, com o seu Pradhan, e mais gente do seu fasto, acompanhados do dito Tenente Coronel, e Lingua do Estado, como tambem de hum official com 23 soldados da Legião Real de Pondá, que o acompanhou até o embarcadouro de Cundaim, e se retirou com os seus soldados. Chegou o Rajá com os seus Infantes a Pangim pelas nove horas da noite, e se apousou (*sic*) nas casas sobradas de Ballu Custam Camotim, que lhe estavam aprompladas, nas quaes se poz huma guarda de honra composta de hum destacamento de granadeiros com os competentes officiaes. No dia presignado 4 de Julho ás duas horas da tarde entrou o Rajá com seus dois Infantes no Palacio, a quem S. Ex.ª com hum sequito de pessoas distinctas, que tinham vindo chamadas, foi buscar á porta principal, e depois de terem feito reciprocamente os cumprimentos de civilidade, S. Ex.ª com o Rajá e seus dois Infantes entraram no interior do Palacio a toque de tambor e pifanos da guarda de S. Ex.ª composta de hum destacamento da companhia de granadeiros, e se sentaram todos nas cadeiras postas circularmente a huma mesa com cobertor de damasco no quarto do gabinete junto á trangana, sentando-se o Rajá á direita de S. Ex.ª e os Infantes em outras cadeiras, e depois de huma conversa, que interpretou o Lingua do Estado, sahiu o Rajá com seus Infantes, e S. Ex.ª os veio acompanhar até á porta principal, e se tocou o tambor e pifanos da dita guarda de S. Ex.ª Mandou-se-lhe contribuir 23:000 xerafins por anno pela Portaria de 10 de Julho de 1814.

Termo de juramento de fidelidade que faz Vital ou Vitogi Rane, Sar Dessay de Sanquelim

(Arch. da India, livro 3.º de Pazes, fol. 5 v.)

Anno do nascimento de Nosso Senhor Jesus Christo de 1814, aos 31 de Outubro do dito anno, na villa de Pangim, no palacio da residencia do Illmo e Exmo Sr. Conde de Sarzedas, Gram Cruz da ordem de S. Thiago da Espada, do conselho de Estado, Vice-Rey e Capitão General de mar e terra do Estado da India, estando o dito Exmo Sr. debaixo do docel na sala da audiencia, se apresentou ao mesmo Senhor o Sar Dessay Vital, ou Vitogi Rane, vindo de Evalem, aonde se achava ausente, e disse que em virtude do perdão e seguro, que lhe foi concedido para se recolher ao Magestoso Estado, verdadeiramente arrependido queria dar juramento de fidelidade, promettendo cumprir e guardar fielmente por si, por todos os seus dependentes, e pela sua descendencia todas as obrigações de leal vassallo de Sua Alteza Real, o que fazia com o maior juramento de seu rito, que he o de pôr as suas mãos na sua espada, como o fez com effeito ao tempo de se pronunciarem estas palavras, sob pena de que a mesma sua espada se tornaria contra elle em qualquer tempo que faltasse ao promettido, o que desejava que Deus não permittisse, porque sua tenção, e firme vontade era de cumprir sempre inviolavel, e pontualmente tudo o que assim promettia com o dito juramento. E logo o dito Illmo e Exmo Sr. Conde Vice-Rey houve por bem de o receber benignamente na protecção de Sua Alteza Real admittindo a elle, aos seus dependentes, com as suas familias, e sua descendencia a lograrem o fôro de vassallos da Corôa de Portugal, observando elle o juramento, e fidelidade que promette; de que para perpetuo testemunho se fez este auto, em que assignou o sobredito Illmo e Exmo Sr. Conde Vice-Rey, e assignou tambem o dito Sar Dessai Vital, ou Vitogy

1814 Outubro 31

1814 Outubro 31 Rane; e eu José Agostinho Xavier, official da secretaria do Estado, o escrevi. O Secretario Diogo Vieira de Tovar e Albuquerque, o fez escrever. — Conde de Sarzedas — Assignatura maratha de Vithal Rane, Sar Dessai de Sanquelim.

E serviu de interprete neste acto o Lingua do Estado Sacarama Naraena Vaga.

Termo de juramento de fidelidade que fazem Rogunata Porobo e seu irmão Nana Porobo, Dessay de Bicholim

(Arch. da India, livro 3.º de Pazes, fol. :2.)

1816 Fevereiro 17 Anno do nascimento de Nosso Senhor Jesus Christo de 1816, aos 17 de Fevereiro do dito anno, no palacio da residencia do Illmo e Exmo Sr. Conde de Sarzedas, Gram Cruz da ordem de S. Thiago da Espada, do Conselho de Estado, Vice-Rey, e Capitão General de mar e terra do Estado da India, estando o dito Exmo Sr. debaixo do docel na sala da audiencia, se apresentaram ao mesmo Senhor os Dessays Rogunata Porobo, e seu irmão Nana Porobo, ambos filhos do Dessay fallecido Hiriá Porobo, vindos de Evalem, aonde se achavam ausentes com o dito seu pai, e disseram que em virtude do perdão, e seguro, que lhes foi concedido para se recolherem ao Magestoso Estado, verdadeiramente arrependidos, queriam dar juramento de fidelidade, promettendo

Pretensão da França para a admissão dos Missio

Officio do Embaixador de França ao Ministro dos Negocios Estrangeiros pedindo que

(Arch. do ministerio dos Negocios Estrangeiros. — Original.)

1816 Julho 12 Rio de Janeiro, le 12 Juillet 1816.

Mr. le Marquis. — L'association française des Missions étrangères dans les Indes, ayant senti la nécessité d'établir

cumprir, e guardar fielmente por si, por todos os seus dependentes, e pela sua descendencia todas as obrigações de leaes vassallos de Sua Alteza Real, o que faziam com o maior juramento do seu rito, que he o de porem as suas mãos nas suas espadas, como o fizeram com effeito ao tempo de se pronunciarem estas palavras, sob pena de que as mesmas suas espadas se tornem contra elles, em qualquer tempo que faltassem ao promettido, o que desejam que Deus não permitta, porque a sua tenção e firme vontade he de cumprirem sempre inviolavel e pontualmente tudo o que assim promettem com o dito juramento. E logo o dito Illmo e Exmo Sr. Conde Vice-Rey houve por bem de os receber benignamente na protecção de Sua Alteza Real admittindo a elles, aos seus dependentes, com as suas familias, e suas descendencias a lograrem o fôro de vassallos da Corôa de Portugal, observando elles o juramento, e fidelidade que promettem; de que para perpetuo testemunho se fez este Auto, em que se assignou o sobredito Illmo e Exmo Sr. Conde Vice-Rey, e assignaram tambem os ditos Dessays Rogunata Porobo, e seu irmão Nana Porobo; e eu Pedro do Rozario Baracho, Official da secretaria do Estado, o escrevi. O Conselheiro Secretario do Estado o fez escrever. — Conde de Sarzedas. 1816 Fevereiro 17

Assignaturas marathas de Rogunata Porobo, Dessay de Bicholim. — Narana Porobo, Dessay de Bicholim.

E serviu de interprete neste acto o Lingua do Estado Sacca Rama Naraena Vaga.

---

narios da Congregação de S. Lazaro em Macau

se expeçam ordens ao Governador de Macau para receber dois Missionarios francezes

(Traducção particular.)

Rio de Janeiro, 12 de Julho de 1816.

Sr. Marquez. — A associação franceza das Missões estrangeiras nas Indias, tendo conhecido a necessidade de estabe- 1816 Julho 12

1816 Julho 12 un centre de correspondance dans un lieu où l'exercice de la religion catholique fût libre, a choisi Macao, comme le point qui réunissait tous les avantages, par la position à l'entrée de la Chine et la résidence habituelle d'un Évêque Portugais, pour y entretenir un Procureur, qui est devenu depuis quatre-vingt ans le correspondant indispensable de la Congrégation.

Vers le milieu du siècle dernier un nouveau Procureur des Missions fut admis en cette qualité pour remplacer son prédécesseur qui venait de mourir. Mr. de l'Estondal a été envoyé depuis en cette même qualité, et a rempli ses fonctions jusqu'en 1813, époque de sa mort. Au moment ou son succésseur allait partir pour se rendre à sa destination, les supérieurs du séminaire des Missions étrangères de Paris ont été prévenus que le Gouverneur de Macao désirait que le nouveau Procureur Français qui y serait envoyé fût muni d'une autorisation de la Cour de Rio de Janeiro, ou qu'elle donnât des ordres pour l'admettre en cette qualité.

Cette précaution a dû avoir pour motif l'état de guerre dans lequel on se trouvait alors. Mais à présent que la paix est heureusement et solidement établie, elle devient en quelque sorte inutile. Cependant, pour lever à cet égard toute espèce de difficultés, je suis chargé de demander que des ordres de Sa Majesté Très-Fidèle soient expédiés au Gouverneur de Macao, pour l'autoriser à recevoir Mr. Jean Antoine Dubois, Missionnaire apostolique, qui doit se rendre de la côte de Coromandel à Macao. C'est un homme d'un caractère calme et conciliant, dont la conduite est irréprochable sous tous les rapports. Les supérieurs des Missions désirant prévenir tous les cas possibles, ont fait choix pour suppléer Mr. Dubois, s'il ne pouvait accepter cette destination, de Mr. Jean Jacques Louis Barandel, ecclésiastique respectable, dont la Congrégation fait le plus grand cas, et qui a dû se rendre d'abord à Pondichéry, pour y attendre la réponse de Mr. Dubois.

Je ne doute pas que V. Ex.ce ne facilite de tout son pouvoir la rentrée dans son poste d'un agent utile appartenant à une

lecer hum centro de correspondencia n'hum logar, onde o exercicio da religião catholica fosse livre, escolheu Macau, como o ponto que reunia todas as vantagens, pela sua posição na entrada da China, e pela residencia habitual de hum Bispo Portuguez, para ahi ter hum Procurador, que se tornou ha oitenta annos o correspondente indispensavel da Congregação. 1816 Julho 12

No meiado do seculo passado hum novo Procurador das Missões foi admittido nesta qualidade para substituir o seu predecessor que havia pouco morrêra. O Sr. de l'Estondal foi depois enviado nesta mesma qualidade, e desempenhou as suas funcções até 1813, epocha da sua morte. Quando o seu successor ia partir para o seu destino, os superiores do seminario das missões estrangeiras de Paris foram prevenidos de que o Governador de Macau desejava que o novo Procurador francez que para alli fosse mandado se munisse de huma auctorisação da Côrte do Rio de Janeiro, ou que esta desse ordens para ser admittido nesta qualidade.

Tal precaução devia ser motivada pelo estado de guerra de então. Porém hoje, que a paz está feliz e solidamente estabelecida, torna-se ella por assim dizer inutil. Entretanto, para arredar a este respeito toda e qualquer difficuldade, estou encarregado de pedir que Sua Magestade Fidelissima faça expedir ordens ao Governador de Macau, auctorisando-o a receber o Sr. Jean Antoine Dubois, Missionario apostolico, que deve ir da costa de Coromandel para Macau. He hum homem de caracter pacifico e conciliador, cujo comportamento he irreprehensivel debaixo de todos os pontos de vista. Os Superiores das Missões, desejando prevenir todas as eventualidades possiveis, escolheram para supprir o Sr. Dubois, se elle não podér acceitar esta nomeação, ao Sr. Jean Jacques Louis Barandel, ecclesiastico respeitavel, do qual a Congregação faz o maior caso, e que partiu primeiro para Pondichery, a fim de esperar ahi a resposta do Sr. Dubois.

Confio que V. Ex.ª facilitará com todo o seu poder a admissão no cargo a hum agente util pertencente a huma con-

1816 Julho 12 Congrégation composée d'hommes que leur amour pour l'humanité et leur zèle pour la religion portent à s'expatrier dans la vue de répondre la connaissance de l'Évangile et les bienfaits de la civilisation. Tout ce qui regarde les Missions étrangères a droit à la protection des Princes de la chrétienté, et S. Em.[ce] le Cardinal Galeppi prend un intérêt tout particulier à cette affaire.

Agréez, Mr. le Marquis, les assurances reitérées da ma haute considération.—Le Duc de Luxembourg.

Officio do Ministro dos Negocios Estrangeiros ao Embaixador de França sobre a impossibilidade de admittir Missionarios em Macau depois de terem sido expulsos os Padres italianos e francezes

(Arch. do Ministerio dos Negocios Estrangeiros.— Registo.)

1816 Setembro 11 Exmo Sr.—Mui Senhor meu. Pelas copias inclusas que tenho a honra de passar ás mãos de V. Ex.ª dos extractos das correspondencias dos padres Portuguezes existentes em Pekin e Nankin a titulo de mathematicos, que foram remettidos á Secretaria d'Estado dos Negocios da Marinha e Dominios Ultramarinos pelo Bispo de Pekin ainda demorado em Macau, e igualmente pelas copias dos officios deste prelado, e do Conselheiro Miguel de Arriaga, Ouvidor Geral de Macau, a quem aquelle negocio das missões tem sido mui particularmente recommendado, verá V. Ex.ª qual he a perseguição declarada que desde o anno de 1811 se tem feito á religião catholica romana pelo Governo da China, não sómente motivada no conhecido principio de dissidencia de crença, mas essencial, e particularmente instigada pela desconfiança de que as conspirações que se descobriram contra o Imperador, se não foram absolutamente obra dos catholicos, ao menos teriam seus auctores toda a esperança de contar com o seu apoio, e cooperação em medidas de revolta.

gregação composta de homens que, pelo amor da humanidade, e zêlo da religião, se expatriam no intuito de espalharem o conhecimento do Evangelho, e os beneficios da civilisação. Quanto diz respeito ás Missões estrangeiras merece a protecção dos Principes da christandade, e S. Em.ª o Cardeal Galeppi toma hum interesse muito particular por este negocio. 1816 Julho 12

Recebei, Sr. Marquez, os reiterados protestos da minha elevada consideração. — Duque de Luxembourg.

As precauções, e procedimentos violentos que se teem ordenado na China contra os Missionarios depois da circumstanciada representação do tribunal dos crimes, procedimentos que apesar de grandes diligencias não deixaram de verificar-se contra os padres Italianos e Francezes, mostram assás qual he a attenção, e cuidado com que se olha naquelle Imperio para este objecto, no qual toda a insistencia seria inutil, e talvez pouco prudente. E tendo a Governança de Macau sido expressamente intimada pelo Governo da China, de fazer sahir do seu territorio os sobreditos Missionarios, que com effeito foram despedidos, muito se arriscaria sem duvida agora se se admittissem outros. 1816 Setembro 11

Á vista, pois, de taes razões V. Ex.ª não desconvirá que não he possivel que Sua Magestade El-Rei meu amo haja de annuir á admissão em Macau dos Missionarios Francezes, que para alli desejam passar, e a favor dos quaes V. Ex.ª solicita a permissão de Sua Magestade na carta de officio que me dirigiu a 12 de Julho do corrente anno.

Renovo com este motivo a V. Ex.ª as expressões do meu obsequio, e da mui distincta, e alta consideração com que o venero.

Deus guarde a V. Ex.ª muitos annos. Palacio do Rio de Janeiro, a 11 de Setembro de 1816. — Ex.mo Sr. — De V. Ex.ª Maior e mais seguro servidor. — Marquez de Aguiar.

Officio do Official maior da secretaria do Ultramar ao Ministro informando sobre o inconveniente da admissão dos Missionarios estrangeiros em Macau

(Arch. do Ministerio dos Negocios Estrangeiros.—Original.)

1816 Agosto 29 Illmo e Exmo Sr.—Tendo examinado com a devida attenção, na conformidade das ordens de V. Ex.ª, todos os papeis existentes nesta Secretaria, que podessem offerecer noções exactas sobre o estado das missões no imperio da China, a fim de ajuizar-se da possibilidade, e conveniencia de se admittir novamente em Macau hum padre francez, a titulo de Procurador das Missões estrangeiras da propaganda, por ser alli o ponto de onde pretendem fazer as suas correspondencias para o interior daquelle Imperio, segundo a nota apresentada pelo Duque de Luxembourg, levo agora á presença de V. Ex.ª os extractos das correspondencias dos nossos padres, existentes em Pekin e Nankin, a titulo de mathematicos, que vieram remettidas pelo Bispo de Pekin, ainda demorado em Macau, e igualmente as copias dos officios deste Prelado, e do Conselheiro Miguel de Arriaga, Ouvidor Geral de Macau, a quem aquelle negocio das Missões tem sido mui particularmente recommendado por ordens da Côrte, como objecto em que tanto interessa a reconhecida piedade, e religião de Sua Magestade.

V. Ex.ª terá occasião de ver por aquelles documentos qual he a perseguição declarada, que desde o anno de 1811 para cá se tem feito á religião catholica romana pelo Governo Chinico, perseguição não sómente motivada no sabido principio de dissidencia de crença, mas essencial, e particularmente instigada pela desconfiança de que as conspirações que se hão descoberto contra o Imperador, se não foram absolutamente obra dos catholicos, ao menos teriam seus auctores toda a esperança de contar com o seu apoio, e cooperação em medidas de revolta.

As precauções, e os procedimentos violentos que se têem

ordenado contra os Missionarios, depois da circumstanciada representação do tribunal dos crimes, procedimentos que, apezar de grandes diligencias, não deixaram de verificar-se contra os padres Italianos, e Francezes, mostram sobejamente qual he a attenção, e cuidado com que se olha para este objecto, no qual toda a insistencia seria inutil, e imprudente, e tendo a Governança de Macau sido expressamente intimada de fazer sahir aquelles Missionarios, que foram despedidos, muito se arriscaria agora se admittisse outros, como pretende o Embaixador de França. 1816 Agosto 29

V. Ex.ª não ignora que o nosso Bispo, nomeado para Pekin, espera em Macau ha mais de dez annos a facilidade do seu ingresso para a China, e que inuteis têem sido até ao presente as diligencias intentadas para o conseguir; elle mesmo, apezar do seu zelo apostolico, tem, como desenganado, requerido já que se lhe acceite a sua renuncia, e tudo finalmente induz á persuasão de que he preciso temporisar, e adormecer, digamos assim, a vigilancia, e inquietação com que o Governo Chinico espreita as intenções dos propangandistas.

Sua Magestade, intimamente persuadido da necessidade, e da conveniencia de adoptar este partido, tem ultimamente ordenado que cessem todos os esforços que se empregavam para o ingresso dos seus Missionarios, debaixo de qualquer pretexto que fosse, e que se evite toda a correspondencia que possa parecer suspeitosa aos olhos dos Mandarins encarregados deste exame e pesquisa; esperando que a continuação da boa fé, em que o Governo Chinico nos tenha, será ainda para o futuro o unico meio que reste a deixar proseguir com mais vantagem os trabalhos, e fadigas apostolicas, que em melhor tempo se possam intentar.

Pelo que deixo referido poderá V. Ex.ª conceber que longe de convir á causa da religião a pretendida admissão de hum padre Procurador da propaganda em Macau, ella só serviria a irritar os Chinas a ponto de se perder para sempre o fructo, que já se tem adquirido por meio de medidas mais prudentes, e seguras; e não sei mesmo até que ponto huma tal

1816 Agosto 29 condescendencia do Governo comprometteria o nosso importante estabelecimento de Macau.

Deus guarde a V. Ex.ª Secretaria d'Estado dos Negocios

Officio do Ministro de França ao Ministro dos Negocios Estrangeiros, pe os Missionarios francezes e

(Arch. do Ministerio dos Negocios Estrangeiros.— Original.)

1834 Julho 5 Lisbonne, le 5 Juillet 1834.

Monsieur.—Le Gouvernement du Roi a été informé que le Gouverneur Portugais de Macao avait expulsé de cette ville tous les Missionnaires catholiques qui se préparent aux Missions de la Chine. Cette mesure, contraire à l'autorisation accordée aux Lazaristes en 1779, par la Reine D. Maria I et dont j'ai l'honneur d'adresser ci-joint copie a V. Ex^{ce}, a été motivée sur le manque de production d'une autorisation spéciale délivrée par D. Miguel.

En conséquence, Mr. le Comte de Rigny m'a engagé à intervenir auprès du Gouvernement de Sa Majesté la Reine D. Maria II, pour faire révoguer l'ordre en vertu duquel les Missionnaires Français ont été expulsés de Macao, et obtenir en même temps la confirmation de l'autorisation de 1779, énonçant en termes positifs les trois clauses du séjour indéfini à Macao avant leur entrée en Chine des Missionnaires catholiques en général, et notamment des Lazaristes, de la résidence d'un Procureur de la Congrégation Lazariste dans cette ville, et de la faculté de posséder une maison en toute propriété.

Le Gouverneur de Macao ayant refusé de reconnaître sans un ordre positif de la Cour de Lisbonne notre Consul à Canton, Mr. Gernaert, négociant Français, dont la jurisdiction s'étend à Macao, où, comme les autres Agents Européens, il réside une partie de l'année, j'ai été invité à demander au Gouvernement de Sa Majesté Très-Fidèle qu'il expédie au

da Marinha e Dominios Ultramarinos, a 29 de Agosto de 1816.—Ill.mo e Ex.mo Sr. Marquez de Aguiar.—(Assignado) O Official Maior, José Joaquim da Silva Freitas. 1816 Agosto 29

---

dindo que o governo revogue a ordem por que foram expulsos de Macau para que admitta um Consul

(Traducção particular.)

Lisboa, 5 de Julho de 1834.

Senhor.—O Governo do Rei informou-me que o Governador Portuguez de Macau tinha expulso desta cidade todos os Missionarios catholicos que se dispõem para as Missões da China. Esta medida contraria á auctorisação concedida aos Lazaristas em 1779 pela Rainha D. Maria I, de que tenho a honra de enviar copia a V. Ex.ª juntamente com esta, foi originada da falta de apresentação de auctorisação especial dada por D. Miguel. 1834 Julho 5

Em consequencia disto, o Sr. Conde de Rigny encarregou-me de intervir junto do Governo de Sua Magestade a Rainha D. Maria II, para que faça revogar a ordem em virtude da qual os Missionarios Francezes foram expulsos de Macau, e para obter ao mesmo tempo a confirmação da auctorisação de 1779, declarando em termos positivos as tres clausulas de permanencia indefinida em Macau dos Missionarios catholicos em geral, e sobretudo dos Lazaristas, antes de entrarem na China, de residencia de hum Procurador da Congregação Lazarista nesta cidade, e de faculdade de ahi possuirem casa propria.

O Governador de Macau recusou reconhecer, sem ordem positiva da Côrte de Lisboa, o nosso Consul em Cantão, o Sr. Gernaert, negociante Francez, cuja jurisdicção se estende a Macau, onde, assim como os outros Agentes Europeus, reside huma parte do anno, e por isso fui incumbido de pedir ao Governo de Sua Magestade Fidelissima que expeça ao

1834 Julho 5 Gouvernement Portugais un ordre ou cédule, pour que Mr. Gernaert puisse exercer, désormais, sans obstacles les fonctions consulaires à Macao, et pour qu'il reçoive au besoin aide et protection de l'Administration Portugaise. C'est ainsi qu'il en a été usé à l'égard du Consul d'Angleterre à Canton, qui est en même temps le Chef de la factorerie anglaise en Chine.

Si, comme j'aime à le croire, les demandes que j'ai l'honneur d'adresser à V. Ex.ce son accueillies, elle m'obligera infiniment, en me transmettant une copie des ordres qui seront envoyés au Gouverneur de Macao, afin que je puisse les communiquer à mon Gouvernement.

Agréez, Monsieur, l'assurance de ma haute considération. —Baron H. Mortier.

Copia da licença concedida pela Rainha D. Maria I aos Missionarios Lazaristas para se demorarem em Macau

1779 Janeiro 16 Por parte da Côrte de Paris se representou á Rainha nossa Senhora os desejos que tinha, de que nessa cidade experimentassem os seus Missionarios que passassem daquelle Reino para as Missões da China, e fossem a ella, todo o au-

---

Officio do Ministro da França ao Ministro dos Negocios Estrangeiros

(Arch. do Ministerio dos Negocios Estrangeiros.— Original.)

1834 Julho 8 Lisbonne, le 8 Juillet 1834.

Monsieur. —Le 5 de ce mois j'ai eu l'honneur de vous écrire relativement à l'expulsion de Macao des Missionnaires catholiques par le Gouverneur Portugais de cette place. Je crois devoir ajouter de nouvelles explications à celles que j'ai déjà adressées à V. Ex.ce sur ce sujet. Elles me paraissent de nature à devoir faire accueillir favorablement par le

Governador Portuguez huma ordem ou cedula para o Sr. Gernaert poder exercer de ora em diante sem obstaculos as funcções consulares em Macau, e para que receba, se for preciso, auxilio, e protecção da Administração Portugueza. Foi assim que se praticou com o Consul de Inglaterra em Cantão, que he ao mesmo tempo Chefe da feitoria ingleza na China. 1834 Julho 5

Se, como espero, os pedidos que tenho a honra de dirigir a V. Ex.ª forem bem recebidos, muitissimo me obrigará V. Ex.ª transmittindo-me huma copia das ordens que se enviarem ao Governador de Macau, para que eu possa communical-as ao meu Governo.

Acceitae, Senhor, os protestos da minha elevada consideração. — Barão H. Mortier.

---

xilio que necessitassem, e condescendendo a mesma augusta Senhora com a dita representação, ordena que V. M.cê assim o execute, e faça executar, o que lhe ha por muito recommendado. 1779 Janeiro 16

Deus guarde a V. M.cê Palacio de Nossa Senhora da Ajuda, em 16 de Janeiro de 1779. — Martinho de Mello e Castro. — Sr. Governador de Macau.

---

insistindo para que sejam admittidos em Macau os Lazaristas francezes

(Traducção particular.)

Lisboa, 8 de Julho de 1834.

Senhor. — A 5 deste mez tive a honra de vos escrever ácerca da expulsão de Macau dos Missionarios catholicos, praticada pelo Governador Portuguez deste logar. Julgo dever acrescentar novas explicações ás que já dirigi a V. Ex.ª a tal respeito. Parece-me que ellas concorrerão para fazer acolher favoravelmente pelo Governo de Sua Magestade Fi- 1834 Julho 8

1834 Julho 8 Gouvernement de Sa Majesté Très-Fidèle les demandes que j'ai été chargé de lui présenter.

Le but de l'envoi des Missionnaires en Chine a été d'y introduire la civilisation. Cette mission avait été confiée aux prêtres de Saint Vincent de Paule, dits Lazaristes, qui la remplissaient depuis plus d'un siècle. Afin de leur donner en Chine l'appui nécessaire pour s'acquitter de leurs pénibles devoirs, le Gouvernement Français obtint de la Reine D. Maria I une autorisation datée du 16 Janvier 1779, en vertu de laquelle ils purent séjourner à Macao pour se préparer aux missions. C'est d'après cette autorisation que les Lazaristes ont pu jusqu'à ce jour envoyer à Macao les Missionnaires qui partaient de France pour ces Missions lointaines.

Leur expulsion par le Gouvernement miguéliste est de nature à compromettre l'existence des Missions françaises en Chine. C'est par cette raison que le Gouvernement du Roi désire obtenir de celui de Sa Majesté la Reine D. Maria la confirmation de l'autorisation accordée en 1779.

Et pour que l'on ne puisse, à l'avenir, donner à l'autorisation primitive une interprétation défavorable aux Missions françaises, il serait désirable d'exprimer dans la nouvelle confirmation:

1° Permission à tous les Missionnaires catholiques, et notamment aux Lazaristes, de séjourner à Macao tout le temps qu'ils jugeront nécessaire avant d'entrer en Chine.

2° Permission aux Lazaristes d'avoir un Procureur résidant à Macao, pour recevoir les Missionnaires envoyés de France et les diriger en Chine.

3° Permission aux Lazaristes d'avoir à Macao une maison en propriété pour y former des prêtres indigènes.

Cette dernière permission est indispensable aux Lazaristes, depuis que par l'impossibilité d'arriver jusqu'à Pekin, ils ont été forcés de supprimer le collége qu'ils avaient antérieurement établi dans cette ville. La présence et le séjour à Macao du Procureur des Lazaristes est d'autant plus nécessaire pour les Missionnaires, qu'ils ont besoin d'un agent

delissima os pedidos que fui encarregado de lhe apresentar. 1834 Julho 8

Os Missionarios foram mandados á China para prégarem o christianismo, e introduzirem nella deste modo a civilisação. Esta missão fôra confiada aos padres de S. Vicente de Paula, chamados Lazaristas, que a desempenhavam havia mais de hum seculo. A fim de lhes dar o apoio necessario na China para cumprirem os seus penosos deveres, o Governo Francez obteve da Rainha D. Maria I auctorisação datada de 16 de Janeiro de 1779, em virtude da qual lhe foi licito demorarem-se em Macau para se prepararem para as Missões. He por esta auctorisação que os Lazaristas poderam até hoje enviar para Macau os Missionarios que partiam de França para estas Missões longinquas.

A sua expulsão pelo Governo miguelista compromette a existencia das Missões francezas na China. He por tal razão que o Governo do Rei deseja obter do de Sua Magestade a Rainha D. Maria a confirmação da auctorisação concedida em 1779.

E, para que não se possa de futuro dar á auctorisação primitiva alguma interpretação desfavoravel ás Missões francezas, seria para desejar que se declarasse na nova confirmação:

1.º Licença a todos os Missionarios catholicos, e principalmente aos Lazaristas, para residirem em Macau todo o tempo que julgarem necessario antes de entrarem na China.

2.º Licença aos Lazaristas para terem hum Procurador residente em Macau para receber os Missionarios enviados de França, e encaminhal-os para a China.

3.º Licença aos Lazaristas para terem em Macau huma casa propria para nella habitarem padres indigenas.

Esta ultima licença he indispensavel aos Lazaristas, desde que, impossibilitados de chegarem até Pekin, tiveram de supprimir o collegio que anteriormente haviam estabelecido nesta cidade. A presença, e residencia em Macau do Procurador dos Lazaristas he tanto mais necessaria, quanto precisam de hum agente que habite n'hum logar que esteja ao

1834 Julho 8 qui réside en un lieu à l'abri des persécutions des idolâtres, et d'où il puisse entretenir la correspondance entre le séminaire de Paris et les Missions françaises à la Chine. C'est à ce Procureur, que sont adressés tous les Missionnaires qu'on destine aux Missions; c'est à Macao qu'ils séjournent le temps nécessaire pour se former aux usages et apprendre la langue des Chinois avant d'entrer en Chine, et c'est encore à Macao que les Missionnaires ont établi un collège de Chinois où ils élèvent des prêtres indigènes.

Aux différents motifs que je viens d'exposer pour le maintient et l'affermissement des avantages dont ont joui les Lazaristes jusque il y a peu de temps, il s'en rattache d'autres d'un ordre plus élevé, et qui n'échapperont point à l'observation de V. Ex[ce]. L'histoire nous démontre que la prédication du christianisme parmi les peuples barbares et idolâtres, a été le symptôme le plus marquant du commencement de leur civilisation. Si les Missions des Lazaristes obtiennent des résultats heureux dans ce sens, ce sera la possession portugaise de Macao qui en rétirera les premiers avantages, puisque les habitants de cette ville pourront se livrer avec les Chinois à un commerce plus étendu et qui leur présentera plus de sécurité.

V. Ex.[ce] voudra bien remarquer, que ce n'est ni l'établissement ni la conservation d'un ordre religieux que j'ai été chargé de demander au Cabinet de Lisbonne. Les Missions étrangères et les congrégations, destinées à la prédication du christianisme parmi les sauvages et les idolâtres, n'ont jamais été considerées comme faisant entièrement partie des ordres monastiques, surtout les Lazaristes, qui ont partout la sage habitude de se soumettre à la jurisdiction de l'ordinaire. J'en citerai pour exemple la France, où les ordres religieux sont abolis depuis 1791; néanmoins Napoléon, en 1804, rétablit la Congrégation des Lazaristes destinée à repandre les bienfaits du christianisme et de la civilisation dans les lieux où ils étaient encore inconnus.

Agréez, Monsieur, l'assurance de ma haute considération. — Baron H. Mortier.

abrigo da perseguição dos idolatras, e donde possa manter correspondencia entre o seminario de Paris, e as Missões francezas na China. He a este Procurador que são dirigidos todos os Missionarios que se destinam para as Missões; he em Macau que elles residem o tempo conveniente para se conformarem com os usos, e aprenderem a lingua dos Chinas antes de entrarem na China; e he tambem em Macau que os Missionarios estabeleceram hum collegio de Chinas, onde educam padres indigenas. 1834 Julho 8

Aos differentes motivos que acabo de expor para a manutenção, e corroboração das vantagens de que os Lazaristas gosaram até ha pouco tempo, outros acrescem de huma ordem mais elevada, e que o juizo de V. Ex.ª bem attinge. Mostra-nos a historia que a prégação do christianismo entre os povos barbaros, e idolatras, foi o mais notavel signal do começo da sua civilisação. Se as Missões dos Lazaristas alcançarem resultados felizes neste sentido, á possessão portugueza de Macau hão de caber as primeiras vantagens, por isso que os habitantes desta cidade poderão entrar com os Chinas em negociações commerciaes mais extensas, e que lhes promettam mais segurança.

Peço a V. Ex.ª para notar que eu não fui encarregado de pedir ao Gabinete de Lisboa o estabelecimento ou a conservação de huma ordem religiosa. As Missões estrangeiras, e as congregações destinadas á prégação do christianismo entre os selvagens, e idolatras nunca foram consideradas como fazendo inteiramente parte das ordens monasticas, sobretudo os Lazaristas, que teem em toda a parte o prudente costume de se sujeitarem á jurisdicção do ordinario. Citarei para exemplo a França, onde as ordens religiosas estão abolidas desde 1791; entretanto, Napoleão, em 1804, restabeleceu a Congregação dos Lazaristas, destinada para espalhar os beneficios do christianismo, e da civilisação nos logares em que eram ainda desconhecidos.

Acceitae, Senhor, os protestos da minha elevada consideração. — Barão H. Mortier.

Officio do Encarregado de Negocios de França ao Ministro dos Negocios Estrangeiros

(Arch. do Ministerio dos Negocios Estrangeiros.—Original.)

1835 Janeiro 4

Lisbonne, le 4 Janvier 1835.

Mr. le Comte. — J'ai l'honneur de rappeler à l'attention de V. Ex.^{ce} les notes addressées par Mr. le Baron Mortier au Gouvernement de Sa Majesté Très-Fidèle, au sujet de l'expulsion de Macao des Missionnaires Français qu'y résidaient. Vous n'ignorez pas, Mr. le Comte, que le Gouvernement du Roi désirerait que le Cabinet de Lisbonne transmit au Gouverneur des établissements portugais à Macao l'ordre de tolérer et même de protéger, au besoin, les Missionnaires Français, et afin de rendre cette protection plus efficace, de reconnaître Mr. Gernaert en qualité de Consul de France à Macao.

Les principes de sagesse et de modération qui dirigent le Gouvernement de la Reine semblent garantir qu'il appréciera sous son vrai jour, surtout dans les circonstances présentes, une question bien simple en elle même, et que cependant on avait paru confondre avec celle des ordres monastiques supprimés en Portugal: tandis qu'il ne s'agit uniquement que d'ecclésiastiques étrangers, que de prêtres Français, en faveur de qui le Gouvernement du Roi réclame le maintien de l'autorisation à eux depuis long-temps accordé par la Cour de Lisbonne, de résider à Macao, ou pour mieux dire, d'y entretenir un Procureur. La malveillance des autorités miguélistes envers la France peut seule expliquer comment des ecclésiastiques aussi sages, aussi réservés, aussi prudents que les Lazaristes, ont fait entendre à Macao d'inutiles réclamations contre une mesure de rigueur que rien ne justifiait à leur égard.

Agréez, je vous prie, Mr. le Comte, les assurances de ma très haute considération. — A. de Lurde.

renovando os pedidos feitos pelo Barão Mortier, ácerca dos Missionarios Francezes

(Traducção particular.)

Lisboa, 4 de Janeiro de 1835.

Sr. Conde. — Tenho a honra de lembrar á attenção de V. Ex.ª as notas dirigidas pelo Sr. Barão Mortier ao Governo de Sua Magestade Fidelissima, ácerca da expulsão de Macau dos Missionarios Francezes que ahi residiam. Sabeis, Sr. Conde, que o Governo do Rei desejaria que o Gabinete de Lisboa mandasse ordem ao Governador dos estabelecimentos portuguezes em Macau para tolerar, e mesmo proteger, se for preciso, os Missionarios Francezes, e para se tornar esta protecção mais efficaz, que reconheça o Sr. Gernaert como Consul de França em Macau. 1835 Janeiro 4

Os principios de sabedoria, e moderação que dirigem o Governo da Rainha parecem ser garantia de que apreciará sob o seu verdadeiro ponto de vista huma questão bem simples em si mesmo, mas que entretanto se tinha parecido confundir com a das ordens monasticas supprimidas em Portugal; ao passo que se trata unicamente de ecclesiasticos estrangeiros, de padres Francezes, em favor dos quaes reclama o Governo do Rei que seja mantida a auctorisação que ha muito lhes fôra outorgada pela Côrte de Lisboa de residirem em Macau, ou para melhor dizer, que tenham hum Procurador. A malevolencia das auctoridades miguelistas para com a França he a unica explicação de não se attenderem em Macau as reclamações de ecclesiasticos tão sabios, tão discretos, tão prudentes, como os Lazaristas, contra huma medida de rigor adoptada em seu damno, e que cousa alguma justificava.

Peço-vos que recebaes, Sr. Conde, os protestos da minha elevadissima consideração. — A. de Lurde.

Nota do Ministro dos Negocios Estrangeiros ao Encarregado de Negocios de França expondo os motivos por que o governo não póde ordenar a admissão em Macau dos Missionarios francezes.

(Arch. do Ministerio dos Negocios Estrangeiros.— Registo.)

1835 Julho 7 O abaixo assignado, Ministro e Secretario d'Estado dos Negocios Estrangeiros, sente infinitamente a demora involuntaria que tem havido por parte desta Secretaria d'Estado em responder aos diversos officios que nella se teem recebido da Legação de Sua Magestade El-Rei dos Francezes, relativamente á admissão dos Missionarios da Congregação de S. Lazaro, que o Governo Francez desejaria estabelecer na cidade de Macau, assim como do reconhecimento do Consul da Nação Franceza na mesma colonia.

Esta demora occasionada em parte pelas diversas mudanças occorridas no Ministerio Portuguez, e pela urgencia dos objectos graves a que tem sido necessario attender, tambem dependeu em grande parte da repugnancia que sempre experimenta o Conselho de Sua Magestade quando se vê no caso de não poder condescender com qualquer desejo enunciado pelos Governos alliados da mesma Senhora sobre qualquer objecto que os possa interessar; sendo certo, alem disto, que o assumpto de que se trata carecia, para ser decidido, de esclarecimentos difficeis de obter, alguns dos quaes mesmo só podem vir de Macau, donde já foram pedidos, e que emquanto não vierem inhabilitam este Governo a dar huma resposta definitiva ás instancias do Encarregado de Negocios de Sua Magestade El-Rei dos Francezes.

Entretanto, o abaixo assignado deve declarar com pezar seu, que as noções até agora obtidas não permittem ao Governo de Sua Magestade a Rainha expedir as ordens que delle se solicitam, pelos motivos que se passam a expor,

He bem conhecido o caracter desconfiado do Governo Chinez, assim como a difficuldade que elle tem posto em admitir novas relações com estrangeiros, não obstante as diligen-

cias que teem feito para o conseguir as Nações mais podero- 1835 Julho 7
sas da Europa, sendo o seu commercio unicamente tolerado no porto de Cantão, debaixo de restricções que não seriam supportadas em qualquer outro Estado. Não he de estranhar, portanto, que o Governo Portuguez julgue acertado conformar-se nesta parte com o exemplo que lhe he dado pelos mais poderosos Estados, e que se não resolva facilmente a infringir, nem a alterar as condições, debaixo das quaes lhe foi cedido o porto de Macau, em consequencia de serviços relevantes prestados pelos Portuguezes em antigos tempos ao Imperio da China.

As autoridades Portuguezas daquelle estabelecimento não podem admittir nelle estrangeiros que se destinem a introduzir-se no territorio chinez, sem ser para isso habilitados pela annuencia do Mandarim Chinez que reside na peninsula de Macau.

Não ha duvida que em 1779 se recommendou, por ordem de Sua Magestade Fidelissima, que os Missionarios Francezes mandados para a China experimentassem em Macau o favor, e auxilio de que necessitassem; mas nesse tempo havia toda a condescendencia no Governo Chinez em receber os Missionarios, a qual condescendencia se mudou depois em huma aspera dissenção, como constará da exposição, cuja copia o abaixo assignado inclusa remette ao Sr. Encarregado de Negocios de França, exposição feita com differente objecto, pelo Bispo eleito de Pekin, o qual, ultimamente, com todos os seus companheiros, foi obrigado a sahir do Imperio da China; e he evidente que depois deste tratamento feito aos seus proprios Missionarios, não póde o Governo Portuguez, sem grave risco de compromettimento, tomar sobre si de proteger a entrada de outros Missionarios estrangeiros.

A perseguição de que se faz menção ha de forçosamente ser conhecida pelo Governo Francez, ao qual não póde tão pouco occultar-se que os seus Missionarios algumas vezes se occuparam de negocios mercantis, alem do que, na ordenação dos Clerigos Chinas, e no exercicio de auctoridade eccle-

1835 Julho 7 siastica, parece que ultrapassaram as funcções que lhes competiam como simples Missionarios, installando-se hum delles como Bispo ou Vigario Capitular de Pekin, quando o cuidado e disciplina espiritual da christandade naquelle vasto Imperio foi confiada aos Bispos Portuguezes de Pekin e de Nankim, creados, e confirmados pelo Papa Alexandre VIII a pedido da Corôa Portugueza, e declarando-se nas bullas que os ditos bispados eram do padroado dos Reis de Portugal.

Semelhantes actos podem produzir contestações com as auctoridades ecclesiasticas Portuguezas, que difficilmente se remedeiam a tão grande distancia, e podem indispor os Chinezes contra todos os estrangeiros.

Acresce a isso que, pelas condições primitivas da occupação de Macau, se obrigou o Governo Portuguez a não edificar ahi novos estabelecimentos, limitando-se a conservar os edificios existentes, donde se deduz a impossibilidade de convir na formação do collegio de que se trata.

Finalmente cumpre ao abaixo assignado fazer notar a Mr. de Lurde que huma semelhante proposta do Governo Francez foi já apresentada ao de Sua Magestade Fidelissima na occasião da embaixada ao Rio de Janeiro do Duque de Luxembourg, e que naquella epocha se julgou o Governo Portuguez na mesma penosa necessidade de não condescender com elle.

Entretanto, pelo que toca ao pedido para a residencia em Macau de hum Consul Francez, estima muito o abaixo assignado poder assegurar a Mr. de Lurde que se vão expedir ordens ao Governador de Macau para que o dito Consul seja alli considerado da mesma fórma que o for o Consul de Inglaterra, sujeitando-se tanto hum como outro ás contemplações que he forçoso ter com o Mandarim Chinez, pois he notorio que os navios estrangeiros não podem entrar no rio de Cantão sem licença das auctoridades Chinezas, e que em Macau só se admittem navios portuguezes ou algum navio estrangeiro acossado pelo tempo.

Nestes termos tem o abaixo assignado respondido da unica maneira que delle depende, ao Encarregado de Negocios de

Sua Magestade El-Rei dos Francezes, podendo acrescentar que o Governo de Sua Magestade Fidelissima se dispõe a fazer reviver as Missões portuguezas na China, e a concorrer assim, pelo unico meio que está ao seu alcance, para os mesmos fins piedosos, e uteis que motivam as instancias do Governo Francez. 1835 Julho 7

O abaixo assignado aproveita esta occasião para testemunhar ao Sr. A. de Lurde os protestos da sua maior consideração.

Secretaria d'Estado dos Negocios Estrangeiros, em 7 de Julho de 1835. — Duque de Palmella.

Exposição do Bispo eleito de Pekin ácerca do estado das Missões na China, e da perseguição contra os Christãos, principalmente os Europeus

(Arch. do Ministerio dos Negocios Estrangeiros.— Copia.)

Senhor. — O Bispo eleito de Pekin, Verissimo Monteiro da Serra, chegado ha pouco de Macau, vae ante Vossa Magestade fazer huma succinta, e singela exposição dos motivos desta viagem. O supplicante, sendo membro da Congregação da Missão, se offereceu para ir para Macau, e depois de lá estar se aprompton para entrar na China, com o fim de se empregar na conservação, e augmento daquella christandade, habilitando-se para isso com os necessarios estudos de mathematica, com o difficultoso estudo da lingua chineza, alem dos outros conhecimentos ecclesiasticos que pedia a qualidade de Sacerdote, e Missionario; e com effeito pôde realisar a sua entrada no anno de 1804, em que chegou a Pekin, e foi logo feito Mandarim, e Membro do Tribunal de Mathematica, no qual tambem entrou depois o Bispo de Nankim, D. Caetano Pires, e o Padre Ribeiro, e d'alli dirigiam toda a christandade dos dois bispados de Pekin e Nankim, que poderá andar por 50:000 almas, a qual supposto seja cultivada por Sacerdotes Chinezes, estes mesmos necessitam ser admittidos, ordenados, dirigidos, e governados por Pre- 1835 Fevereiro 4

1835 Fevereiro 4 lados, e Missionarios Europeus, que os instruam, animem, e conservem a pureza da doutrina.

Logo porém na chegada do supplicante áquella Côrte se perturbaram as cousas no Imperio, e se principiou contra os christãos, principalmente europeus, uma aspera perseguição que continúa ainda, de maneira que não deixaram entrar mais Missionario algum, e o ultimo Bispo de Pekin, D. Joaquim de Sousa Saraiva, morreu em Macau sem nunca poder conseguir a entrada no Imperio. E por morte delle foi o supplicante nomeado no anno de 1818 Bispo de Pekin, por Sua Magestade que Deus tem em gloria; mas nunca lhe chegaram as bullas de confirmação, e por isso governava o bispado na qualidade de Vigario Geral, nomeado pelo fallecido Bispo, segundo as faculdades que teem os Prelados naquellas remotas Chinas.

Era porém summamente penoso o estado em que neste largo decurso de tempo se achavam os tres mencionados Missionarios, sempre com sentinellas á porta, e sem se lhes permittir qualquer sahida nem accesso ao Imperador, sem favor nem apoio de ninguem, e com frequentes rebates de perderem a vida. Ao que se acrescentava a amargura de verem a Missão por hum fio, visto que não havia meio de terem mais companheiros, e que os dois já nomeados, por velhice, e molestias, se hiam inhabilitando; recahindo em consequencia sobre o supplicante todo o peso da Missão, e do Tribunal de Mathematica. Vendo-se neste apuro, e suppondo por outra parte que o Imperador ignorava o verdadeiro estado das cousas, assentaram entre todos que em nome do supplicante se lhe dirigisse hum requerimento a pedir licença de tres annos para o mesmo supplicante vir a Portugal assistir á sua mãe na ultima velhice, que era o motivo mais plausivel, e de maior peso que se lhe podia allegar, segundo o modo de pensar dos Chinezes. Mas o verdadeiro fim deste requerimento era fazer com que o Imperador entrasse no exame deste negocio, e assim abrir caminho para a admissão de mais Missionarios, ou desenganarem-se que os não queria. Infelizmente esta tentativa apressou mais o fim da Missão, pois que se expediu ao supplicante, a 12 de Outubro de 1826, hum decreto para sahir, e não voltar a Pekin. A 14 do mesmo mez falleceu o Padre Ribeiro, e em consequencia o Bispo de Nankim, não se achando já com forças para nada, e figurando-se que ficava em total desamparo, pediu tambem licença para vir com o supplicante, que lhe foi concedida a 17 do dito mez. Não se pôde realisar a sahida do Bispo de Nankim, porque a sua idade, e molestias o impossibilitavam inteiramente para a viagem, e até he muito de crer que já tenha fallecido. Ao supplicante não custou pouco o palliar alguns mezes a sahida, a pretexto de molestia, e dessa dilação se aproveitou para salvar o que pôde do que pertencia á Missão, deixando ainda parte para o sustento do Bispo. Estes fundos consistiam em alfaias de igreja, e de casa, instrumentos de mathematica, livros, e algumas propriedades de casas, que com o andar dos tempos se haviam adquirido, e que por ordem dos antecessores de Vossa Magestade se achavam, segundo ouvi, applicadas parte para a Sé, e parte para o collegio dos Missionarios daquella Côrte. Importa o producto que o supplicante assim pôde apurar na quantia de 66:800$000 réis em metal, que quando chegou a Macau em 1827 lhe foi pedida pelo Padre Superior do Collegio de S. José como Procurador Geral das Missões, e o supplicante lhe entregou fielmente como consta do recibo que tem, sem querer entrar em contestações sobre o destino daquelle dinheiro, e do direito que o mesmo supplicante poderia ter a ser sustentado á custa delle, depois de se ter exercitado na Missão por tantos annos, e com tantas fadigas, e riscos de vida. Desta maneira se achou o supplicante em Macau, sem destino, sem recursos, e sem saber que partido havia de tomar. He verdade que no Collegio de S. José, onde se hospedava o sustentavam como por favor, que elle supplicante não desmerecia, porque nesse tempo deu dois cursos de astronomia nautica, e se occupava em confessar os Chinas; mas alem de ser mui desagradavel a idéa de que estava alli por favor, e que poderia ser pesado ao Collegio, necessitava ter com que se vestir, e pagar a quem o servis-

1835 Fevereiro 4

1835 Fevereiro 4 se, e ao passo que se fosse adiantando em idade, e molestias, cresceriam mais as suas necessidades. De tudo isto deu o supplicante parte ao Governo; porém, como no tempo competente não recebesse resposta, nem providencias algumas, e cada vez se visse em maior apuro, se resolveu a vir expor pessoalmente a Vossa Magestade as suas circumstancias, e entregar-se inteiramente nas mãos de Vossa Magestade, de cuja piedade espera que do producto daquelles bens que com tantas fadigas pôde salvar, se lhe conceda algum

---

Officio do Ministro de França ao Ministro dos Negocios Estrangeiros reno

(Arch. do Ministerio dos Negocios Estrangeiros.— Original.)

1836 Julho 9 Lisbonne, le 9 Juillet 1836.

Mr. le Comte. — Ayant appris par le *Diario do Governo*, du 7 Juillet, que Sa Majesté Très-Fidèle avait nommé Mr. Adrião Accacio da Silveira Pinto Gouverneur de la ville de Macao, et présumant que le départ de ce fonctionnaire pour sa résidence ne pouvait pas être éloigné, je profite de cette occasion pour rappeler à V. Ex.ce une affaire qui concerne cette administration ultramarine et qui a d'autant plus de titres à votre bienveillante attention, qu'elle est pour le Gouvernement du Roi l'objet d'un vif intérêt et d'une sollicitude réelle.

Il s'agit, Mr. le Comte, de la résidence des Missionnaires et des Lazaristes Français à Macao. Leur situation a déjà été l'objet de plusieurs communications entre vos prédécesseurs et les miens. Vous trouverez même aux archives de votre Département une note du Ministre des Affaires Étrangères de la Reine, en date du 7 Juillet 1835, en réponse à un office du Chargé d'Affaires du Roi. Mais quoique cette négociation n'ait pas eu de suites immédiates, à cause de divers circonstances, notamment des mutations qui se sont opérées rapidement dans le Cabinet de Sa Majesté Très-Fidèle, la note du Ministre votre prédécesseur n'en demande pas moins une

recurso para viver em attenção á sua dignidade, e a tão longas peregrinações, e trabalhos emprehendidos por serviço de Deus, e de Vossa Magestade, sem sentido ou esperança de nenhum premio humano. E nestes termos — Pede a Vossa Magestade a graça de attender com olhos de benignidade a esta exposição, e deferir-lhe como for servido. — E. R. M.cê 1835 Fevereiro 4

Está conforme. — Secretaria d'Estado dos Negocios da Marinha e Ultramar, em 4 de Fevereiro de 1835. — Antonio José Maria Campêlo, Official Maior.

---

vando o pedido para a admissão dos Missionarios francezes em Macau

(Traducção particular.)

Lisboa, 9 de Julho de 1836.

Sr. Conde. — Tendo conhecimento pelo *Diario do Governo*, de 7 de Julho, que Sua Magestade Fidelissima tinha nomeado o Sr. Adrião Accacio da Silveira Pinto Governador da cidade de Macau, e presumindo que a partida deste funccionario para o seu cargo não podia demorar-se, aproveito esta occasião a fim de lembrar a V. Ex.ª hum negocio que respeita a esta administração ultramarina, e que merece tanto mais a vossa benevola attenção, por ser para o Governo do Rei objecto de vivo interesse, e real solicitude. 1836 Julho 9

Trata-se, Sr. Conde, da residencia dos Missionarios, e Lazaristas Francezes em Macau. A sua situação já foi assumpto de varias communicações entre os vossos predecessores, e os meus. Até encontrareis nos archivos da vossa Repartição huma nota do Ministro dos Negocios Estrangeiros da Rainha, datada de 7 de Julho de 1835, em resposta a hum officio do Encarregado de Negocios do Rei. Mas, posto que esta negociação não tenha tido consequencias immediatas, por causa de diversas circumstancias, sobretudo pelas mudanças que se operaram rapidamente no Gabinete de Sua Magestade Fidelissima, a nota do vosso predecessor nem por isso deixa

1836 Julho 9 réponse, et c'est avec confiance que je vous soummet l'exposé des faits et quelques considérations qui doivent les accompagner.

Depuis plus de cent ans, il a résidé à Macao un Procureur des Missions étrangères de Paris.

Sans respect pour un droit de résidence consacré par la prescription; sans avoir plus d'égard pour les rescrits de la Cour de Lisbonne adressés aux autorités de la ville de Macao en 1779, 1782, 1789 et 1810 à l'effet d'autoriser le séjour du Procureur du séminaire des Missions étrangères dans cette ville, un nouveau Gouverneur nommé en 1833 par D. Miguel, contraignit tous les Missionnaires et les Lazaristes Français à sortir de Macao, sous prétexte qu'ils n'avaient point de permission du Gouvernement de Lisbonne, ou du Gouverneur de Goa pour y résider. La cause principale et secréte de cette hostilité de D. Miguel était probablement dans le mauvais vouloir que la Société de Jésus a toujours témoigné aux Lazaristes, qui après l'expulsion des Jésuites de France, les avaient remplacés dans nos Missions. Mr. de Grégéois, Procureur du séminaire des Missions, et Mr. Tonette, Procureur des Lazaristes, se virent contraints de céder aux ménaces de ce Gouverneur et se rétirèrent à Canton, chez Mr. Gernaert, Consul de France, qui fit en leur faveur auprès du Gouverneur de Macao quelques tentatives que cet agent de D. Miguel repoussa avec une rudesse impardonnable. Quelque temps après, leurs sollicitations auprès du Gouverneur Général de Goa leur firent obtenir une permission provisoire de rester deux ans à Macao pendant lesquels ils pouraient travailler à obtenir du Gouvernement de Lisbonne une permission définitive et l'assentiment du Gouvernement Portugais aux articles suivants:

Permission à tous les Missionnaires et Lazaristes Français

1° De séjourner à Macao tout le temps qu'ils jugeront nécessaire avant d'entrer en Chine.

2° D'avoir des Procureurs résidants à Macao pour rece-

de pedir resposta, e com confiança submetto á vossa apreciação huma exposição dos factos, e algumas considerações que devem acompanhal-os. 1836 Julho 9

Ha mais de cem annos tem residido em Macau hum Procurador das Missões estrangeiras de Paris.

Sem respeitar hum direito de residencia consagrado pela prescripção; sem outrosim attender ás ordens da Côrte de Lisboa, dirigidas ás auctoridades da cidade de Macau em 1779, 1782, 1789, e 1810, para auctorisar a residencia do Procurador do seminario das Missões estrangeiras nesta cidade, hum novo Governador, nomeado em 1833 por D. Miguel, obrigou todos os Missionarios, e Lazaristas Francezes a sahirem de Macau, com o pretexto de que não tinham licença do Governo de Lisboa, ou do Governador de Goa, para alli morarem. A causa principal e secreta desta hostilidade de D. Miguel consistia provavelmente na má vontade que a Sociedade de Jesus sempre mostrou aos Lazaristas, que depois da expulsão dos Jesuitas de França, os haviam substituido nas nossas Missões. O Sr. Gregeois, Procurador do seminario das Missões, e o Sr. Tonete, Procurador dos Lazaristas, viram-se obrigados a ceder ás ameaças deste Governador, e retiraram-se para Cantão, para casa do Sr. Gernaert, Consul de França, que fez em seu favor junto do Governador de Macau algumas tentativas que este Agente de D. Miguel repelliu com imperdoavel rudeza. Algum tempo depois as suas solicitações junto do Governador Geral de Goa obtiveram-lhes huma licença provisoria para ficarem dois annos em Macau, durante os quaes poderiam tratar de alcançar do Governo de Lisboa licença definitiva, e o assentimento do Governo Portuguez aos artigos seguintes:

Licença a todos os Missionarios e Lazaristas Francezes

1.º Para habitarem em Macau todo o tempo que julgarem necessario antes de entrarem na China.

2.º Para terem Procuradores residentes em Macau que

1836 Julho 9 voir les Missionnaires envoyés de France et les diriger en Chine.

3° D'avoir à Macao une maison ou propriété pour y former des prêtres indigènes.

Telles sont les trois clauses dont la confirmation peut seule ne pas rendre illusoires les diverses ordonnances rendues en Portugal en faveur des Missionnaires et des Lazaristes Français de Macao, et notamment l'ordonnance de la Reine Marie I à la date du 16 Janvier 1779.

D'après la note du Ministre de la Reine au Chargé d'Affaires du Roi (à la date du 7 Juillet 1835), le Gouvernement de Sa Majesté Très-Fidèle paraissant croire que par suite du caractère des autorités Chinoises naturellement défiantes et ennemies de toute relation nouvelle avec les étrangers dont le commerce n'est toléré que dans le port de Canton, il pourrait compromettre ses rapports avec la Chine et même la conservation de la ville de Macao, en y admettant des Missionnaires; et que si en 1779 on a envoyé aux autorités Portugaises de cette ville des instructions pour permettre aux Missionnaires d'y résider, c'est qu'à cette époque le Gouvernement Chinois était plus tolérant envers les Missions.

La note ajoute qui les Missionnaires non Portugais entreprenent sur la juridiction des Évêques de cette Nation; et qu'enfin ils se livrent à des opérations mercantiles. Toutefois, malgré la gravité de ces reproches, le Ministre de Sa Majesté Très-Fidèle prend l'engagement de recourir à de nouvelles informations sur les lieux.

Je ne doute pas que V. Ex[ce] ne réalise cette promesse dicté par l'équité et qu'elle n'y soit plus disposée que jamais, si elle veut bien entendre la réponse que je vais avoir l'honneur de lui faire, au nom de nos Missionnaires, méconnus non-seulement dans leur droit de résider, mais encore dans leur considération personnelle.

Sans contester ce qu'il y a de malveillant et d'ombrageux dans la conduite des Chinois envers les étrangers, notamment envers les Missionnaires, il serait étonnant que les craintes chimériques et la défiance connue de cette Nation

recebam os Missionarios enviados de França, e os encaminhem para a China. 1836 Julho 9

3.° Para terem em Macau huma casa propria onde se eduquem padres indigenas.

Taes são as tres clausulas cuja confirmação só póde fazer com'que não sejam illusorias as varias ordens passadas em Portugal a favor dos Missionarios, e Lazaristas Francezes de Macau, e principalmente o decreto da Rainha D. Maria I de 16 de Janeiro de 1779.

Segundo a nota do Ministro da Rainha ao Encarregado de Negocios do Rei (datada de 7 de Julho de 1835), o Governo de Sua Magestade Fidelissima parecia acreditar que, por causa do caracter das auctoridades Chinezes, naturalmente desconfiadas, e inimigas de quaesquer novas relações com os estrangeiros, cujo commercio não he tolerado senão no porto de Cantão, poderia prejudicar as suas relações com a China, e até a conservação da cidade de Macau, admittindo nella Missionarios; e que, se em 1779 se mandaram ás auctoridades Portuguezas desta cidade instrucções permittindo aos Missionarios residirem nella, he porque nesta epocha o Governo Chinez era mais tolerante para com as Missões.

Acrescenta a nota que os Missionarios não Portuguezes attentam contra a jurisdicção dos Bispos desta Nação, e finalmente que se empregam em operações mercantis. Entretanto, apesar da gravidade de taes accusações, o Ministro de Sua Magestade Fidelissima compromette-se a recorrer a novas informações nos proprios logares.

Não duvido que V. Ex.ª realise esta promessa dictada pela equidade, e que se ache mais do que nunca disposto a fazel-o, se quizer attentar á resposta que vou ter a honra de lhe dar em nome dos nossos Missionarios, prejudicados não sómente no seu direito de residir, mas tambem na sua consideração pessoal.

Sem contestar quanto os Chinezes são malevolentes, e desconfiados para com os estrangeiros, principalmente para com os Missionarios, seria cousa digna de admiração que os temores chimericos, e a conhecida desconfiança desta Nação

1836 Julho 9 fussent partagées par des autorités européennes. On sait d'ailleurs que les Chinois ne changent pas de mœurs et d'opinions à la légère; cependant, comme j'ai déjà eu l'honneur de vous le dire, il y a plus de cent ans qu'un Procureur des Missions réside à Macao; c'est même à l'époque où on commença à persécuter les Missionnaires en Chine, que ce Procureur, qui auparavant résidait à Canton, vint s'établir á Macao; et les ordres envoyées de Lisbonne en 1779 et aux autres époques précitées n'eurent certainement point pour motif une disposition moins hostile du Gouvernement Chinois envers les étrangers; car depuis plus de cent ans ce Gouvernement n'a cessé de s'opposer à l'entrée des Missionnaires à l'intérieur de l'Empire; et pour ce qui concerne l'époque actuelle, *je tiens de bonne source* qu'il est dans les mêmes intentions. C'est donc un motif pour que les Missionnaires soient admis précisément à Macao, non-seulement sans causer d'ombrage aux Chinois, mais pour prévenir leur jalousie. D'ailleurs il faut bien que la présence des Procureurs à Macao ne soit pas bien nuisible aux intérêts de cette ville, puis que le Vice-Roi de Goa en attendant la décision de sa Cour, a permis aux Procureurs des deux Missions françaises d'y prolonger leur résidence, et qu'il leur a même promis d'écrire à Lisbonne pour appuyer la demande d'une autorisation définitive. Le fait est que les Missionnaires Européens ont constamment résidé à Macao sans difficulté, comme sans inconvenient; et si V. Ex^{ce} prend de nouvelles informations à cet égard, elle se convaincra que les autorités Chinoises sont restées complètement étrangères à la mesure de rigueur contre laquelle réclame le Gouvernement du Roi. Elle n'a sans doute d'autre cause que l'arbitraire de l'ancien Gouverneur de Macao, dans sa malveillance toute miguéliste contre la France. La nomination de son remplaçant est déjà une garantie contre des manifestations de ce genre. La mauvaise volonté de quelque Évêque d'Asie a pu y contribuer également. Malgré les insinuations de l'Évêque de Pekin, le caractère, les antécédants et le respect bien connu des Lazaristes pour l'*ordinaire* partout où ils se trouvent, garan-

fossem quinhoadas por auctoridades européas. Alem disto sabe-se que os Chinezes não mudam levemente de costumes e opiniões; entretanto, conforme já tive a honra de vol-o dizer, ha mais de cem annos que hum Procurador das Missões reside em Macau; foi até na epocha em que se começou a perseguir os Missionarios na China que este Procurador, o qual antes morava em Cantão, veiu estabelecer-se em Macau; e as ordens enviadas de Lisboa em 1779, e nas outras epochas citadas, de certo não tiveram por causa huma disposição menos hostil do Governo Chinez para com os estrangeiros, porque ha mais de cem annos este Governo nunca deixou de se oppor á entrada dos Missionarios no interior do Imperio; e, quanto ao que toca á epocha actual, *sei de boa fonte* que se acha nas mesmas intenções. He pois este hum motivo para que os Missionarios sejam precisamente admittidos em Macau, não só sem causar receio aos Chinezes, mas até para prevenir o seu ciume. Alem disto parece que a presença dos procuradores em Macau não deve ser muito prejudicial aos interesses desta cidade, visto que o Vice-Rey de Goa permittiu, emquanto se espera a decisão da sua Côrte, que os Procuradores das duas Missões francezas ahi continuassem a residir, e até lhes prometteu escrever para Lisboa apoiando o pedido de huma auctorisação definitiva. O facto he que os Missionarios Europeus residiram constantemente em Macau sem difficuldade, e inconveniente; e se V. Ex.ª proceder a novas informações a tal respeito, convencer-se-ha de que as auctoridades Chinezas foram completamente alheias á medida de rigor contra a qual reclama o Governo do Rei. O unico motivo della he sem duvida a arbitrariedade do antigo Governador de Macau, nascido da sua malevolencia verdadeiramente miguelista contra a França. A nomeação do seu successor he já huma garantia contra as manifestações deste genero. A má vontade de algum Bispo da Asia tambem pôde contribuir para aquelle facto. Apesar das insinuações do Bispo de Pekin, o caracter, os antecedentes, e o respeito bem conhecido dos Lazaristas para com o *ordinario* em toda a parte onde se acham, garantem suffi-

1836 Julho 9

1836 Julho 9 tissent suffisamment l'esprit de sagesse et de réserve qu'ils continueraient d'apporter dans une position dont ils sentent toute la gravité. J'aurais de plus l'honneur de faire observer à V. Ex^{ce} que ces Missionnaires qui ont succédé en Chine et ailleurs aux établissements des Jésuites, dépendent du Gouvernement du Roi, sous beaucoup de rapports et qu'ils n'en comprennent que mieux la nécessité de ne point se départir de la prudence qui leur est imposée. Je suis convaincu qu'aucune plainte fondée n'a pu s'élever contre eux à Macao, et je pourrais citer au contraire de nombreuses preuves de la justice qui partout on se plaît à leur rendre.

Quant aux opérations mercantiles qui leur sont reprochées vous me permettrez, Mr. le Comte, de croire que le Gouvernement de la Reine a été induit en erreur à cet égard. Toute opération mercantile et toute intervention politique leur sont expressément defendues par leurs instructions et par les règlements de leur société. Les renseignements que j'ai obtenus à ce sujet me font voir qu'on ne pourrait sans les calomnier leur faire une pareille imputation.

J'ose donc espérer, Mr. le Comte, que V. Ex^{ce} voudra bien profiter du départ du nouveau Gouverneur de Macao, pour faire cesser un état de choses si pernicieux pour les intérêts des Missions françaises en Chine, et si contraire aux règles de justice et d'équité qui dirigent habituellement le Gouvernement de Sa Majesté Très-Fidèle, en confirmant les trois clauses ci-dessus énoncées.

Je prie également V. Ex^{ce} d'avoir la bonté de me faire savoir si Mr. Gernaert, Consul de France à Canton et à Macao, a été reconnu en cette qualité par les autorités de cette dernière ville, suivant la promesse faite par Mr. le Duc de Palmella d'expédier des ordres à ce sujet.

Je ne puis que vous reitérer, Mr. le Comte, l'assurance du vif intérêt que le Roi mon Souverain porte à ces deux objets; et sûr de toute votre bienveillance, je saisis cette occasion pour vos offrir l'assurance de ma haute considération. — Saint-Priest.

cientemente a sabedoria, e moderação que continuariam a manifestar n'huma posição cuja gravidade reconhecem. Tambem terei a honra de fazer observar a V. Ex.ª que estes Missionarios, que succederam na China, e n'outras partes aos estabelecimentos dos Jesuitas, dependem do Governo do Rei a muitos respeitos, e que por isso melhor comprehendem a necessidade de não se apartarem da prudencia que lhes he prescripta. Estou convencido de que nenhuma queixa fundada se podia elevar contra elles em Macau, e poderia citar em contrario numerosas provas da justiça que por toda a parte lhes fazem. Quanto ás operações mercantis de que os accusam, dar-me-heis licença, Sr. Conde, para crer que o Governo da Rainha foi induzido em erro a tal respeito. Qualquer operação mercantil, e intervenção politica lhes são expressamente prohibidas pelas suas instrucções, e pelos institutos da sua sociedade. As informações que obtive neste particular mostram-me que ninguem, sem calumnia, lhes poderia fazer huma imputação semelhante.

1836 Julho 9

Ouso, pois, esperar, Sr. Conde, que V. Ex.ª quererá aproveitar a partida do novo Governador de Macau para pôr termo a hum estado de cousas tão pernicioso aos interesses das Missões francezas na China, e tão contrario ás regras de justiça e equidade que dirigem habitualmente o Governo de Sua Magestade Fidelissima, confirmando as tres clausulas acima enunciadas.

Peço igualmente a V. Ex.ª que tenha a bondade de me dizer se o Sr. Gernaert, Consul de França em Cantão e Macau, foi reconhecido em tal qualidade pelas auctoridades desta ultima cidade, conforme a promessa feita pelo Sr. Duque de Palmella de expedir ordens a semelhante respeito.

Não posso deixar de vos reiterar, Sr. Conde, a certeza do vivo interesse que o Rei meu Soberano toma por estes dois assumptos; e, certo da vossa benevolencia, aproveito esta occasião para vos offerecer os protestos da minha elevada consideração. — Saint-Priest.

Officio do Ministro de França para o Ministro dos Negocios Estrangeiros pedindo a reno

(Arch. do Ministerio dos Negocios Estrangeiros.— Original.)

1838 Janeiro 28 Lisbonne, le 28 Janvier 1838.

Mr. le Vicomte.—Lorsque la Société des Jésuites fut abolie en France, le Gouvernement, voulant éviter que cette mesure ne nuisit à une des grandes œuvres de religion et de civilisation du culte catholique, remit les Missions qu'ils desservaient et leurs établissements extra-européens aux congrégations françaises des Missions étrangéres et des Lazaristes. Les congrégations, respectées en France par leur esprit de tolérance, d'obéissance à l'autorité et de zèle pour la propagation de la foi, ont continué jusqu'à ce jour à fournir des sujets aux Missions de la Chine. Leurs religieux, d'abord bien accueillis dans cet Empire, où l'étendue de leurs connaissances et la discrition de leur conduite les faisait rechercher, en ont ensuite été expulsés, il y a peu d'années, par une violente persécution; quelques-uns d'entre eux ont perdue la vie; d'autres ont pu gagner les terres chrétiennes les plus voisines, celles de Macao, dans les États de Sa Majesté Très-Fidèle. Mais de nouvelles persécutions les y attendaient.

En vertu d'une autorisation fort ancienne des Rois Très-Fidèles, les religieux des Missions étrangères et Lazaristes possédaient un noviciat à Macao. Plusieurs d'entre eux y résidaient constamment, quant en 1833 le Gouverneur, sans avoir lui-même reçu de Lisbonne aucune autorisation préalable et par suite de manœuvres dirigées contre ces religieux leur donna l'ordre, à tous indistinctement, de quitter immédiatement le pays. Ils ne parvinrent qu'avec beaucoup de peine à faire suspendre l'exécution de cet ordre, qu'on paraissait enfin avoir abandonné. Aujourd'hui, le Gouverneur menace de nouveau de lui donner cours, de faire renvoyer tous les religieux, de fermer leur noviciat, et deux prêtres Italiens étant dernièrement arrivés à Macao, il les a immé-

vação da auctorisação antiga para os Missionarios e Lazaristas permanecerem em Macau

(Traducção particular.)

Lisboa, 23 de Janeiro de 1838.

Sr. Visconde. — Quando a Sociedade de Jesus foi abolida em França, o Governo, querendo evitar que esta medida prejudicasse a huma das grandes obras de religião, e civilisação do culto catholico, entregou as Missões em que os Jesuitas se empregavam, e os seus estabelecimentos fóra da Europa ás congregações francezas das Missões estrangeiras, e dos Lazaristas. Estas congregações, respeitadas em França pelo seu espirito de tolerancia, e obediencia á auctoridade, e pelo seu zêlo na propagação da fé, continuaram até hoje a fornecer religiosos ás Missões da China. Esses religiosos, ao principio bem acolhidos neste Imperio, onde a vastidão de seus conhecimentos, e a discrição do seu comportamento os faziam estimados, foram posteriormente, ha poucos annos, expulsos d'alli por huma violenta perseguição; alguns delles perderam a vida, outros poderam alcançar as terras christãs mais vizinhas, as de Macau, nos Estados de Sua Magestade Fidelissima. Porém aqui novas perseguições os esperavam. 1838 Janeiro 28

Em virtude de huma auctorisação muito antiga dos Reis Fidelissimos, os religiosos das Missões estrangeiras e Lazaristas possuiam hum noviciado em Macau; muitos delles residiam ahi constantemente, quando em 1833 o Governador, sem que recebesse auctorisação alguma de Lisboa, e por causa de machinações dirigidas contra estes religiosos, lhes mandou, a todos indistinctamente, que deixassem logo o paiz. Só a muito custo conseguiram fazer suspender a execução desta ordem, que parecia emfim ter-se posto de parte. Agora o Governador ameaça novamente executal-a, mandar embora todos os religiosos, e fechar o seu noviciado, e dois padres Italianos que ultimamente chegaram a Macau, fel-os retirar immediatamente. Os religiosos consagrados ao ser-

1838 Janeiro 28 diatement renvoyés. Les religieux consacrés au service des Missions vivent ainsi à Macao sous la crainte continuelle de se voir expulsés. Peu s'en faut que, dans un domaine de Sa Majesté Très-Fidèle, ils ne trouvent les mêmes persécutions qui les ont chassés de la Chine.

Je suis chargé par mon Gouvernement, Mr. le Vicomte, de prier V. Ex[ce] de vouloir bien adresser à Mr. le Gouverneur de Macao des ordres qui mettent à l'abri de toute inquiétude nouvelle les religieux des congrégations françaises des Missions étrangères et des Lazaristes à Macao, qui leur assurent que l'autorisation des Rois Très-Fidèles sous la protection de laquelle ils vivent, ne sera pas révoquée d'un instant à l'autre, qui les laissent vaquer en paix à Macao aux soins de leurs Missions, et y entretenir librement le noviciat qu'ils y possédent et dans lequel ils élévent de jeunes Chinois destinés eux mêmes à faire le service des Missions et à subvenir aux besoins spirituels des nombreux chrétiens répandus dans les provinces chinoises les plus voisines.

En adressant au Gouvernement de Sa Majesté Très-Fidèle une demande qui est uniquement conçue dans l'intérêt de la religion, je sais, Mr. le Vicomte, que je répondrai à ses propres sentiments, et le Gouvernement du Roi y trouvera, à la fois, un encouragement et un argument de plus à faire valoir dans les démarches, qu'il n'a cessé de faire, d'après le désir exprimé par le Gouvernement Portugais, pour rétablir entre le Portugal et le Chef de l'Église Catholique des relations malheureusement interrompues.

Je prie V. Ex[ce] d'agréer les nouvelles assurances de ma plus haute considération. — Le Baron de Boislecomte.

Officio do Ministro de França ao Ministro dos Negocios Estrangeiros de mandar sair d'aquella

(Arch. do Ministerio dos Negocios Estrangeiros.—Original.)

1838 Março 5 Lisbonne, 5 Mars 1838.

Mr. le Vicomte.— J'ai eu l'honneur d'adresser à V. Ex[ce], le 28 Janvier dernier, une lettre dans laquelle je réclamais

viço das Missões vivem portanto em Macau com o continuado 1838
receio de serem expulsos; pouco falta para que n'hum do- Janeiro
minio de Sua Magestade Fidelissima encontrem as mesmas 28
perseguições que os expulsaram da China.

O meu Governo encarregou-me, Sr. Visconde, de pedir a V. Ex.ª que mande ordem ao Sr. Governador de Macau para que fiquem ao abrigo de qualquer nova inquietação os religiosos das congregações francezas das Missões estrangeiras e dos Lazaristas em Macau; para que fiquem seguros de que a auctoridade dos Reis Fidelissimos, sob cuja protecção vivem, não será revogada de hum instante para o outro; para que se occupem em paz, em Macau, nos cuidados das suas Missões, e cuidem livremente do noviciado que alli possuem e no qual educam mancebos Chinezes, que se destinam ao serviço das Missões, e a prover ás necessidades espirituaes dos numerosos christãos espalhados nas provincias chinezas mais visinhas.

Dirigindo ao Governo de Sua Magestade Fidelissima hum pedido que só tem em vista o interesse da religião, eu sei, Sr. Visconde, que corresponderei aos seus proprios sentimentos, e o Governo do Rei achará nisto ao mesmo tempo hum incitamento, e mais hum argumento de que se valerá nos passos, que sempre tem dado, conforme o desejo expresso pelo Governo Portuguez, para restabelecer as relações desgraçadamente interrompidas entre Portugal, e o Chefe da Igreja Catholica.

Peço a V. Ex.ª que acceite os novos protestos da minha mais elevada consideração.—Barão de Boislecomte.

sobre a reclamação que fez contra a resolução do Governador de Macau cidade os Lazaristas

(Traducção particular.)

Lisboa, 5 de Março de 1838.

Sr. Visconde.—Tive a honra de dirigir a V. Ex.ª, a 28 de 1838
janeiro ultimo, uma carta em que reclamava contra a reso- Março 5

1838 Março 5 contre la résolution prise par le Gouverneur de Macao de renvoyer de cette ville les Lazaristes et les prêtres de l'association des Missions étrangères; de nouveaux ordres de mon Gouvernement me prescrivent de rappeler cette réclamation à votre intêret, en même temps que les renseignements qui y sont joints me permettent d'ajouter quelques détails à la demande générale que je lui ai adressée.

Il résulte de ces renseignements, Mr. le Vicomte, que la résidence permanente à Macao des Procureurs des sociétés des Missions remonte à plus d'un siècle. Cette longue résidence suffit sans doute à elle seule pour constater l'esprit bienveillant du Gouvernement Portugais à l'égard de ces ecclésiastiques, l'utilité qu'il trouvait à leur séjour à Macau, le droit qu'il avait de les y laisser résider et le peu d'inquiétude qu'en concevaient les Chinois, qui, pendant cette longue période de temps, ont tantôt favorisé, tantôt persécuté la religion catholique, sans jamais réclamer contre le séjour des Missionnaires à Macao.

Cependant, Mr. le Vicomte, les besoins des Missions de Chine devenant plus étendus, les Missionnaires désireront assurer davantage la continuation de leur sejour à Macao. Ils eurent recours au Gouvernement Français, dont ils étaient sujets, et le Gouvernement Français sollicita de Sa Majesté Très-Fidèle une permission formelle et écrite propre à les garantir de toute crainte d'expulsion ou de difficultés de la part des autorités locales. V. Exce trouvera ci-joint une copie de l'ordre que le Ministre de la Marine adressa, à cet effet, le 16 Janvier 1779, au nom de la Reine D. Maria I, au Gouverneur de Macao.

Cet ordre fut respecté jusqu'à l'époque du Gouvernement usurpateur de D. Miguel. Alors, soit par suite d'intrigues locales, de rivalités ecclésiastiques, ou de quelque autre de ces difficultés qu'on ne peut guères complètement ni prévenir, ni aprécier à de si grandes distances, soit que seulement le Gouvernement de D. Miguel cedât à un mouvement de mauvaise volonté contre le Gouvernement Français que refusait de le reconnaître, le Gouverneur de Macao signifia, le

lução tomada pelo Governador de Macau de mandar saír desta cidade os Lazaristas e os padres da associação das Missões estrangeiras; novas ordens do meu Governo determinam-me que recommende esta reclamação ao vosso cuidado, ao mesmo tempo que as informações que as acompanham me permittem accrescentar algumas particularidades ao pedido geral que lhe dirigi. 1838 Março 5

Resulta destas informações, Sr. Visconde, que a residencia permanente em Macau dos Procuradores das sociedades das Missões sobe a mais de um seculo. Esta longa residencia basta sem duvida, por si só, para provar a benevolencia do Governo Portuguez a respeito destes ecclesiasticos, a utilidade que elle achava na sua estada em Macau, o direito que lhe assistia de ahi os deixar residir, e quão pouco se inquietavam com isso os Chinezes, os quaes, durante este longo periodo umas vezes favoreceram, outras perseguiram a religião catholica, sem nunca reclamarem contra a permanencia dos Missionarios em Macau.

Entretanto, Sr. Visconde, as necessidades das Missões da China tornavam-se cada vez mais extensas, e os Missionarios desejavam assegurar mais a sua morada em Macau. Recorreram ao Governo Francez, de que eram subditos, e o Governo Francez solicitou de Sua Magestade Fidelissima uma licença formal e escripta que os garantisse de qualquer receio de expulsão ou de difficuldades da parte das auctoridades locaes. V. Ex.ª achará junto a esta uma copia da ordem que o Ministro da Marinha dirigiu para este fim a 16 de Janeiro de 1779, em nome da Rainha D. Maria I, ao Governador de Macau.

Esta ordem foi respeitada até á epocha do Governo usurpador de D. Miguel. Então, ou fosse em virtude de intrigas locaes, de rivalidades ecclesiasticas, ou de alguma outra destas difficuldades, que não se podem completamente nem prevenir, nem apreciar a tão grande distancia, ou fosse porque o Governo de D. Miguel cedesse unicamente a um impulso da sua má vontade contra o Governo Francez, que recusava reconhecel-o, o Governador de Macau intimou a 16 de Outu-

1838 Março 5 16 Octobre 1883, à tous les prêtres des Missions que, si, avant de 15 Décembre, ils n'avaient pas produit une autorisation spéciale de résidence signée par D. Miguel, ils auraient tous à sortir de la ville.

Mr. le Gouverneur accompagna cette intimation de menaces que dès le 14 Décembre, décidèrent les Missionnaires à prendre de la fuite; ils furent se réfugier en Chine même, à Canton, chez le Consul de France.

Ils s'adressèrent de là à Mr. le Capitaine Général de Goa, se réclamant à la fois des autorisations antérieures et de l'intérêt de la religion; Mr. le Capitaine Général de Goa, par une juste déférence pour de tels motifs, prescrivit au Gouverneur de Macao de laisser revenir les Lazaristes et les prêtres des Missions, leur accordait deux ans pour obtenir, à Lisbonne, la révocation de l'ordre d'expulsion prononcé par le Gouverneur et le maintien de l'ordre Royal de la Reine D. Maria I.

Les deux ans se sont écoulés sans que le Gouvernement du Roi, auquel les Missionnaires ont eu leur recours ordinaire ait été assez heureux pour obtenir une réponse définitive du Gouvernement Portugais. Mr. le Comte Molé me prescrit aujourd'hui de faire de nouveaux efforts pour obtenir cette réponse.

Le Gouvernement du Roi a placé, Mr. le Vicomte, une trop haute confiance dans les dispositions et les sentiments de Sa Majesté Très-Fidèle pour regarder comme possible que a Reine D. Maria II révoque un ordre qu'une sage politique, un sentiment de religion, une juste amitié pour la France a fait signer à son ayeule Marie I. Il le redoute d'autant moins qu'il sait que le Gouvernement Portugais comprend comme lui que dans les circonstances actuelles, et lorsque les établissements des Missionnaires en Chine sont détruits, l'expulsion de ces Missionnaires de Macao serait la destruction même et la fin des Missions chrétiennes dans toute l'Asie orientale; et c'est cette considération qui engage le Gouvernement du Roi á prier celui de Sa Majesté Très-Fidèle de donner à l'autorisation existant un caractère plus positif en-

bro de 1833 a todos os padres das Missões que, se antes de 15 de Dezembro não apresentassem auctorisação especial de residencia assignada por D. Miguel, deveriam sair da cidade. 1838 Março 5

O Sr. Governador acompanhou esta intimação de ameaças que desde o dia 14 de Dezembro fizeram com que os Missionarios fugissem; foram refugiar-se na mesma China, em Cantão, em casa do Consul de França.

D'ahi dirigiram reclamações ao Sr. Capitão General de Goa a respeito das auctorisações anteriores e dos interesses da religião; o sr. Capitão General de Goa, por justa deferencia a taes motivos, mandou ao Governador de Macau que deixasse voltar os Lazaristas e os padres das Missões; concedeu-lhes dois annos para alcançarem em Lisboa a revogação da ordem de expulsão dada pelo Governador e a manutenção da ordem Real da Rainha D. Maria I.

Passaram-se os dois annos sem que o Governo do Rei, a quem os Missionarios recorreram, tenha tido a felicidade de obter resposta definitiva do Governo Portuguez. O Sr. Conde Molé manda-me agora que faça novos esforços para alcançar esta resposta.

O Governo do Rei deposita, Sr. Visconde, muito grande confiança nas disposições e sentimentos de Sua Magestade Fidelissima, e por isso não julga possivel que a Rainha D. Maria II revogue uma ordem que uma sabia politica, sentimentos de religião e uma justa amizade á França fizeram assignar a sua avó D. Maria I. Teme-o tanto menos, quanto sabe que o Governo Portuguez conhece, bem como elle, que, nas circumstancias actuaes, em que estão destruidos os estabelecimentos dos Missionarios na China, a expulsão destes Missionarios de Macau importaria a destruição e fim das Missões christãs em toda a Asia oriental; e é esta consideração que leva o Governo do Rei a pedir ao de Sua Magestade Fidelissima que dê á auctorisação existente caracter ainda mais positivo e definido, declarando especialmente na sua renovação:

1838 Março 5 core et plus défini, énonçant spécialment dans son renouvellement:

1.ª La permission aux Missionnaires catholiques, et notamment aux Lazaristes et aux prêtes des Missions étrangères, de séjourner à Macau tant de temps qu'ils jugeront nécessaire avant d'entrer en Chine;

2.° La permission à ces deux mêmes congrégations françaises de continuer à avoir à Macao chacune leur Procureur pour y recevoir les Missionnaires arrivés de France et les diriger sur la Chine;

3.° La permission aux Lazaristes d'avoir à Macao une maison em propriété, pour y former les prêtres indigènes.

Apres avoir présenté ces demandes à V. Exce, je ne terminerai pas sans lui donner l'assurance formelle qu'à la communication que le Gouvernement du Roi fera aux Missionaires des ordres qu'il aura obtenus en leur faveur il joindra les recommendations les plus fortes pour que, par leur soin à veiller sur eux mêmes, par leur déférence pour les autorités ecclésiastiques locales, par leur soumission aux lois du pays, par leur circonspection et leur prudence envers les employés Chinois, ils évitent tout ce qui pourrait, à l'avenir, en justifiant quelque plainte contre eux, affliger le Gouvernement du Roi, ou embarrasser ou compromettre en quoique ce soit, celui de Sa Majesté Très-Fidéle, à qui ils devront ce nouveau bienfait.

Je prie V. Exce d'agréer les nouvelles assurances de ma plus haute considération.—Le Baron de Boislecomte.

Resposta do Ministro dos Negocios Estrangeiros aos officios do Ministro de França permittindo a residencia temporaria em Macau a individuos das Congregações francezas debaixo das clausulas indicadas

(Arch. do Ministerio dos Negocios Estrangeiros.—Registo.)

1838 Julho 9 Respondendo aos officios que V. S.ª me dirigiu em 28 de Janeiro e 5 de Março do corrente anno, pelos quaes V. S.ª pretende que ás congregações francezas das Missões estran-

1.° Licença aos Missionarios catholicos, e principalmente aos Lazaristas e aos padres das Missões estrangeiras, para permanecerem em Macau todo o tempo que julgarem necessario antes de entrarem na China; 1838 Março 5

2.° Licença a estas duas congregações francezas para continuarem a ter em Macau cada uma o seu Procurador para ahi receber os Missionarios chegados de França e encaminhal-os para a China;

3.° Licença aos Lazaristas para terem em Macau uma casa propria, para educação de padres indigenas.

Depois de ter apresentado estes pedidos a V. Ex.ª, não acabarei sem lhe dar a certeza formal de que o Governo do Rei, á communicação que fizer aos Missionarios das ordens que haja obtido em seu favor, juntará as maiores recommendações para que, pelo cuidado no seu comportamento, pelo respeito ás auctoridades ecclesiasticas locaes, pela submissão ás leis do paiz, pela circumspecção e prudencia com os empregados Chinezes, evitem tudo quanto poderia no futuro justificar alguma queixa contra elles, e affligir o Governo do Rei, ou embaraçar ou comprometter, fosse no que fosse, o de Sua Magestade Fidelissima, a quem deverão este novo beneficio.

Peço a V. Ex.ª que acceite os novos protestos da minha elevada consideração.—Barão de Boislecomle.

---

geiras o Lazaristas, e ao seu noviciado se permitta residencia permanente na cidade de Macau, para dali dirigirem os negocios da missão no Imperio da China, representando V. S.ª contra o procedimento do Governador daquella cidade, que sem previa ordem do Governo de Sua Magestade intimou os Missionarios ali residentes para sairem do paiz; tenho a honra de ponderar a V. S.ª que semelhante residencia nunca foi auctorisada mas só tolerada temporariamente, emquanto os 1838 Julho 9

1838 Julho 9 Missionarios não podiam effectuar a sua entrada para o Imperio, permittindo-se isto mesmo tão sómente áquelles que se apresentavam com faculdade especial de Sua Magestade concedida pela respectiva Secretaria de Estado, aonde assignaram termo de reconhecimento do padroado do Rei Fidelissimo [1]. Comtudo o Governo de Sua Magestade, desejoso pelo impulso de seus sentimentos religiosos de dar todo o auxilio e protecção aos Ministros da fé catholica, para que no desempenho de seus sagrados deveres possam diffundir e propagar as luzes evangelicas, e querendo aproveitar mais esta occasião para mostrar a deferencia e amizade que conserva para com o Governo de Sua Magestade o Rei dos Francezes, sem todavia deixar de pugnar pela conservação dos direitos do padroado que aos de Reis de Portugal pertence, e de procurar afastar reclamações importantes que repetidas vezes costumam fazer as auctoridades Chinezas ás do estabelecimento de Macau, e cujo resultado poderia pôr em risco o mesmo estabelecimento, não duvida permittir a residencia temporaria na cidade de Macau a individuos das citadas congregações, assim na ida emquanto não effectuarem a sua entrada para o Imperio, como na saída para proseguirem para a Europa ou para onde lhes convenha, fóra d'aquelle estabelecimento; isto porém debaixo das seguintes clausulas;

1.ª Que os Missionarios com tal destino se deverão munir com um diploma expedido pela respectiva Secretaria de Estado, no qual se lhes conceda faculdade de se dirigirem á sua Missão pela cidade de Macau, e se declare que assignaram termo de reconhecimento do padroado de Sua Magastade Fidelissima;

2.ª Que á sua chegada áquella cidade se apresentarão ao Governador, a fim de que este, á vista dos diplomas que lhe serão patentes, lhes designe o tempo que poderão demorarse na cidade, o qual será regulado segundo o fim para que ali vão; ficando sujeitos a esta designação de tempo sempre

[1] Vide tomo VIII, pag. 147 e seguintes.

que entrarem na cidade, quer seja na ida para o Imperio, quer na sua saida do mesmo Imperio; 1838 Julho 9

3.ª Finalmente, que em ambas as epochas fiquem sujeitos quanto ao temporal ao Governador e regulamentos policiaes da cidade, e quanto ao espiritual ou ecclesiastico á auctoridade episcopal de Macau.

O Governo confia na solemne promessa feita por V. S.ª no ultimo paragrapho do seu officio de 5 de Março ultimo que o Governo de Sua Magestade o Rei dos Francezes haverá por muito recommendado aos Missionarios das congregações francezas, para que pela sua deferencia ás auctoridades ecclesiasticas de Macau, pela sua submissão ás leis do paiz e pela sua circumspecção e prudencia para com as auctoridades Chinezas, evitem todo o motivo de queixa que possa por qualquer modo comprometter o Governo de Sua Magestade Fidelissima.

Deus guarde a V. S.ª Palacio de Cintra, em 9 de Julho de 1838.— Sá da Bandeira.

Officio do Encarregado de Negocios de França para o Ministro dos Negocios Estrangeiros sobre as condições com que o Governo permitte a residencia em Macau de Missionarios francezes

(Arch. do Ministerio dos Negocios Estrangeiros— Original.)

Légation de France.—Lisbonne, 25 Novembre 1838. 1838 Novembro 25

Mr. le Vicomte.—Le Gouvernement du Roi a pris connaisance de la réponse, que V. Exce a bien voulu faire par sa note du 9 Juillet, adressée à Mr. le Baron de Bloislecomte, aux réclamations qu'il avait été chargé de faire auprès d'elle. en faveur des Missionaires Français que les congrégations des Lazaristes et des Missions étrangères envoient à Macao. Le Gouvernement de Sa Majesté apprécie vivement le désir si noblement exprimé par le Cabinet de Lisbonne, de concourir avec lui à la propagation des lumières de l'Evangile, parmi les Nations payennes; toutefois, Mr. le Vicomte, cette

1838 Novembro 25 réponse ne lui a pas paru de nature à fatisfaire sa juste sollicitude, pour ces Missionnaires, que rendent si recommandables le dévouement et la sainteté de leur vocation, toute entière dans l'intérêt de la religion et de la civilisation. En effet, dans la lettre du 9 Mars, que Mr. le Baron de Boislecomte a eu l'honneur d'adresser à V. Ex^{ce} le Ministre du Roi demandait pour les Procureurs des deux congrégations à Macao, la faculté d'y résider habituellement, et pour les Missionaires celle d'y séjourner tout le temps qu'il jugent nécessaire, avant de se rendre dans leurs Missions respectives. Missions qui pour les prêtres des Missions étrangères embrassent avec la Chine, le Tong-King, la Cochinchine, le Royaume de Siam, etc. Le Gouvernement du Roi a pensé que les conditions auxquelles le Gouvernement de Sa Majesté Très-Fidèle consent à tolérer cette résidence, semblaient, d'abord, en contradiction avec toutes les traditions du Cabinet de Lisbonne, que jusqu'ici avait toléré et même favorisé les Missions en Chine, et d'ailleurs, presque toujours impraticables.

J'ai reçu, en conséquence, l'ordre de porter à la connaissance de V. Ex^{ce} les observations suivantes :

1° Il est dit dans la note précitée de V. Ex^{ce} que cette résidence à Macao n'a jamais été autorisée, mais seulement tolérée temporairement, en attendant que les Missionnaires puissent pénétrer en Chine, etc., que cette permission n'était accordée, qu'à ceux qui se présentaient munis de la permission spéciale de Sa Majesté Très-Fidèle délivrée par la Secrétairerie d'État de Lisbonne, et dans laquelle ils signaient un acte de reconnaissance du patronat des Rois Très-Fidèles. Cependant les Procureurs des Missions étrangères depuis plus de cent ans et ceux des Lazaristes depuis près de quarante, ont résidé à Macao sans qu'aucun deux ait jamais été muni de ce diplome; aucun d'eux non plus, n'a signé la reconnaissance du droit de patronat.

De 1777 à 1800 plusieurs rescrits de la Cour de Lisbonne favorables à la résidence des Procureurs des Missions Françaises à Macao, furent envoyés aux Gouverneurs de cette ville et il n'y fut nullement question de la reconnaissance du droit de patronat. Plus tard des Missionnaires Français et Italiens se sont embarqués à Lisbonne même, et sur des vaisseaux portugais, et rien de semblable n'y fut exigé d'eux. D'ailleurs des étrangers de toutes les Nations et de toutes les religions séjournent sans cesse à Macao sans être assujétés à de pareilles conditions. Celle que le Gouvernement Portugais veut aujourd'hui imposer à nos nationaux est donc une rigueur toute nouvelle pour eux et dont sont exempts les étrangers laics, et même les Missionnaires Protestants.

1838 Novembro 25

L'obligation de demander à Lisbonne et d'en attendre l'expédition d'un diplome *ad hoc*, considérée en elle même, et indépendamment de la déclaration exigée, exposerait nos Missionnaires à perdre un temps précieux, et les mettrait presque toujours dans l'impossibilité de profiter des occasions assez rares du départ des navires français pour la Chine.

Quant à la reconnaissance du patronat de la Reine de Portugal, le Gouvernement du Roi ne s'est pas expliqué cette prétention au sujet de vastes Royaumes soumis à des souverainetés indépendantes.

2° L'accomplissement de la seconde condition contenue dans la note de V. Ex^{ce} de se présenter au Gouvernement Portugais lorsque les Missionnaires arrivent à Macao, soit en venant d'Europe, soit en y retournant, pour que ce fonctionnaire leur désigne le temps qu'ils pourront y résider d'après le compte qu'ils devront lui rendre de leurs motifs, aurait pour effet de les livrer à un controle incompatible avec le secret qu'exigent des missions difficiles et périlleuses. Les Missionnaires ont toujours grande hâte de quitter Macao pour se rendre à leur destination, mais le laps de temps qui leur serait fixé par le Gouverneur, pourrait souvent s'écouler sans qu'au milieu des obstacles de tous genres qu'ils recontrent, ils aient pu effectuer leur départ.

3° Quant à la troisième condition, d'obéir pour le temporel au Gouverneur et aux règlements de police de la ville, pour le spirituel à l'autorité épiscopale de Macao, les Mission-

1838 Novembro 25 naires Français seront toujour prêts à se soumettre à une obligation qu'ils ont en tout temps scrupuleusement remplie.

Ainsi que V. Ex^{ce} pourra en juger, d'après ce que je viens d'avoir l'honneur de lui exposer, il ne s'agit point d'une innovation, mais bien de laisser subsister un état de choses plus que séculaire, qui n'a jamais eu d'inconvénient, pour le Gouvernement Portugais, et a toujours été d'un grand avantage pour les intérêts religieux. Il n'est nullement question de constituer au sein d'une colonie portugaise, un corps étranger indépendant, mais bien de permettre d'une part aux prêtres des Missions étrangères et aux Lazaristes d'avoir à Macao des Procureurs chargés de la correspondance et des intérêts de leurs Missions, d'autre part d'y laisser résider tout le temps nécessaire et sans en soumettre la durée au bon plaisir d'un Gouverneur éloigné de quatre mille lieues de sa métropole, des prêtres uniquement occupés d'intérêts spirituels, et qui n'ont d'autre pensée, que de se préparer à l'accomplissement d'une œuvre sainte, où les dangers, la persécution et la mort les attendent souvent. En un mot, ce que le Gouvernement du Roi demande de la justice du Gouvernement de Sa Majesté Très-Fidèle, c'est de ne se pas montrer plus rigoureux envers les Français, qu'envers les autres nationaux et d'user à l'égard de nos Missionnaires des ménagements, que le grand seigneur lui même accorde aux Missionnaires Catholiques.

Le Gouvernement du Roi continue à servir à Rome avec un si vive sollicitude les intérêts religieux et politiques du Portugal, espère avec confiance que les dispositions du Gouvernement de Sa Majesté Très-Fidèle seront favorables à un arrangement qui aurait aussi pour effet de faciliter un rapprochement entre la Cour de Portugal et le Saint-Siège ; et se reposant sur le jugement impartial et éclairé de V. Ex^{ce} il aime à ne pas douter qu'elle ne soit frappée de la nécessité de substituer aux conditions contre lesquelles il réclame un système de large et équitable protection envers les Missionnaires de Macao, une autorisation générale, pleine et entière, qui leur permette d'y résider sous la seule obligation de se soumettre pour le spirituel à l'ordinaire local, pour le temporel, au Gouverneur et aux règlements de police établis. 1838 Novembro 23

En priant V. Exce de vouloir bien me mettre le plus promptement qu'il lui sera possible, en mesure de faire parvenir la réponse au Gouvernement du Roi, je la prie d'agréer les assurances de ma plus haute considération.— C. His.

S. Exce Mr. le Vicomte de Sá da Bandeira, Président du Conseil, Ministre des Affaires Étrangères, etc., etc., etc.

FIM DO TOMO XI

INDICE

DOS

DOCUMENTOS CONTIDOS N'ESTE TOMO